Les Éditions du Boréal
4447, rue Saint-Denis
Montréal (Québec) H2J 2L2
www.editionsboreal.qc.ca

LA VOIE CANADIENNE

DU MÊME AUTEUR

Liberalism, Community, and Culture, New York, Oxford University Press, 1989.

Les Théories de la justice. Libéraux, utilitaristes, libertariens, marxistes, commu-nautariens, féministes..., Montréal/Paris, Boréal/La Découverte, 1999 (*Contemporary Political Philosophy: An Introduction*, New York, Oxford University Press, 1990).

La Citoyenneté multiculturelle. Une théorie libérale du droit des minorités, Montréal/Paris, Boréal/La Découverte, 2001 (A *Multicultural Citizenship: A Liberal Theory of Minority Rights*, New York, Oxford University Press, 1995).

States, Nations and Cultures: Spinoza Lectures, Amsterdam, Van Gorcum, 1997.

Will Kymlicka

LA VOIE CANADIENNE

Repenser le multiculturalisme

Traduit de l'anglais (Canada) par Antoine Robitaille

Éditions du Boréal

Les Éditions du Boréal remercient le Conseil des Arts du Canada
ainsi que le ministère du Patrimoine canadien et la SODEC pour leur soutien financier.

Les Éditions du Boréal bénéficient également du Programme
de crédit d'impôt pour l'édition de livres du gouvernement du Québec.

Couverture : Carol Bernier, *Du rouge dans la gorge n° 2*, 2001

L'édition originale de cet ouvrage a été publiée par Oxford University Press
sous le titre *Finding Our Way : Rethinking Ethnocultural Relations in Canada*.

Diffusion au Canada : Dimedia

Diffusion et distribution en Europe : Les Éditions du Seuil

Données de catalogage avant publication (Canada)

Kymlicka, Will

La voie canadienne : repenser le multiculturalisme

Traduction de : Finding our way.
Comprend des réf. bibliogr.

ISBN. 2-7646-0197-2

1. Multiculturalisme – Canada. 2. Canada – Relations interethniques. I. Titre.

FC105.M8K9514   2003   305.8'00971   C2003-942757-0
F1035.A1K9514   2003

Introduction

Au cours de nos cent trente années d'existence, nous, Canadiens, avons réussi à construire une société prospère, tolérante, pacifique, libre et démocratique dans un des pays du monde les plus diversifiés sur le plan ethnoculturel. Nous nous sommes tellement habitués à notre diversité que nous finissons par oublier qu'à cet égard le Canada est exceptionnel. Prenons l'immigration. Certes, il y a chez nous des débats sur la proportion idéale d'immigrants, comme sur les critères de sélection à appliquer (l'âge, la langue, les compétences, la réunification des familles, le statut de réfugié, etc.). Reste que tout le monde, ou presque, s'accorde à dire que nous devons continuer à solliciter des immigrants et que l'immigration est un facteur essentiel à notre développement collectif.

Ailleurs dans le monde, une telle disposition favorable à l'immigration est extrêmement rare. On en retrouve l'équivalent dans une poignée de pays fondés par des colons britanniques (les États-Unis, l'Australie, la Nouvelle-Zélande) et en Israël. Il n'y a plus aucun pays européen qui cherche encore aujourd'hui à attirer chez lui des immigrants. Certains d'entre eux accordent l'asile à des réfugiés et autorisent les immigrants déjà établis à parrainer des membres de leur famille immédiate — c'est ce qu'impose le droit international. Mais, parmi les 189 pays-membres des Nations unies, les États qui dépassent ces exigences juridiques minimales et encouragent activement l'immigration se comptent sur les doigts des deux mains.

De plus, dans ce petit groupe, le Canada applique depuis plusieurs décennies la politique d'immigration la plus ambitieuse. Alors que les États-Unis sont souvent considérés comme le pays modèle à cet égard, le taux d'immigration par habitant au Canada est pourtant beaucoup plus élevé. Aussi, la proportion des personnes nées à l'étranger — soit 16 % — est maintenant deux fois plus élevée qu'aux États-Unis. Il n'est donc pas surprenant que, depuis la fin de la Seconde Guerre mondiale, la plupart des grandes politiques novatrices dans le secteur de l'immigration — du « système des points » servant à sélectionner les immigrants à l'adoption du multiculturalisme comme principe de base de leur intégration — aient été conçues au Canada avant d'être adoptées par d'autres pays ayant un taux d'immigration élevé.

Les autochtones constituent une autre composante essentielle de la diversité au Canada. On trouve des peuples autochtones dans de nombreux pays. Pourtant, dans aucun autre pays occidental — à l'exception peut-être de la Nouvelle-Zélande (où les Maoris représentent 15 % de la population) — les peuples autochtones n'ont obtenu un statut politique aussi important qu'ici. Les dispositions de la Constitution canadienne de 1982 relatives aux peuples autochtones — notamment les deux articles où leurs droits sont reconnus, de même que celui imposant au gouvernement de négocier la portée concrète de ces droits avec les autochtones eux-mêmes — sont à peu près uniques au monde. Ces dispositions garantissent en effet la participation des autochtones à toute négociation constitutionnelle où leurs intérêts sont en jeu. Leur nouveau statut fut reconnu de façon manifeste lors des discussions ayant mené à l'accord du lac Meech et aux accords de Charlottetown et pendant les travaux de la récente Commission royale sur les peuples autochtones. Même si la tâche de définir leurs droits demeure en grande partie inachevée, les peuples autochtones du Canada sont maintenant des participants — et non plus seulement des spectateurs — de l'élaboration des politiques publiques et de la prise de décisions politiques les concernant. L'expérience et l'expertise qu'ont acquises les autochtones dans ce processus ont même eu des répercussions sur la scène internationale. Parmi les peuples qui ont commencé, dans les années 1980, à faire pression sur l'ONU pour qu'elle adopte une déclaration internationale des droits des peuples autochtones, les plus actifs — et les plus efficaces — venaient du Canada.

Un autre élément essentiel de la diversité canadienne découle de la présence des Canadiens français et de l'importance que revêtent les questions du bilinguisme et du fédéralisme. Le Canada n'est pas le seul pays à accorder un statut officiel à une langue minoritaire. Au contraire, c'est une pratique plutôt fréquente dans les pays où la minorité est de nature nationale et non issue de l'immigration. Par « minorité nationale » j'entends une société historique qui a sa langue et ses institutions propres et dont le territoire a été incorporé (souvent de façon involontaire, comme dans le cas du Québec) à un pays plus grand. Parmi d'autres exemples de minorité nationale, on peut compter les Portoricains aux États-Unis, les Catalans en Espagne et les Flamands en Belgique. Je qualifie de minorités « nationales » les groupes de ce type parce qu'ils tendent à se percevoir eux-mêmes comme des « nations », puis parce qu'ils fondent des mouvements nationalistes afin de défendre leurs droits linguistiques et leur autonomie collective. Partout où un tel nationalisme minoritaire fait irruption, on accorde plus volontiers une reconnaissance officielle à la langue minoritaire. La politique canadienne de bilinguisme a toutefois des visées plus larges que la plupart des autres lois du même type.

Le caractère vraiment original du Canada en ce domaine réside plutôt dans l'adoption du principe fédéral pour encadrer la présence d'une minorité nationale concentrée dans une région particulière. Avant 1867, aucun pays (à l'exception peut-être de la Suisse) n'avait choisi le fédéralisme pour créer ainsi une entité politique au sein de laquelle une minorité nationale distincte sur le plan linguistique formerait une majorité et se gouvernerait elle-même. Aucun autre pays n'a acquis une expérience aussi riche dans les rapports entre fédéralisme et nationalisme minoritaire.

On dit généralement que les Américains ont inventé le principe fédéral. Mais la « révolution fédéraliste » qui se propage actuellement dans le monde entier s'inspire davantage du modèle canadien ou suisse, dans lequel les minorités nationales peuvent se gouverner elles-mêmes grâce à l'entité fédérée qu'elles contrôlent. Dans le modèle américain, à l'inverse, les sous-unités fédérales représentent de simples subdivisions territoriales dépourvues d'assise ethnoculturelle. Au moment où un nombre croissant de pays songent à adopter une formule fédérale pour protéger leur diversité ethnoculturelle, il n'est pas surprenant de constater qu'ils privilégient le modèle canadien.

Bref, le Canada est un chef de file mondial en ce qui concerne trois des plus importantes dimensions des rapports ethnoculturels : l'immigration, les peuples autochtones et le traitement des nationalismes minoritaires. Beaucoup de pays renferment une ou deux de ces dimensions, mais très peu contiennent les trois à la fois. Et dans la recherche de solutions, aucun ne peut se targuer d'avoir acquis une expérience historique aussi riche. Leslie Laczko, un de mes collègues à l'Université d'Ottawa, a récemment effectué une étude du degré de diversité culturelle dans les démocraties occidentales. Il conclut que le Canada, compte tenu du résultat qu'il a obtenu, est pratiquement hors normes. Comme il le dit, le Canada échappe aux moyennes statistiques parce qu'il renferme plusieurs formes distinctes de diversité qui se trouvent toutes au cœur de notre vie politique et sociale[1].

Que nous ayons réussi à concilier simultanément toutes ces formes de diversité et à vivre ensemble dans la paix et la civilité constitue, à l'aune de n'importe quel critère objectif, un véritable exploit. D'abord, nous acceptons sans problème une immigration d'une ampleur qui, dans la plupart des pays, provoquerait des réactions nationalistes xénophobes. De plus, nous avons appris à coexister avec un nationalisme minoritaire vigoureux qui, dans maintes contrées, aboutirait au chaos ou à la guerre civile. Enfin, nous avons institutionnalisé, voire constitutionnalisé, les droits des peuples autochtones à une époque où de nombreux autres pays s'efforcent encore de nier ces droits, sinon l'existence même de ces peuples sur leur territoire.

Le Canada, par conséquent, sert de modèle à une multitude de pays. Les Européens de l'Ouest veulent savoir comment nous avons réussi à accueillir autant d'immigrants sans provoquer de ressac néofasciste. Les Scandinaves veulent en savoir davantage sur notre façon d'aborder la question des droits autochtones. Les Européens de l'Est s'intéressent à notre manière de traiter les minorités nationales. Dans tous ces domaines, le Canada dispose d'une expérience et d'une expertise pertinentes qu'il peut offrir au monde.

Je ne prétends pas que le Canada a définitivement réglé aucun de ces problèmes. Loin de là. D'abord, les rapports ethnoculturels s'accompagnent inévitablement de tensions et de heurts, pour lesquels il n'existe tout simplement pas de remède absolu. Tout ce que nous pouvons escompter consiste non pas à résoudre, mais bien à gérer les conflits découlant de la diversité ethnoculturelle. Ceux qui ambitionnent de trouver une « solution » à ce type de conflit font preuve d'un irrécupérable idéalisme ou alors sont en proie à des pulsions génocidaires. Au Canada, bien entendu, nous faisons face à des problèmes et à des conflits graves, que nous nous emploierons à examiner ici. Mais, pour le meilleur ou pour le pire, nous avons su gérer ces problèmes jusqu'à maintenant. Nous avons vécu ensemble plus ou moins en paix. Nous avons adapté nos institutions et nos politiques en fonction de conjonctures instables et d'ambitions nouvelles. De ces sujets, nous avons débattu ouvertement et de façon civilisée. Ce faisant, nous avons beaucoup appris sur les mesures qui, dans un pays pluraliste, sont nécessaires et souhaitables et sur celles qui sont inapplicables et injustes. Cette expérience a été durement acquise au cours de longues années de luttes douloureuses, ponctuées de malentendus humiliants ou d'une froide indifférence. Néanmoins, à la longue, nous avons su tirer certaines leçons d'une extrême importance, leçons que de nombreux autres pays convoitent car ils en ont un urgent besoin pour survivre et prospérer eux aussi.

Ces dernières années, j'ai été invité dans plusieurs pays pour parler du « modèle canadien » en matière de rapports ethnoculturels. Voilà une tâche dont je m'acquitte non sans éprouver une certaine satisfaction ainsi que de la fierté. Le Canada n'a pas la stature d'une puissance mondiale et est pratiquement invisible sur la scène internationale. Il fait rarement parler de lui sur les ondes de CNN, de BBC World News ou dans les pages du *Monde*. Mais, dans le domaine des rapports ethnoculturels, le Canada est le numéro un reconnu partout sur la planète, non seulement en raison de ses politiques publiques, mais aussi de sa jurisprudence et des travaux de recherche qui y sont menés au sujet de ces mêmes politiques. Je crois fermement que les autres pays peuvent tirer grand profit de notre expérience et que nous pouvons les aider à s'éviter des conflits inutiles et injustifiés. D'ailleurs, divers auditoires à l'étranger — que ce soit aux États-Unis, en Grande-Bretagne, en Australie, aux Pays-Bas, en Espagne, en Italie, en Autriche, en Lettonie ou en Ukraine — semblent sincèrement s'intéresser aux succès du Canada dans ce domaine.

Mais je me suis aussi senti de plus en plus ambivalent lorsqu'il s'agissait de présenter à l'étranger le « modèle canadien ». Car au moment même où j'encourage les autres à découvrir les leçons de l'expérience canadienne, j'ai conscience que de plus en plus de Canadiens eux-mêmes se sentent désillusionnés à l'égard des principes et des institutions sous-tendant le modèle canadien. Les auditoires étrangers manifestent une grande curiosité pour le Canada et souhaitent comprendre la formule secrète de notre succès. Sauf que, pour un nombre croissant de Canadiens, notre histoire ne peut être qualifiée de réussite. En fait, ils s'esclafferaient à l'idée même de lui appliquer ce terme. Bref, je me suis retrouvé dans la position de celui qui incite des auditoires étrangers à s'intéresser à un ensemble de principes et de pratiques de plus en plus décriés et discrédités à l'endroit même où ils ont été élaborés. Situation paradoxale et qui devient chaque jour plus intenable. Comment pouvais-je affirmer la réussite de politiques que les Canadiens eux-mêmes considèrent de plus en plus comme des échecs ?

Par ailleurs, cet état d'esprit empreint de désillusion me rend perplexe. Certes, il n'est pas étonnant que de nombreux Canadiens s'interrogent sur leurs institutions et leurs politiques nationales car, dans les dernières années, les politiques publiques en matière de relations ethnoculturelles ont beaucoup évolué et ont donc suscité des évaluations fouillées et de profondes remises en question tout à fait normales et appropriées. Et ça ne me dérange nullement que plusieurs en viennent à la conclusion que certaines de ces politiques sont mal fondées. Ce qui est aussi parfaitement normal et souhaitable dans une démocratie. De toute façon, de multiples éléments récemment ajoutés à ces politiques avaient un caractère nettement expérimental. Elles avaient justement été conçues dans la perspective d'une réévaluation future, à la lumière des résultats de leur mise en œuvre.

Non, ce qui me surprend et me décourage, c'est l'atmosphère de quasi-délire dans laquelle se déroule ce débat. Certaines personnes, par ailleurs sensibles et intelligentes, ont perdu, sur ces questions, le sens des nuances. Elles évoquent des scénarios de ségrégation et de violence, comme si le Canada n'avait rien appris de son histoire, comme s'il ne s'était donné ni mesure de sécurité, ni marge d'erreur. Il n'est pas rare d'entendre certains intervenants faire de menaçantes allusions aux cas de la Bosnie ou de l'Afrique du Sud, comme si nous glissions allègrement vers une situation de guerre civile ou d'apartheid.

De tels propos révèlent, me semble-t-il, une grande perte de confiance en nous-mêmes, confiance que les Canadiens possédaient naguère. En fait, c'est là une des plus importantes dimensions de l'expérience canadienne, une leçon essentielle et durement acquise. Trois sociologues américains l'ont bien illustré en procédant à une étude comparative des politiques pour réfugiés et immigrants des dernières décennies dans neuf démocraties industrialisées. Leur conclusion est que, à l'exception du Canada, tous ces pays ont subi une grave crise liée à ces politiques. Selon les auteurs, le Canada a jusqu'ici évité ce type de crise en grande partie grâce à la « confiance de la population canadienne en elle-même ». En effet, dans les années 1970 et 1980, on avait le réflexe de dire au Canada que tout problème lié à l'admission et à l'intégration des immigrants avait une solution. Ainsi, les tensions qui, dans d'autres pays, ont mené à un ressac d'extrême droite ou à l'adoption de lois répressives et malavisées ont été abordés, au Canada, d'une manière simple et pragmatique[2].

Cette confiance était légitime, puisqu'elle résultait de plusieurs années d'essais et d'erreurs d'un apprentissage lent et attentif. Mais, dans les dernières années, nous semblons avoir perdu cette confiance. D'ailleurs, on observe maintenant chez les Canadiens un éventail de réactions pathologiques à des problèmes qu'ils traitaient auparavant avec pragmatisme. Certains, consternés par les dérapages de la rectitude politique et apeurés par la cacophonie des voix nouvellement apparues, se replient et optent pour l'apathie individuelle et les lamentations en privé. D'autres entérinent des solutions simplistes et extrêmes. Ils se disent, d'une part, que si les Canadiens n'ont plus la confiance nécessaire pour régler les conflits des identités nationales aux Canadas français et anglais, ils n'ont qu'à éluder totalement le problème en fondant deux pays séparés. Ils estiment, d'autre part, que si les

Canadiens ne se croient plus en mesure de faire face à leur taux d'immigration élevé, il suffit d'abolir le problème totalement en imposant de sévères restrictions à l'entrée des nouveaux arrivants.

Ce ne sont pas là de véritables solutions à nos problèmes, mais bien des tentatives désespérées de les esquiver. Voilà, selon moi, l'aspect le plus affligeant de la situation actuelle au Canada : la confiance de naguère, voire l'optimisme, qui nous permettait de croire que nos problèmes n'étaient pas insolubles s'est muée en un sentiment d'impuissance. Nous parlons et nous nous comportons comme si notre expérience ne nous avait été d'aucune utilité, comme si tout était maintenant incertain et que rien n'était acquis. Ces craintes sont, me semble-t-il, absolument injustifiées. Un des objectifs de ce livre consiste à rectifier cette perception en la confrontant à la réalité. Je veux dresser ici une sorte de carte, un tableau de nos rapports ethnoculturels grâce auquel nous pourrons remettre les choses en perspective, et peut-être même rétablir ce sentiment de confiance si nécessaire pour résoudre utilement nos problèmes actuels. Mon but n'est pas tant d'aboutir à des recommandations précises que de mettre en relief les leçons que nous avons déjà tirées de notre expérience ainsi que les imposantes ressources à notre disposition. Bref, ce livre vise à convaincre les Canadiens de la grande valeur du message que j'ai tenté de propager à l'étranger : le Canada représente un modèle important grâce auquel un pays pluraliste peut arriver à vivre, non pas dans une harmonie utopique, mais dans la paix, la civilité et la justice.

* * *

Le livre est divisé en deux parties, qui correspondent aux deux principales sources de la diversité ethnoculturelle du Canada. Il est vrai que le Canada est une société de colons britanniques, puisqu'il est né de l'union de quatre colonies britanniques. Aussi, bon nombre des institutions qui nous gouvernent toujours ont été mises sur pied par les colonisateurs et les administrateurs coloniaux. Mais les Britanniques n'ont jamais été seuls sur ce territoire et ils constituent aujourd'hui une proportion décroissante de la population. Au reste, nous pouvons diviser la diversité ethnoculturelle toujours croissante du Canada en deux grandes catégories.

Les sources premières de l'actuelle diversité ethnoculturelle sont évidemment les gens qui habitaient ce territoire avant les Britanniques, notamment les peuples autochtones et les Canadiens français. Avant d'être intégrés à l'Amérique du Nord britannique, ceux-ci formaient des sociétés complètes, structurées, installées depuis longtemps sur leurs territoires et dotées de leurs propres institutions fonctionnant dans leur langue respective. Même s'ils furent incorporés au Canada sans leur consentement — à la suite de la colonisation et de la Conquête — des efforts ont été faits pour transformer ce pays en une fédération de peuples s'alliant de plein gré, par le truchement de traités avec les autochtones et la négociation d'une confédération avec les Canadiens français. Aujourd'hui, toutefois, aucun de ces groupes n'est satisfait de son statut au sein du Canada. Comme je l'ai mentionné précédemment, ils peuvent être qualifiés de « minorité nationale » parce qu'ils se voient eux-mêmes comme des « nations » au sein du Canada et qu'ils ont, à travers leur histoire, cherché à obtenir une quelconque forme d'autonomie politique dans le but de conserver leur statut de sociétés distinctes sur le plan culturel, et de sociétés autonomes au sein de l'État qui les englobe.

L'usage que je fais de l'expression « autonomie politique », bien que courant dans le cas des autochtones, peut surprendre dans celui du Québec, car ses revendications sont ordinairement traduites par les formules du type « société distincte », « statut particulier », « fédéralisme asymétrique » ou « souveraineté-association ». Mais les revendications de ces deux groupes ont un trait commun déterminant : tous deux se fondent, au moins en partie, sur le sentiment de former des nations distinctes ou des peuples dont l'existence est antérieure à celle de l'État canadien. En tant que nations ou peuples, ils réclament donc un droit à l'autodétermination pouvant conduire à la création d'un État indépendant ou encore, si le groupe le choisit, d'un État fédéré de son plein gré. Lorsque le groupe décide de se joindre à une telle fédération, il concède des pouvoirs à l'État fédéral mais se réserve les autres, y compris ceux qui sont jugés essentiels au développement de sa culture.

J'utilise l'expression « autonomie » afin de désigner l'ensemble de prémisses et des aspirations suivant : le sentiment de former une nation, sur un territoire historique, nation qui a exercé son droit à l'autonomie en s'intégrant à un État plus vaste selon le principe fédératif ou par le truchement de traités. Cette nation considère qu'elle possède certains droits et pouvoirs en vertu de son statut de peuple fondateur, mais aussi de par les condition de base du contrat fédératif. Les peuples autochtones et les Québécois ne réclament pas simplement une décentralisation générale du pouvoir qui viserait à favoriser l'efficacité administrative ou à renforcer la démocratie locale. Ce qu'ils réclament, c'est d'être reconnus comme des peuples distincts, comme des partenaires fondateurs de l'État canadien, lesquels ont toujours préservé leur droit de se gouverner et de posséder leur territoire propre. On retrouve aujourd'hui cet ensemble particulier de prémisses et d'aspirations, à la fois dans le discours des peuples autochtones et dans celui des Québécois et je crois qu'il fonde plusieurs revendications québécoises, y compris celles qui émanent de la « société distincte » ou la « souveraineté-association ».

La prise en compte de la diversité découlant de la présence de « nations intérieures » est une préoccupation de longue date au Canada, remontant au moins à la Proclamation royale de 1763, qui garantissait des droits aux autochtones, et à l'Acte de Québec de 1774, qui assurait une autonomie aux Canadiens du Québec. Ces groupes estiment toutefois que leur nationalité respective n'a pas été reconnue correctement ou bien que leurs droits en tant que nations n'ont pas été suffisamment respectés. Les revendications des Québécois et des peuples autochtones en faveur de l'autonomie et de la reconnaissance nationale sont, pour le meilleur ou pour le pire, intrinsèquement liées à notre système fédéral. Les chapitres 9 à 13 de ce livre sont consacrés à une analyse des rapports entre le fédéralisme et le nationalisme minoritaire au Canada et visent à exposer les raisons pour lesquelles le fédéralisme a eu tant de difficultés à prendre en compte les aspirations de nos nations intérieures.

Je commencerai toutefois par l'examen de l'autre source de la diversité culturelle au Canada : l'immigration de masse. C'est, là aussi, un trait séculaire de l'histoire canadienne, qui a débuté par l'arrivée d'immigrants irlandais dans les années 1830 et s'est poursuivi par vagues successives au cours du XXe siècle. En conséquence, le Canada actuel est peuplé de citoyens qui ont des racines dans tous les coins du monde.

Inutile de dire que l'histoire de ces groupes diffère de celle des groupes que nous avons nommés les « nations intérieures ». Leur présence au Canada résulte non pas de l'incorporation involontaire de sociétés complètes, établies sur leur territoire historique, mais de décisions personnelles et familiales qui conduisirent des individus à quitter leur terre d'origine pour amorcer une nouvelle vie au Canada. Ces décisions furent plus ou moins volontaires, dans la mesure où ces individus quittèrent leur pays natal alors que bon nombre de leurs amis et des membres de leur famille préférèrent y rester. Au surplus, ces individus savaient qu'ils allaient intégrer une société possédant des lois et des institutions établies.

Je désignerai parfois ces gens en les qualifiant de « groupes d'immigrants », puisque leurs origines, au Canada, remonte à un acte d'immigration. Mais chez certains groupes, particulièrement ceux issus du nord de l'Europe, ces origines étrangères remontent à un passé assez lointain, si bien que, de nos jours, la majorité des individus appartenant à ces groupes ne sont pas eux-mêmes des immigrants, mais plutôt les enfants, les petits-enfants et les arrière-petits-enfants de la première génération d'immigrants. Il semble en effet un peu curieux de qualifier de « groupes d'immigrants » les Canadiens d'origine allemande ou ukrainienne. D'ailleurs, nombreux sont ceux qui optent pour l'expression « groupes ethniques » et je l'utiliserai moi-même dans plusieurs cas. Mais, comme nous le verrons, le fait que ces groupes soient issus de l'immigration est crucial pour bien comprendre leur statut au Canada et pour saisir en quoi ils diffèrent de nos « nations intérieures ». Par conséquent, tout au long de ce livre, j'utiliserai, pour désigner ces groupes issus de l'immigration, les expressions « groupes d'immigrants » et « groupes ethniques » de façon interchangeable. Ainsi, je les distinguerai des groupes nationaux autochtones et canadien-français.

Au cours de l'histoire, les groupes d'immigrants, ou groupes ethniques, ont réclamé et obtenu l'intégration politique au Canada — non pas l'autonomie gouvernementale — même s'ils ont également demandé une certaine prise en compte de leur spécificité ethnoculturelle. Aujourd'hui, on qualifie de « multiculturalisme » la position qu'a adoptée le Canada dans le traitement des groupes issus de l'immigration. D'ailleurs, la première partie de ce livre est consacrée à l'explication et à l'évaluation de cette position, laquelle a été, comme je tenterai de le démontrer, plus efficace que d'aucuns ne le croient.

Le chapitre 1 analyse justement les données relatives à l'incidence du multiculturalisme sur le processus d'intégration des groupes ethniques. Beaucoup croient que la politique de multiculturalisme mine la propension habituelle des groupes ethniques à vouloir s'intégrer et les pousse à vivre séparément, en marge des autres membres de la société. Ainsi, les groupes ethniques tendraient de plus en plus à créer et à maintenir leurs propres institutions sociales — scolaires, économiques, juridiques et politiques — dans l'espoir de prospérer à l'extérieur des institutions sociales du Canada français ou du Canada anglais. Je montreai que cette interprétation du multiculturalisme et de ses effets est erronée car, bien au contraire, nous découvrons aujourd'hui que les groupes d'immigrants s'intègrent au Canada plus rapidement et plus efficacement qu'avant l'adoption de la politique de multiculturalisme. Leur intégration est même plus réussie ici que dans tout autre pays non doté d'une telle politique. Lorsque nous étudions les données concrètes sur la question, on se rend compte que les avantages du multiculturalisme furent grandement sous-estimés et que ses inconvénients ont été surestimés.

Comment peut-on expliquer ce grave malentendu ? Une partie de la réponse, me semble-t-il, tient à ce que ni les partisans ni les adversaires du multiculturalisme n'envisagent cette question dans le contexte global des politiques publiques relatives aux rapports ethnoculturels, notamment dans les domaines de l'emploi, de l'enseignement et de la citoyenneté. Le chapitre 2 tente justement de replacer le multiculturalisme dans une perspective plus large et de démontrer qu'il doit être interprété non pas comme un rejet de l'intégration, mais plutôt comme un moyen de définir les conditions d'intégration. Des exemples de cette position sont présentés au chapitre 3. J'y analyse un ensemble de politiques particulières liées au multiculturalisme au Canada afin de voir comment chacune d'elles agit sur les aspirations et le poids institutionnel des groupes issus de l'immigration.

Les appréhensions des Canadiens à l'égard du multiculturalisme ne se limitent pas aux questions d'intégration. Certains craignent que cette approche n'oblige à accepter, ou au moins à tolérer, toutes les pratiques traditionnelles des groupes ethnoculturels, même lorsque celles-ci heurtent nos principes fondamentaux de dignité humaine et de droits individuels. Beaucoup redoutent aussi que le multiculturalisme n'entraîne la mise en œuvre de « droits collectifs » s'opposant directement aux droits individuels et que la notion de « respect de la diversité culturelle » ne serve à justifier des pratiques qui contreviendraient aux principes du libéralisme. C'est donc la question des limites de la tolérance qui se trouve soulevée ici, limites qui seront étudiées au chapitre 4. Je tenterai alors de montrer qu'il y a bel et bien des limites à notre tolérance à l'égard de pratiques non libérales et que ces limites ne sont ni arbitraires ni discrétionnaires, mais découlent en toute logique de nos principes constitutionnels fondamentaux. Dans ces quatre premiers chapitres, dont le but est avant tout de décrire et d'évaluer les mesures relevant du multiculturalisme telles qu'elles existent aujourd'hui, j'espère établir que ces mêmes mesures constituent une approche cohérente et défendable et que, en définitive, sur le plan de l'intégration des groupes ethniques, elles ont été couronnées de succès.

Les trois autres chapitres explorent les avenues que pourrait ultérieurement emprunter le multiculturalisme, lequel a toujours été conçu comme une politique évolutive répondant sans cesse à des besoins et à des contextes nouveaux. Il en sera d'ailleurs ainsi tant que des défis inédits se présenteront. Les chapitres 5 à 7 tentent d'identifier les plus importants de ces défis. Une des questions cruciales porte sur les rapports interraciaux, abordés au chapitre 5. Certains prétendent que le multiculturalisme a peut-être favorisé l'intégration de groupes d'immigrants blancs, mais qu'il a été moins efficace avec les non-blancs. D'autres affirment que le multiculturalisme convenait peut-être aux Canadiens originaires de l'Asie ou des Indes orientales, mais pas à ceux d'origine africaine. Il est, selon moi, prématuré de dresser de tels constats quant à l'efficacité du multiculturalisme pour les minorités visibles. En fait, ces analyses reposent sur un emprunt tacite, et souvent inconscient de la part de leurs auteurs, de prémisses américaines dans le domaine des rapports interraciaux.

Aux États-Unis, il faut le dire, les noirs ne constituent pas un groupe issu de l'immigration, car ils y ont été amenés contre leur gré pour être faits esclaves. Jusqu'à une période récente, on les dissuadait de s'intégrer à la société américaine, ou alors on adoptait des lois qui les en empêchaient. Alors qu'au même moment les nouveaux immigrants provenant du monde entier étaient, eux, bien accueillis et encouragés à s'intégrer. Ce fossé entre les noirs et les groupes d'immigrants constitue un des facteurs déterminants des rapports interraciaux aux États-Unis. Mais les membres des minorités visibles au Canada, y compris la plupart des Afro-Canadiens, sont des immigrants récents. Et certaines données nous incitent à croire que, dans leur cas, le modèle de multiculturalisme conçu pour les immigrants favorise l'intégration. Mais il faut faire plus et mieux, et le chapitre 5 porte justement sur certaines nouvelles avenues politiques à considérer.

Le chapitre 6 part de l'interrogation suivante : les principes du multiculturalisme peuvent-ils s'appliquer à différents groupes non ethniques mais identitaires, notamment les gais et lesbiennes et les personnes handicapées ? Le « retour de l'ethnicité » est souvent présenté comme une des manifestations d'une tendance plus profonde allant dans le sens d'une « politique de l'identité », par laquelle un vaste éventail de groupes auparavant défavorisés réclament une reconnaissance publique de leur identité et de leurs besoins spécifiques. Tous ces groupes revendiquent non seulement les droits individuels découlant de la citoyenneté canadienne, mais aussi certains droits collectifs. Un grand nombre des problèmes qu'ils posent sont, à cet égard, identiques à ceux que soulèvent les groupes ethniques. En fait, aux États-Unis, le mot « multiculturalisme » est souvent utilisé pour référer à toutes les dimensions de la politique de l'identité. Même si je crois que cette acception très large du mot peut prêter à confusion, j'estime que l'approche élaborée dans le domaine de l'immigration n'est pas sans pertinence lorsqu'il s'agit de penser d'autres dimensions de la politique de l'identité.

Le chapitre 7 aborde la question de la représentation des groupes dans le processus politique. Il analyse en particulier les mesures attribuant, dans les assemblées, un certain nombre de sièges aux membres de divers groupes. De telles mesures ont été envisagées non seulement pour les groupes ethniques et nationaux, mais aussi pour les femmes et d'autres minorités. Mon objectif n'est pas de défendre des mesures particulières de représentation, puisque j'estime que certaines d'entre elles posent plusieurs difficultés théoriques et pratiques. Il s'agit plutôt de mettre en relief la nécessité d'assurer une voix aux minorités dans la prise de décisions politiques. Le multiculturalisme a contribué à rendre la société canadienne plus ouverte et plus inclusive, mais cela pourrait s'avérer éphémère si le caractère représentatif du processus politique n'est pas amélioré.

Le dernier chapitre de la première partie du livre consiste en un plaidoyer en faveur d'une trêve dans la guerre rhétorique qui fait rage au sujet du multiculturalisme. Le débat public, jusqu'à maintenant, se résume principalement à un échange d'accusations de « racisme », « d'intolérance », de « séparatisme » et « d'apartheid ». Le chapitre 8 tente justement d'imaginer ce à quoi pourrait ressembler un débat mieux éclairé et donc plus fructueux.

Dans la première partie du livre, mes thèses apparaîtront relativement optimistes. J'espère pouvoir démontrer que, dans son application, le modèle du multiculturalisme fonctionne bien, que les craintes qu'il nous conduise à un séparatisme ethnoculturel ne sont pas fondées et que l'efficacité de ce modèle ne se limite pas à l'intégration des groupes ethniques blancs. Autrement dit, que le racisme, au Canada, ne doit pas représenter une barrière insurmontable à l'intégration des Canadiens d'origine asiatique, arabe ou africaine. Je compte enfin montrer que le modèle de multiculturalisme pour les immigrants est riche en enseignements qui nous permettront de relever certains des nouveaux défis que la société et la démocratie canadiennes doivent relever.

Dans la seconde partie, cependant, on remarquera qu'une certaine ambivalence transpire de mes analyses, parce que, en ce qui concerne l'hamonisation de nos différences « nationales », rien de particulièrement encourageant ne se profile à l'horizon. Dans les dernières années, les peuples québécois et autochtones ont fortement affirmé leur identité nationale. Pour eux, le Canada est un pays qui contient plus d'une nation : leur citoyenneté est canadienne, mais leur identité nationale est québécoise, crie, etc. Par conséquent, le Canada est, en termes sociologiques, un État multinational. Et, comme tous les États de ce type, il doit trouver une façon de prendre en compte les nationalismes minoritaires.

Après la brève introduction aux nationalismes minoritaires au Canada que présente le chapitre 9, le chapitre 10 propose un examen plus détaillé de la nature de ces nationalismes, tout en expliquant pourquoi les revendications de droits à l'autonomie et à la reconnaissance nationale, de la part de ces nations, ont été si difficilement reçues. Bien que le système fédéral au Canada ait en partie pour but de satisfaire à de telles revendications, c'est ce système même qui se trouve aujourd'hui au cœur du problème. Le type de fédéralisme multinational que souhaitent la plupart des Québécois et des autochtones s'inspire d'un modèle fondamentalement opposé au fédéralisme symétrique que préconise la majorité canadienne (non autochtone et non québécoise).

Pour désigner cette majorité non autochtone et non québécoise, j'utiliserai d'ailleurs l'expression « Canada anglophone », qui n'est pas entièrement satisfaisante mais que je préfère à « reste du Canada », que l'on utilise parfois. Après tout, le « reste du Canada » n'est pas qu'un simple agrégat d'individus ou de groupes n'ayant en commun rien d'autre que de n'être ni québécois ni autochtones. Les Canadiens anglophones partagent maintes institutions fonctionnant principalement en langue anglaise, laquelle langue est utilisée et maîtrisée par presque tous. Ils ont aussi largement en commun une certaine politique de l'identité et de la culture qui leur est propre et qui comporte un fort attachement à une conception symétrique du fédéralisme, totalement opposée à celle que la plupart des Québécois et des peuples autochtones préfèrent.

La stratégie d'« unité nationale » qu'applique le gouvernement fédéral depuis une dizaine d'années — qui combine une vague reconnaissance de la différence québécoise et une affirmation simultanée du principe d'égalité des provinces et des valeurs communes — peut être considérée comme une tentative de concilier ces deux conceptions du fédéralisme. Au chapitre 11, je tente de montrer pourquoi cette stratégie était vouée à l'échec et le demeure.

Si ces différentes conceptions sont inconciliables, la seule manière de maintenir le Canada uni serait de convaincre les Canadiens anglophones d'adopter une conception multinationale du fédéralisme. Mais qu'est-ce qui pourrait bien les convaincre? Les sondages indiquent que l'appui à un « statut particulier » ou à une « société distincte » a faibli — c'est le moins que l'on puisse dire — depuis 10 ans. En outre, bon nombre des tentatives précédentes visant à persuader les Canadiens anglophones d'adopter cette conception n'ont pas abouti. Le chapitre 12 analyse les raisons d'un tel échec et propose un éventail d'arguments passablement inédits qui pourraient amener les Canadiens anglophones à accepter une telle conception multinationale du Canada et du fédéralisme canadien. Je ne suis pas très optimiste à ce sujet, mais c'est là peut-être la seule possibilité qui nous reste pour garder le Canada uni.

Au chapitre 13, je m'interroge en ce sens : si ce fédéralisme multinational en venait à être accepté par les Canadiens anglophones, serait-il viable ? Je présente certains arguments qui incitent à répondre par l'affirmative à cette question, non sans indiquer quelques nuances et réserves. Puisque rien ne peut garantir que la mise en place d'un tel fédéralisme n'entraînera jamais la dissolution du Canada.

Les deux parties de ce livre proposent des portraits bien différents. Les besoins et les aspirations des groupes d'immigrants du Canada diffèrent nettement de ceux des groupes nationaux, tout comme les défis respectifs qu'ils lancent à l'ordre politique. Le Canada n'est pas le seul pays à se retrouver dans cette situation. De récentes études effectuées par divers politologues issus des courants comparatif et normatif ont souligné l'importance vitale de la distinction entre deux sortes de groupes ethnoculturels à travers le monde[3]. Le Canada, comme la plupart des autres démocraties occidentales, est mieux parvenu à prendre en compte l'ethnicité des immigrants que la spécificité culturelle du nationalisme minoritaire.

Enfin, la conclusion propose certaines réflexions générales sur l'expérience canadienne de gestion des rapports ethnoculturels. Même si les deux parties du livre décrivent deux aspects très différents des rapports ethnoculturels au Canada, elles ont ceci en commun : dans chacun des cas, nous semblons incapables d'apprendre de notre expérience ou refusons de le faire. Or, notre histoire peut nous en dire beaucoup sur ce qui fonctionne et ne fonctionne pas dans ces deux sphères distinctes que forment les groupes ethniques issus de l'immigration et les minorités nationales. Nous disposons en effet de l'expérience historique nécessaire pour dégager des modes de gestion des rapports ethnoculturels qui soient équitables et profitables à tous. Mais il semble que nous ayons perdu la volonté ou la confiance nécessaires pour tirer parti de cette expérience et faire fond sur les enseignements qui se dégagent de nos succès et nos échecs passés. Voilà sans doute l'aspect le plus surprenant et le plus décourageant du débat qui nous occupe.

PREMIÈRE PARTIE

Les mérites du multiculturalisme

CHAPITRE 1

Dissiper la confusion

En 1971, le Canada s'est engagé dans une expérience unique en adoptant une politique officielle de multiculturalisme. Selon Pierre Trudeau, le premier ministre qui la présenta à la Chambre des communes, cette politique avait quatre buts : appuyer le développement culturel des groupes ethnoculturels, aider les membres de ces groupes à surmonter les obstacles les empêchant de participer pleinement à la société canadienne, favoriser tant les rencontres axées sur la créativité que les rapports entre tous les groupes ethnoculturels, et enfin, assister les nouveaux Canadiens dans l'acquisition d'au moins une des deux langues officielles[1]. Cette politique a été officiellement consacrée dans la *Loi de 1988* sur le multiculturalisme, dont certains extraits sont reproduits en annexe.

Si la politique de multiculturalisme a d'abord été adoptée par le gouvernement fédéral, elle fut aussi explicitement conçue comme un modèle destiné aux autres paliers de gouvernement, et a d'ailleurs été imitée allègrement. Des « programmes de multiculturalisme » émanent aujourd'hui non seulement des bureaux d'Ottawa, mais aussi des gouvernements provinciaux et municipaux. Un très large éventail d'établissements privés et publics ont fait de même, y compris des écoles et des entreprises.

De tels programmes sont maintenant durement critiqués, sans doute davantage aujourd'hui qu'à toute autre période depuis l'adoption de la politique en 1971. On leur reproche notamment d'avoir miné la volonté ancestrale des groupes d'immigrants de s'intégrer à la société d'accueil, conduit au séparatisme ethnique, érigé des « cloisons culturelles » autour des groupes ethniques et affaibli par conséquent notre capacité d'agir collectivement comme citoyens. Il est compréhensible que des Canadiens se montrent inquiets à l'égard du multiculturalisme, et ce serait une erreur de les taxer en bloc de xénophobes ou de porteurs de préjugés douteux. Intégrer des immigrants aux origines les plus diverses, dont l'appartenance ethnique, la religion et la langue ont peu en commun, ne peut pas être une tâche facile. Le Canada peut se compter chanceux d'avoir évité tout grave conflit ethnique au cours de son histoire. Il est normal que les Canadiens se soient inquiétés de la possibilité que tout changement radical dans notre philosophie d'intégration — l'adoption de la politique de multiculturalisme, par exemple — changerait cette dynamique, introduirait une logique de séparatisme ethnique et déclencherait des conflits.

D'où l'utilité de débattre franchement et directement du multiculturalisme. Jusqu'à maintenant, toutefois, le débat a engendré plus de tensions que de bienfaits. Cela explique en partie le fait qu'on n'a pas suffisamment prêté attention aux données empiriques disponibles à ce sujet. Or, comme nous allons le voir, les opposants au multiculturalisme ne savent tout simplement rien des effets réels de cette politique.

Par ailleurs, les défenseurs du multiculturalisme, y compris le gouvernement fédéral lui-même, portent ici une part de responsabilité. Presque toutes les études menées sur cette politique ont conclu qu'elle « n'a presque pas été expliquée à la population canadienne » et qu'« aucun effort sérieux n'a été fait, par aucun politicien d'expérience, afin de définir le multiculturalisme dans un contexte canadien[2] ». Jusqu'à maintenant, lorsque cette politique a été défendue, l'approche s'est résumée à une invocation de la « diversité culturelle » et de la « tolérance », comme s'il s'agissait d'évidences ou de principes intrinsèquement bons. En fait, tant la diversité que la tolérance ont leurs limites. La diversité est précieuse, mais seulement si elle se déploie dans un certain contexte de normes et d'institutions communes. Autrement, elle peut représenter une source d'instabilité. De même, la tolérance est une vertu, mais seulement à l'intérieur de certaines balises, sans quoi elle peut mettre en péril les principes d'égalité et les droits individuels. Or, sur ces questions cruciales des limites et des balises du multiculturalisme, ses propres défenseurs se sont montrés curieusement peu éloquents.

Par conséquent, le débat sur le multiculturalisme, ces dernières années, a semblé assez éloigné de la réalité. D'une part, des adversaires ne connaissant rien aux données ont formulé des accusations non fondées de séparatisme ethnoculturel, sans rapport avec la réalité en cause. D'autre part, des défenseurs ont invoqué la diversité et la tolérance à la manière d'un mantra, sans préciser les institutions et les principes communs nécessaires à la création d'un contexte où la diversité et la tolérance peuvent être fructueuses.

Pour dissiper quelque peu cette confusion, je m'attarderai dans ce chapitre aux résultats des études concernant l'incidence du multiculturalisme depuis son adoption en 1971 et démontrerai ainsi à quel point les détracteurs de cette politique sont mal informés. Les deux chapitres subséquents tenteront de replacer le multiculturalisme dans son contexte, lequel se trouve à définir et à limiter le rôle des principes de tolérance et de diversité.

1. Le débat

Le débat sur le multiculturalisme a été relancé récemment par deux livres à succès contenant des critiques très dures à l'endroit de cette politique : *Le Marché aux illusions : la méprise du multiculturalisme*, de Neil Bissoondath, et *Nationalism Without Walls : The Unbearable Lightness of Being Canadian*[3], de Richard Gwyn. Les thèses de Bissoondath et Gwyn sur les répercussions de la politique de multiculturalisme se ressemblent beaucoup. Les deux affirment particulièrement que celle-ci a favorisé, chez les communautés immigrantes, l'émergence d'une sorte de séparatisme ethnique. Selon Bissoondath, le multiculturalisme a conduit à une « indéniable ghettoïsation[4] ». Au lieu de favoriser l'intégration, il incite les immigrants à mettre sur pied des ghettos « autonomes », « en marge de la société ». Cette ghettoïsation ne constitue pas « une forme extrême de multiculturalisme, mais la réalisation même de son idéal : un mode de vie totalement importé ; un petit bastion d'exotisme préservé et protégé ». Il cite favorablement la thèse d'Arthur Schlesinger selon laquelle le multiculturalisme représente un « culte de l'ethnicité » qui « exacerbe les différences, intensifie le ressentiment et les antagonismes, accentue encore davantage le clivage entre les races et les nationalités » et produit des réflexes pathologiques « d'apitoiement sur son propre sort et de ghettoïsation volontaire ». Le tout conduit en définitive à un « apartheid culturel et linguistique[5] ». Bissoondath ajoute que la politique de multiculturalisme n'incite pas les immigrants à se percevoir comme des Canadiens et que même les enfants des immigrants « continuent de voir le Canada avec des yeux étrangers. En mettant l'accent sur l'attachement à la patrie d'origine, à la terre de ses ancêtres, en insistant sur le fait que le *là-bas* est plus important que l'*ici*, le multiculturalisme nourrit de telles attitudes. »

Gwyn soutient une thèse similaire et formulée de façon presque identique : « le multiculturalisme officiel encourage l'apartheid, ou, pour utiliser un euphémisme, le ghettoïsme[6] ». Selon Gwyn, plus le temps passait, plus la politique de multiculturalisme faisait son œuvre et « plus les cloisons culturelles s'élevaient au Canada ». Le multiculturalisme pousse les leaders ethniques à garder leurs membres « à l'écart de la majorité » et les amène à pratiquer « ce qui peut être décrit au mieux comme du monoculturalisme ». En conséquence, l'État canadien « incite ces véritables cerbères à maintenir ce qui s'apparente, au pire, à une citoyenneté de type apartheid ».

Bissoondath et Gwyn ne sont pas les seuls à lancer de telles affirmations. Dans les médias on répète ces thèses de façon à la fois récurrente et constante. Robert Fulford, pour ne prendre qu'un exemple parmi d'autres, écrivait récemment dans le quotidien *The Globe and Mail* que cette politique encourage les individus à maintenir une identité « figée », et réduit le nombre à la qualité des rapports et des échanges interculturels. Sa conclusion : l'histoire considérera sûrement le multiculturalisme comme un des plus retentissants « échecs politiques[7] » canadiens.

Il importe grandement — de toute urgence en fait — de déterminer si de telles hypothèses se vérifient ou non. Curieusement, ni Bissoondath ni Gwyn n'étayent leur position à l'aide de données empiriques. Afin de vérifier leur thèse, j'ai donc colligé des statistiques qui peuvent nous permettre de répondre aux questions qui nous occupent : le multiculturalisme a-t-il favorisé le séparatisme ethnique ? A-t-il encouragé l'intégration des immigrants ? Je présenterai en premier lieu des données sur le Canada afin de comparer la situation des groupes ethniques avant et après l'adoption de la politique de multiculturalisme en 1971 (section 2). Ensuite, je me pencherai sur les résultats d'études menées dans d'autres pays, principalement ceux qui ont rejeté le principe du multiculturalisme officiel. Mon but : voir comment le Canada s'en tire par rapport à ceux-ci.

2. Les données nationales

En quoi l'adoption du multiculturalisme en 1971 a-t-elle influé sur l'intégration des groupes ethniques au Canada ? Pour répondre à la question, il faut d'abord définir la notion d'« intégration ». C'est là un des aspects déroutants des critiques de Gwyn et de Bissoondath : ni un ni l'autre ne précisent exactement ce que chacun entend par « intégration ». Toutefois, nous pouvons faire une liste de quelques éléments qu'ils considèrent essentiels : l'adoption d'une identité canadienne au lieu du maintien exclusif de l'identité ancestrale ; la participation aux institutions canadiennes plutôt qu'aux seules institutions ethniques ; l'apprentissage d'une des deux langues officielles au lieu de l'usage exclusif de la langue maternelle ; l'établissement d'amitiés interethniques ou même le mariage avec une personne appartenant à une autre communauté, au lieu d'une socialisation exclusivement effectuée au sein de son propre groupe ethnique. De tels critères ne peuvent à eux seuls fonder une théorie globale de « l'intégration », mais ils semblent au moins être au cœur des inquiétudes de Gwyn et de Bissoondath à l'égard du multiculturalisme. Il s'agit donc là d'un bon point de départ.

Commençons par l'aspect sans doute le plus évident de l'intégration : la décision d'un immigrant de devenir citoyen canadien. Si la
thèse de Gwyn et Bissoondath était juste, on s'attendrait normalement
à ce que le taux de naturalisation ait chuté depuis l'adoption du principe de multiculturalisme. En fait, ce taux a augmenté depuis 1971[8].
Voilà qui est particulièrement révélateur puisque, comme on le sait, les
avantages économiques liés à la naturalisation sont devenus, dans les 25
dernières années, moins déterminants. En effet, la citoyenneté canadienne n'est pas requise pour entrer sur le marché du travail, ni pour
bénéficier des avantages sociaux. Par ailleurs, les citoyens et les résidents
permanents disposent de droits civils et d'avantages sociaux pratiquement identiques. En fait, la naturalisation n'apporte qu'un seul véritable
avantage sur le plan juridique : le droit de vote[9]. Autrement dit, lorsque
les immigrants décident de demander leur naturalisation, c'est surtout
parce qu'ils s'identifient au Canada. Ils cherchent alors à rendre formelle
leur appartenance à la société canadienne et souhaitent ainsi participer
à la vie politique du pays.

De plus, lorsque nous prêtons attention aux groupes les plus susceptibles de souhaiter la naturalisation, nous découvrons que ce sont les
groupes dits « multiculturels » qui affichent les plus hauts taux de naturalisation — c'est-à-dire des immigrants en provenance de pays qui ne
sont pas des sources traditionnelles de nouveaux citoyens pour le
Canada, et pour lesquels la politique de multiculturalisme est précisément la plus pertinente.

En revanche, les taux de naturalisation les plus bas s'observent chez
les immigrants issus des États-Unis et du Royaume-Uni, qui ne sont
habituellement pas considérés comme des groupes ethniques ou
« multiculturels[10] ». Autrement dit, le désir de devenir canadien s'est
manifesté avec la plus grande intensité au sein des groupes les plus
directement touchés par la politique de multiculturalisme, alors que le
désir de citoyenneté le plus faible se constate précisément chez ceux qui
sont les moins visés par cette politique.

Penchons-nous maintenant sur la question de la participation
politique. Si la thèse de Gwyn et Bissoondath était juste, on devrait
normalement constater une désaffection générale en la matière. Après
tout, la participation politique est une affirmation symbolique de la

citoyenneté. Elle révèle un intérêt envers la vie politique et la société en général. Or, il n'y a pas le moindre signe de déclin de cette participation[11]. Examinons simplement l'ampleur de la représentation des groupes ethniques au Parlement. De la Confédération aux années 1960, soit durant la période qui a précédé l'adoption de la politique de multiculturalisme, il y avait sous-représentation des groupes ethniques. Or, depuis 1971, la tendance a été inversée, si bien qu'aujourd'hui ils ont presque autant de députés que l'on serait en droit de s'attendre, compte tenu du pourcentage de la population qu'ils représentent[12].

Aussi, il importe de souligner l'esprit dans lequel les groupes ethnoculturels participent à la politique canadienne. Notons d'abord qu'ils n'ont pas tendance à fonder des partis ethniques, que ce soit sous forme de groupes distincts ou de coalitions. Au contraire, la quasi-totalité d'entre eux s'engagent dans les partis pancanadiens. En fait, les deux partis au Canada qui ressemblent le plus à des partis ethniques ont été créés par des descendants de Français et d'Anglais et s'adressent à eux. Ce sont, d'une part, le Parti québécois et le Bloc québécois, dont les appuis viennent presque exclusivement des Québécois d'origine française, et d'autre part, le Parti COR (Confederation of Regions), qui recueille ses appuis presque uniquement chez les Néo-Brunswickois de descendance loyaliste anglaise[13]. Les immigrants eux-mêmes n'ont jamais été enclins à appuyer des partis politiques ethniques et votent à peu près tous pour les partis nationaux traditionnels.

Ce n'est là qu'un signe d'un phénomène plus général, à savoir que les immigrants apportent un appui massif à la structure politique fondamentale du pays et qu'ils souhaitent la préserver. Nous savons maintenant que, n'eût été des « votes ethniques », le « oui » l'aurait emporté au Québec lors du référendum de 1995 sur la sécession. Dans ce référendum, les électeurs « ethniques » ont en effet massivement exprimé leur allégeance au Canada. De façon plus générale, tout porte à croire que les immigrants acceptent et assimilent rapidement les valeurs fondamentales et les principes constitutionnels du Canada, même lorsque leur pays d'origine n'est ni libéral ni démocratique[14]. Comme Freda Hawkins l'affirme, « il s'avère qu'il n'y a eu aucune émeute, aucun parti politique séparatiste, aucun leader immigrant charismatique, nul militantisme pour des causes internationales, pas de terrorisme politique intérieur... les immigrants savent reconnaître un système politique fiable et stable lorsqu'ils en voient un[15]. » Si nous examinons ensuite les indicateurs de l'intégration politique et juridique, nous constatons que, depuis l'adoption du multiculturalisme en 1971, les immigrants ont été plus enclins à vouloir devenir canadiens et plus susceptibles de participer à la vie politique. Et lorsqu'ils y participent, ils le font au sein de partis politiques panethniques qui adhèrent aux principes libéraux et démocratiques fondamentaux du Canada.

Cette sorte d'intégration politique est le principal but d'un État démocratique. Toutefois, aux yeux des Canadiens, les aspects les plus importants de l'intégration des immigrants ne sont probablement pas politiques mais bien sociaux. Les immigrants qui participent à la vie politique auraient beau être de bons citoyens démocrates, mais s'ils ne parlaient ni anglais ni français ou s'ils se repliaient sur leur groupe ethnique, les Canadiens concluraient alors à l'échec de leur intégration. Penchons-nous donc maintenant sur deux indicateurs de l'intégration sociale : l'acquisition d'une langue officielle et les taux de mariage inter-ethnique.

Si la thèse de Gwyn et Bissoondath était juste, on pourrait logique-ment s'attendre à ce que le désir d'apprendre une langue officielle ait faibli chez les minorités ethnoculturelles depuis l'adoption de la poli-tique de multiculturalisme. Si les groupes d'immigrants étaient « ghet-toïsés », s'ils étaient poussés vers les « marges de la société », s'ils ten-taient de préserver le mode de vie importé de leur pays d'origine, ils devraient alors être encore moins motivés qu'en 1971 d'apprendre une langue officielle.

En fait, jamais les demandes pour les classes d'anglais langue seconde (ALS) et de français langue seconde (FLS) n'ont été plus nom-breuses. Selon le recensement de 1991, 98,6 % des Canadiens affirment parler l'une ou l'autre des langues officielles[16]. Cette donnée devient stupéfiante lorsqu'on constate que de nombreux immigrants sont âgés ou analphabètes dans leur propre langue maternelle et qu'ils doivent trouver somme toute très difficile d'apprendre une nouvelle langue. Elle est d'autant plus impressionnante si on considère que le nombre d'immigrants qui connaissent l'une des deux langues officielles à leur arrivée ici a baissé depuis 1971[17]. Exception faite des gens âgés — qui constituent la majorité des Canadiens ne pouvant maîtriser au moins une des langues officielles — la thèse selon laquelle la volonté des immigrants de parler une langue officielle aurait généralement décliné est tout simplement absurde. La très grande majorité des immigrants apprennent effectivement une langue officielle. Par ailleurs, les lenteurs relatives à l'acquisition des compétences linguistiques ne résultent pas du manque de volonté des immigrants[18], mais bien du trop petit nombre de classes ALS/FLS accessibles et adéquates.

Le taux de mariages interethniques est un autre indicateur méritant notre attention. Encore ici, si la thèse de Gwyn et Bissoondath était juste, on pourrait s'attendre à ce que le nombre de ces mariages ait chuté depuis l'adoption de la politique de multiculturalisme. Après tout, certains ont déjà écrit que celle-ci avait « approfondi le clivage entre les races et les nationalités » et encouragé les groupes à se réfugier dans des ghettos « monoculturels ». Or, dans les faits, les mariages interethniques se sont multipliés au Canada depuis 1971. On a même constaté un déclin général de l'endogamie, tant chez les immigrants que chez leurs enfants. Nous observons de plus — ce qui n'est pas moins significatif — une croissance très marquée de l'acceptation sociale de tels mariages[19]. Alors qu'en 1968 une majorité de Canadiens (52 %) désapprouvaient les unions entre blancs et noirs, l'opinion s'est complètement transformée depuis, si bien qu'en 1995 la vaste majorité des Canadiens (81 %) approuvaient de telles unions[20].

Contrairement aux précédents indicateurs d'intégration, le mariage interethnique ne fait pas partie des objectifs explicites de la politique de l'État. Un tel objectif ne devrait de toute façon jamais relever du gouvernement. Encourager ou décourager les mariages interethniques n'est pas de leur ressort. Il reste que les variations du taux de ces mariages représentent un bon indicateur d'une évolution plus générale, laquelle constitue une préoccupation gouvernementale légitime : dans quelle mesure en effet les Canadiens acceptent-ils de côtoyer et de fréquenter des personnes issues d'autres groupes ethniques ? Si les Canadiens acceptent de vivre et de travailler avec des membres de différents groupes ethniques, il est inévitable que certains noueront des liens amicaux, voire amoureux. Le fait que la proportion de mariages interethniques ait augmenté n'est donc pas nécessairement important en soi, mais il offre une preuve que les Canadiens d'aujourd'hui acceptent davantage la diversité. Nous notons d'ailleurs des manifestations encore plus directes de ce phénomène général. Les Canadiens sont beaucoup plus susceptibles qu'en 1971 d'accepter sans problème d'avoir des collègues, des voisins et des amis appartenant à des groupes ethniques autres que le leur[21].

De nombreuses autres données confirment ces phénomènes. Par exemple, contrairement à la rhétorique des Gwyn et Bissoondath selon laquelle il y aurait une prolifération de « ghettos » et autres « enclaves » ethniques, des études sur les concentrations résidentielles ont démontré l'absence d'enclaves ethniques permanentes au Canada. En fait, « il n'est guère sensé d'évoquer la présence de "ghettos" dans les villes canadiennes[22] ».

De légères tendances à la concentration territoriale existent toutefois, mais au sein de groupes d'immigrants assez anciens qui se sont établis au Canada avant l'adoption de la politique de multiculturalisme, tels les juifs et les Italiens. Ceux qui sont arrivés surtout après 1971, comme les Asiatiques et les Afro-Antillais, sont moins portés à former des concentrations résidentielles[23].

Bref, que l'on se penche sur la naturalisation, la participation politique, la maîtrise des langues officielles ou les mariages interethniques, nous aboutissons au même constat. Il n'existe aucune donnée étayant les affirmations selon lesquelles le multiculturalisme a fait chuter le taux d'intégration des immigrants ou a accentué le fossé ou l'hostilité réciproque entre les groupes ethniques. Comme le dit Orest Kruhlak, « quelle que soit la variable étudiée, incluant [la citoyenneté, l'ALS, la rétention de la langue maternelle, la participation associative à caractère ethnique, le mariage interethnique] et la participation politique, l'ampleur de l'activité économique ou la participation aux organisations sociales ou communautaires de la majorité, aucune ne nous permet de conclure à la mise en valeur de la séparation ethnique[24] ».

3. Les données comparatives

Nous pouvons faire le même type de démonstration à partir d'une autre perspective. Si la thèse de Bissoondath et Gwyn était juste quant à l'effet ghettoïsant de notre politique officielle de multiculturalisme, nous pourrions nous attendre à ce que le Canada, pour chacun des aspects de l'intégration, obtienne de moins bons résultats que d'autres pays n'ayant justement pas adopté une telle politique. Gwyn et Bissoondath comparent tous deux l'approche canadienne à celle des États-Unis, qui met l'accent exclusivement sur l'identité et les valeurs communes et qui s'oppose à toute reconnaissance ou affirmation des différences culturelles. Si le Canada réussissait moins bien que les États-Unis à intégrer ses immigrants, cela constituerait un argument de taille en faveur de la théorie de Bissoondath et Gwyn.

Or, dans les faits, le Canada s'en sort beaucoup mieux que les États-Unis pour presque toutes les dimensions de l'intégration. Son taux de naturalisation est presque le double de celui des États-Unis[25]. Sur les plans de la participation politique et de l'apprentissage d'une langue officielle, les taux canadiens sont plus élevés que chez nos voisins du sud, alors que le taux de ségrégation résidentielle est plus bas[26]. De plus, les Canadiens sont proportionnellement plus nombreux que les Américains à approuver les mariages interethniques. En 1988, 72 % des Canadiens approuvaient de telles unions, comparativement à seulement 40 % des Américains, sans compter que 25 % de ceux-ci estimaient qu'une loi devrait être adoptée pour les interdire[27] ! Notons du reste que les Canadiens sont moins portés que les Américains à tenir compte de l'ethnicité pour établir des liens d'amitié[28].

Selon tous les indicateurs, le Canada, avec sa politique de multiculturalisme, s'en tire beaucoup mieux que les États-Unis, avec leur répudiation de multiculturalisme. Le même constat s'imposerait au terme d'une comparaison entre le Canada et d'autres terres d'immigration ayant ouvertement rejeté le principe de multiculturalisme et préférant mettre l'accent sur une identité commune, comme la France[29]. Le Canada s'en tire mieux en ce qui concerne non seulement le taux d'intégration, mais aussi les rapports interethniques quotidiens. Dans le cadre d'une enquête d'opinion publique menée en 1997, on a demandé à des individus dans vingt pays s'ils étaient d'accord avec l'affirmation selon laquelle « des groupes ethniques différents réussissent à bien vivre ensemble ». Le pourcentage de répondants ayant exprimé leur accord fut beaucoup plus élevé au Canada (75 %) qu'aux États-Unis (58 %) et qu'en France (51 %)[30].

Cela ne devrait nullement nous surprendre puisque, en matière d'intégration, aucun autre pays, ou presque, ne réussit mieux que le Canada. Le seul ayant des résultats analogues aux nôtres est l'Australie et il a sa propre politique de multiculturalisme, pour laquelle il s'est d'ailleurs grandement inspiré du Canada, tout en l'ayant évidemment adaptée à son contexte propre[31]. En d'autres termes, les deux pays qui se trouvent en avance sur tous les autres en matière d'intégration des immigrants ont chacun leur politique officielle de multiculturalisme et ils connaissent beaucoup plus de succès que tous ceux qui ont refusé d'emprunter cette voie.

En somme, il n'existe aucune donnée pouvant étayer les thèses selon lesquelles le multiculturalisme est une incitation au séparatisme ethnique ou un frein au processus d'intégration. Que l'on se penche, au Canada, sur l'évolution de la situation dans ce domaine depuis 1971 ou qu'on la compare à la situation dans d'autres pays, les conclusions sont toujours les mêmes : la politique de multiculturalisme est efficace. Elle atteint effectivement l'objectif pour lequel elle a été créée : favoriser, d'une part, la reconnaissance et le respect des individus souhaitant affirmer leur identité ethnique et, d'autre part, l'intégration des immigrants à la société d'accueil. Bref, nous, Canadiens, comme nos homologues multiculturalistes en Australie, parvenons, mieux que tout autre pays, à respecter la diversité ethnique tout en favorisant l'intégration sociale.

4. Expliquer le différend

Ce constat pose une véritable énigme. Pourquoi tant d'observateurs intelligents et habituellement bien informés prétendent-ils donc malgré tout que la politique de multiculturalisme nuit à l'intégration des immigrants ? Cela s'explique en partie ainsi : un grand nombre de ces observateurs n'ont simplement pas pris connaissance de la politique proprement dite et n'en comprennent donc pas bien les tenants et aboutissants. Par exemple, Gwyn et Bissoondath prétendent que le multiculturalisme prône le « monoculturalisme » auprès des nouveaux Canadiens, les incite à garder intact leur mode de vie et leur recommande d'éviter tout rapport avec les membres des autres groupes et de la société dans son ensemble et de s'abstenir d'apprendre quoi que ce soit d'eux[32]. S'il s'agissait d'une interprétation plausible des objectifs de cette politique, on devrait s'attendre à ce que le séparatisme ait progressé dans la société canadienne.

En fait, comme nous allons le voir dans le prochain chapitre et comme le précisent les textes gouvernementaux, la politique de multiculturalisme (comme la majeure partie de son financement) visait essentiellement à encourager une plus grande participation sociale des individus issus des groupes ethniques et à accroître la compréhension et la coopération mutuelles entre ces groupes. Malheureusement, ni Gwyn ni Bissoondath ne citent ou ne mentionnent un seul document publié par le secrétariat au multiculturalisme — aucun des rapports annuels de cet organisme, aucune analyse démographique, aucune des brochures publiées ni aucune directive de financement du programme. Leurs critiques ont un caractère doublement irréel : décrivant une politique imaginaire de promotion du « monoculturalisme » auprès des groupes ethnoculturels, ces auteurs tiennent ensuite cette politique responsable d'un tout aussi imaginaire phénomène d'« apartheid » dans la société canadienne. Ils ont donc inventé de toutes pièces une politique afin d'expliquer un phénomène tout aussi imaginaire.

Mais si les assises des thèses de Bissoondath et Gwyn sont si fragiles, alors pourquoi ces mêmes thèses ont-elles recueilli un écho aussi fort dans l'opinion publique ? De plus, les deux livres, dans l'ensemble, ont reçu un accueil très favorable dans la presse. On a même souvent louangé leur caractère pénétrant. Pourquoi tant de Canadiens ont-ils adhéré à ces thèses, bien qu'elles n'aient aucun fondement empirique, qu'elles contredisent de façon flagrante les données existantes et qu'elles reposent sur une conception totalement erronée de la nature même de la politique en cause ?

La réponse à ces questions tient en partie au fait que les promoteurs de cette politique se sont avérés curieusement peu éloquents. Le gouvernement fédéral n'a pas expliqué les objectifs de sa politique d'une façon suffisamment claire. Il n'a pas non plus fourni les critères qui auraient permis d'en évaluer la pertinence. Même si cette politique a en fait été couronnée de succès, l'État lui-même n'a jamais vraiment cherché à rassembler les différentes données sur l'intégration présentées dans ce chapitre, ni à en observer systématiquement l'évolution afin de mesurer l'ampleur de cette intégration.

Certes, le rassemblement et la publication de telles données fourniraient aux Canadiens certains outils leur permettant de remettre en question les conclusions exagérées et les critiques infondées de Gwyn et de Bissoondath. Mais, même si elles étaient plus facilement disponibles, ces données ne pourraient, à elles seules, faire disparaître les appréhensions du public à l'égard du multiculturalisme. Non, l'ignorance des faits ne peut entièrement expliquer une telle attitude collective. Certaines questions s'imposent donc ici : privés de l'information nécessaire, pourquoi les Canadiens tiennent-ils donc pour acquis que le multiculturalisme a eu des conséquences négatives ? Pourquoi le craignent-ils ?

La réponse pourrait, en partie, tenir à ceci : les Canadiens n'ont pas le sentiment que le multiculturalisme a des limites. Ils en viennent donc à craindre que, dans un contexte multiculturel, des principes ou des institutions, pourtant « non négociables » dans leur société, devront s'effacer lorsqu'ils entreront en conflit avec des exigences ou des traditions propres à certains groupes d'immigrants. Les Canadiens ne s'opposent pas à un multiculturalisme respectant certaines balises, mais ils veulent s'assurer de la présence de celles-ci. Ils valorisent la diversité, mais ils souhaitent aussi qu'elle se déploie dans le cadre des institutions communes canadiennes et qu'elle n'entraîne pas l'acceptation d'un séparatisme ethnique. Aussi, les Canadiens sont généralement tolérants, mais ils croient que certaines pratiques, comme l'excision, sont intolérables et veulent être certains qu'on ne leur demandera pas de tolérer quelque violation des droits fondamentaux de la personne.

Tant que les Canadiens ne seront pas rassurés quant aux limites du multiculturalisme, la diffusion de statistiques en démontrant les effets bénéfiques n'aura que peu d'effet sur leur opinion. Les statistiques peuvent sembler favorables aujourd'hui, mais qu'en sera-t-il demain? Se pourrait-il que le multiculturalisme ait favorisé l'intégration jusqu'à maintenant seulement parce que sa dynamique n'a pas encore été totalement mise en pratique? Se pourrait-il que cette dynamique ait pour finalité précise de miner l'existence même de principes et d'institutions que tous les citoyens doivent respecter et adopter? Le malaise qu'évoquent de telles interrogations explique, au moins partiellement, la popularité des conclusions de Bissoondath et de Gwyn. Tant que les défenseurs du multiculturalisme n'en expliqueront pas les limites, ces critiques continueront de toucher une zone sensible chez les Canadiens et d'en nourrir directement les appréhensions.

Je crois qu'il est possible d'apaiser ces craintes. Pour ce faire, nous devons toutefois montrer que le multiculturalisme s'inscrit dans un ensemble de politiques officielles touchant les rapports ethnoculturels au Canada. C'est justement cet ensemble qui est toujours laissé de côté dans les débats sur le multiculturalisme. Les pourfendeurs et les défenseurs du multiculturalisme s'expriment souvent comme si l'adoption de la politique, en 1971, avait inauguré une ère totalement nouvelle dans les rapports interethniques au Canada et avait rompu avec les politiques gouvernementales élaborées au cours des 150 années d'immigration antérieures. C'est là un portrait très trompeur car, à maints égards, les politiques publiques qui ont toujours poussé les immigrants à l'intégration demeurent fermement en place. Après tout, le multiculturalisme n'est ni la seule ni la principale politique de l'État relative à la place des groupes ethniques dans la société canadienne. Il ne représente qu'un seul élément d'un ensemble plus large. De nombreux aspects des politiques publiques concernent ces groupes, incluant les politiques relatives à la naturalisation, à l'éducation, à la formation professionnelle, à l'accréditation professionnelle, aux droits de la personne, aux lois antidiscriminatoires, à l'embauche dans la fonction publique, à la santé, à la sécurité et même à la défense nationale. Ces autres politiques sont de loin les plus importants moteurs de l'intégration, parce qu'elles encouragent, poussent et même contraignent légalement les immigrants à faire des efforts pour s'intégrer à la société canadienne.

L'affirmation selon laquelle le multiculturalisme engendre un cloisonnement ethnique provient en grande partie, me semble-t-il, d'une

incapacité à saisir le cadre global dans lequel il s'inscrit : celui des politiques publiques. Lorsque nous replaçons le multiculturalisme dans un
tel contexte, nous constatons qu'il ne procède nullement d'un refus de
l'intégration, mais plutôt qu'il propose une renégociation des conditions d'intégration, renégociation qui — comme les deux prochains
chapitres le montreront — non seulement était nécessaire, mais se
faisait attendre depuis longtemps.

CHAPITRE 2

Prendre du recul face au multiculturalisme

Le multiculturalisme est souvent dépeint comme une liste d'exigences présentées à l'État par les groupes ethnoculturels. D'une certaine façon, ce portrait est assez juste. Il est préférable cependant de considérer le multiculturalisme comme une réponse des groupes ethnoculturels aux exigences que l'État leur impose dans sa volonté d'encourager l'intégration. Dans cette perspective, pour comprendre le multiculturalisme, il faut d'abord comprendre les pressions — tant positives (les mesures incitatives) que négatives (les barrières) — qu'exerce l'État pour persuader les immigrants de s'intégrer à la société canadienne.

Malheureusement, ce sont ces mêmes pressions que les adversaires du multiculturalisme ont l'habitude de négliger. Négligence qui semble avoir deux causes. D'abord, ils tendent à voir le multiculturalisme de façon isolée, comme si c'était la politique la plus importante, voire la seule, concernant le statut des groupes d'immigrants au Canada. Ensuite, ils entretiennent une vision erronée de l'intervention de l'État dans le domaine de la culture lorsqu'ils postulent qu'un État libéral devrait adopter une attitude « neutre » envers les identités ethnoculturelles. À leurs yeux, la reconnaissance et la consécration officielles des identités ethnoculturelles qui découlent du multiculturalisme

marquent donc une rupture radicale et dangereuse avec le fonctionnement normal d'un État démocratique. Dans les faits, toutefois, l'État est
profondément et inextricablement lié à la formation des identités ethnoculturelles de ses citoyens par l'entremise de ses efforts favorisant une
forme très précise d'intégration culturelle. Le multiculturalisme ne
rejette ni ne sape ces efforts. Il vise simplement à ce que ceux-ci soient
équitables.

Ce chapitre s'ouvre sur l'étude des multiples avenues dans lesquelles
l'État encourage l'intégration culturelle (section 1) ; il se penche ensuite
sur les diverses options dont disposent les minorités ethnoculturelles
pour réagir aux pressions en faveur de leur intégration (section 2). Face
à ces dernières, le multiculturalisme représente une réaction très particulière, qui peut du reste être mieux comprise si nous la comparons avec
d'autres réactions possibles telles que la marginalisation ou le séparatisme. Ensuite, je tenterai plus spécifiquement de mettre en relief ce que
le séparatisme implique, pour enfin montrer en quoi le multiculturalisme s'en distingue sur les plans théorique et pratique (section 3).

1. États et cultures

J'ai déjà souligné que l'État fait pression sur les groupes ethnoculturels afin qu'ils acceptent une certaine forme d'intégration culturelle.
Mais qu'entend-on ici par « intégration » ? Il en existe de nombreuses
formes, et l'État ne les promeut pas toutes (à juste titre, d'ailleurs). Par
exemple, un État démocratique libéral ne devrait pas tenter de favoriser l'intégration *religieuse*. Même si la majorité des citoyens profes-
sent une foi particulière, l'État ne doit pas faire de celle-ci la « religion
officielle », ni encourager les nouveaux citoyens à y adhérer. L'État n'a
pas à exiger des immigrants leur intégration religieuse, sous peine de
contrevenir aux principes libéraux offrant les garanties les plus fermes
en matière de liberté de conscience et prônant la séparation de l'Église
et de l'État.

Certains théoriciens soutiennent que les États démocratiques libéraux doivent accorder à la culture le même traitement qu'ils réservent

à la religion, c'est-à-dire que les citoyens devraient l'enrichir librement dans le cadre de leur vie privée en la considérant comme un champ ne relevant pas de l'État. Tout comme le libéralisme ne saurait imposer une religion officielle, l'établissement de cultures officielles possédant un statut privilégié par rapport à d'autres allégeances culturelles possibles serait à proscrire.

Dans cette optique, les États modernes ne devraient donc appuyer aucune culture de société ni aucune identité ethnonationale. En fait, certains théoriciens soutiennent que c'est précisément ce qui distingue les nations « civiques » libérales des « nations ethniques » non libérales. Ces dernières estimeraient que la reproduction d'une culture et d'une identité ethnonationales constituerait un de leurs plus importants objectifs. Les nations civiques, en revanche, adopteraient une attitude « neutre » envers l'identité ethnoculturelle de leurs citoyens et définiraient leur appartenance nationale uniquement en fonction de leur adhésion à certains principes de démocratie et de justice[1].

Michael Walzer, par exemple, prétend que le libéralisme affirme une « séparation nette entre l'État et l'ethnicité ». L'État libéral, selon lui, se situe au-dessus de tous les groupes ethniques ou nationaux du pays et « refuse d'endosser ou de faire siens leurs modes de vie et de prendre une part active dans leur reproduction sociale ». Cet État est « neutre en ce qui a trait à la langue, à l'histoire, à la littérature, au calendrier » propres à ces groupes. Les États-Unis constituent, aux yeux de Walzer, l'exemple parfait d'une telle nation civique. Sa neutralité ethnoculturelle s'illustrerait notamment par le fait que sa Constitution n'impose aucune langue officielle[2]. Les immigrants, pour devenir Américains, n'auraient donc simplement qu'à affirmer leur allégeance aux principes de démocratie et de liberté individuelle tels que définis dans la Constitution américaine.

Si on accepte cette conception de la neutralité ethnoculturelle de l'État, les revendications des immigrants en faveur du multiculturalisme marqueraient alors une rupture radicale et risquée avec les principes libéraux de démocratie et de liberté individuelle. Une telle conception a d'ailleurs été explicitement invoquée au Canada par les adversaires du multiculturalisme. Ainsi, Preston Manning justifie-t-il son rejet du multiculturalisme en arguant que « le gouvernement fédéral devrait être aussi neutre à l'égard de la culture que de la religion[3] ». De même, Richard Gwyn s'oppose au multiculturalisme en reprenant ce que l'État affirme sur le plan religieux : « un multiculturalisme officiel est aussi contestable que ne le seraient une loi sur la multireligion et un ministère du multireligionisme. Dans l'édification de notre pays, un de nos exploits fut de séparer l'Église et l'État ; nous avons maintenant renversé la situation en liant la race à l'État[4] ». C'est là une conception fallacieuse du rôle de l'État, particulièrement dans le cas du Canada, et même dans celui des États-Unis. En fait, nous prenons encore plus nettement conscience de son caractère insidieux lorsque nous nous penchons justement sur le cas des États-Unis.

Contrairement à ce que Walzer affirme, le gouvernement américain prend une part très active dans la promotion non seulement d'un ensemble de principes politiques, mais aussi d'un type d'intégration socioculturelle très particulier. Un immigrant qui veut devenir citoyen américain doit prêter allégeance à la Constitution. Et il doit le faire en *anglais*. La loi exige en effet que les immigrants (de moins de 50 ans) souhaitant obtenir la citoyenneté américaine apprennent l'anglais et l'histoire américaine et que les enfants apprennent également la langue anglaise et l'histoire américaine à l'école. La maîtrise de l'anglais est aussi une exigence *de facto* pour les candidats à un emploi dans la fonction publique américaine. Le processus judiciaire et les autres activités étatiques se déroulent habituellement en anglais, tout comme les lois et les formulaires émanant de l'État, qui ne sont généralement disponibles qu'en anglais seulement. Tous les dirigeants gouvernementaux américains — au niveau fédéral, dans chacun des 50 États de même qu'au niveau municipal — ont toujours souligné l'intérêt public légitime que revêt la promotion d'une langue commune. D'ailleurs, la Cour suprême a maintes fois soutenu cette conception des choses en validant des lois qui rendent obligatoires l'enseignement et l'utilisation de l'anglais dans les écoles et la fonction publique. Comme le dit Gerald Johnson, « c'est sans doute un des paradoxes de l'histoire qu'aucun empire polyglotte du vieux monde n'ait jamais osé être aussi impitoyable, dans l'imposition d'une seule et même langue à sa propre population, que ne l'a été la république libérale "fondée sur le principe que tous les hommes naissent égaux[5]" ».

Bref, les États-Unis ont délibérément favorisé l'intégration à une « culture de société » basée sur la langue anglaise. J'utilise l'expression « culture de société » pour souligner que celle-ci comprend à une langue et des institutions sociales communes, et non à des croyances religieuses, des traditions familiales et un mode de vie communs. La culture de société au sein d'une démocratie libérale moderne est inévitablement pluraliste, puisqu'elle regroupe des musulmans, des juifs, des athées et des chrétiens, des gays et des hétérosexuels, des campagnards et des citadins, des socialistes et des conservateurs. Une telle diversité est le produit inévitable des droits et libertés garantis aux citoyens dans une démocratie libérale, dont les libertés de conscience, d'association, d'expression et d'opposition politique ainsi que les droits relatifs à la vie privée, particulièrement dans un contexte de diversité ethnique.

Ainsi, la culture de société se trouve concentrée sur un territoire et gravite autour d'une langue commune utilisée par un grand nombre d'institutions sociales, telles que les écoles, les médias, le droit, l'économie et l'État. La participation à une telle culture donne accès à un mode de vie chargé de sens qui englobe toutes les activités humaines — sociales, scolaires, religieuses, récréatives, économiques — dans les sphères tant publique et privée. Le gouvernement américain a délibérément favorisé l'intégration à une culture de société : il a fait en sorte que les citoyens concluent que leurs perspectives de vie étaient étroitement liées à leur participation aux institutions sociétales communes fonctionnant en anglais. Les États-Unis, sur ce plan, sont loin d'être un cas unique. Favoriser l'intégration à la culture de société fait partie de l'entreprise d'édification de la nation dans laquelle toutes les démocraties libérales se trouvent engagées.

Lorsque je parle de « l'intégration » des groupes ethniques, j'entends alors ce mot dans un sens strictement socioculturel : c'est-à-dire quel degré d'intégration à une culture sociétale les immigrants et leurs descendants ont-ils atteint ; et dans quelle mesure en viennent-ils à conclure que leurs perspectives de vie sont liées à leur participation à l'ensemble des institutions sociales fondées sur une langue commune, langue qui définit cette même culture de société.

La culture que les Américains anglophones ont en commun n'est évidemment pas très profonde, puisqu'elle n'abolit pas les différences relatives à la religion, aux valeurs personnelles, aux rapports familiaux et au mode de vie. Toutefois, malgré son caractère superficiel, on ne peut dire que cette culture soit insignifiante. Au contraire, comme nous le verrons plus loin, lorsqu'on utilise les moyens destinés aux immigrants pour inciter les minorités nationales à s'intégrer, celles-ci résistent toujours fortement. Même si ce type d'intégration laisse suffisamment de place à l'expression publique et privée des différences individuelles collectives, les minorités nationales ont toujours rejeté de façon véhémente l'idée que leurs perspectives soient rivées aux institutions sociales dirigées dans la langue majoritaire. Les immigrants, en revanche, acceptent habituellement les pressions de l'État visant l'intégration.

Il importe de souligner que les gouvernements ne sont pas contraints de favoriser une seule et unique culture de société. Les politiques publiques peuvent encourager le maintien de plusieurs cultures de société au sein d'un même pays. C'est ce qui caractérise le Canada et d'autres États multinationaux. Dans le cas canadien, l'État favorise l'intégration à l'une ou l'autre des deux cultures de société, francophone et anglophone.

Ainsi, au Canada, les immigrants souhaitant obtenir la citoyenneté sont tenus de maîtriser l'anglais ou le français (sauf s'il s'agit de personnes âgées). Ils doivent connaître certains éléments de base de l'histoire et des institutions canadiennes. Nos lois l'exigent. De même, les lois scolaires provinciales stipulent que les enfants d'immigrants doivent apprendre l'une ou l'autre des langues officielles et que tous les programmes scolaires aient un tronc commun. Aussi, les immigrants doivent maîtriser l'une des deux langues officielles pour être admissibles à tout programme de formation de la main-d'œuvre, recevoir une accréditation professionnelle ou faire reconnaître leurs compétences acquises à l'étranger. Même un pharmacien bardé de diplômes n'obtiendra pas de permis de pratique professionnelle au Canada s'il ne parle que portugais. Évidemment, la maîtrise d'une langue officielle est aussi une condition d'embauche dans la fonction publique et prend même un caractère obligatoire pour l'obtention de contrats de la part de l'État. En somme, l'État canadien, de diverses manières, encourage, pousse et parfois force légalement les immigrants à s'intégrer à l'une ou l'autre des cultures de société au Canada.

Ces politiques ne sont pas l'expression de quelque réflexe d'impérialisme culturel ou de préjugés ethnocentriques. Il est vrai que, par le passé, on a souvent justifié l'imposition de telles politiques en prétextant le caractère attardé ou non civilisé de la culture de certaines minorités ethniques. Mais il y a aujourd'hui de nombreuses raisons légitimes qui justifient la promotion d'une culture de société commune, et elles demeurent pertinentes même si ces préjugés ont disparu. Une économie moderne exige une main-d'œuvre mobile, scolarisée et formée. Aussi on a souvent souligné que, dans une telle économie, un système d'éducation public et universel fonctionnant dans une langue commune constitue un élément essentiel à l'égalité des chances. De plus, la participation à une culture de société commune est considérée par plusieurs comme une condition essentielle à l'émergence d'une solidarité au sein d'un État démocratique. Le type de solidarité propre à l'État-providence exige que les citoyens aient un fort sentiment d'identité et d'appartenance communes pour qu'ils acceptent de faire des sacrifices les uns pour les autres. Or, l'existence même de cette identité requiert une langue et une histoire communes (ou, du moins, elle devient plus probable lorsque celles-ci sont bien vivantes). Une langue commune favorise aussi les débats démocratiques entre concitoyens. On estime donc généralement que les mesures favorisant l'intégration à une culture de société sont essentielles à l'égalité sociale, à la cohésion politique et au débat démocratique dans un État moderne.

Étant donné ces objectifs légitimes, la plupart des démocraties modernes ont aspiré à ce modèle d'État-nation américain ou français, dans lequel tous les citoyens doivent se joindre à la culture de société commune. On s'est même mis à considérer qu'il est « normal » et souhaitable que chaque pays favorise une telle culture sur tout son territoire. Toutes les démocraties se sont alors lancées dans une forme ou une autre d'édification de la nation pour réaliser cet objectif. Elles ont favorisé une langue pour qu'elle devienne commune et se sont efforcées de créer un sentiment d'appartenance aux institutions sociales fonctionnant en cette langue[6]. Le choix des langues officielles de même que la définition des principaux axes du programme scolaire et des conditions requises pour obtenir la citoyenneté ont alors été effectués dans l'intention explicite de diffuser une langue et une culture particulières dans l'ensemble de la société. On cherchait à favoriser l'essor d'une identité nationale spécifique fondée sur la participation à la culture de société.

2. Comment les minorités réagissent à l'édification de la nation

Les projets d'édification de la nation sont une caractéristique aussi fondamentale que déterminante des États démocratiques modernes et ils constituent ainsi un élément crucial du contexte dans lequel s'inscrit le multiculturalisme. Celui-ci, d'ailleurs, représente une réponse spécifique aux efforts d'édification de la nation entrepris par les États. Et nous pouvons mieux en comprendre la spécificité si nous le comparons aux autres moyens dont disposent les minorités pour rétorquer à ces projets.

Comme le dit Charles Taylor, le processus d'édification de la nation privilégie les membres de la culture majoritaire :

> Lorsqu'une société moderne s'est donné une langue officielle, au sens propre du terme, c'est-à-dire une langue et une culture parrainées, privilégiées et définies par l'État, une langue dans laquelle l'économie et l'État évoluent, cela représente alors un avantage énorme pour les citoyens parlant cette langue et appartenant à cette culture. Les locuteurs des autres langues s'en trouvent par conséquent défavorisés[7].

Cela signifie que les cultures minoritaires sont placées devant un choix. Si toutes les institutions publiques fonctionnent dans une langue qui n'est pas la leur, elles courent le risque de se voir coupées de la vie économique, intellectuelle et politique. Pour échapper à une marginalisation perpétuelle, les minorités peuvent donc soit s'intégrer à la culture de la majorité, soit réclamer les droits et attributions propres à un gouvernement autonome, ce qui leur permettrait de perpétuer leur culture de société. Ainsi, ces minorités créeraient, dans leur langue, leurs propres institutions économiques, politiques et scolaires.

Bien sûr, tous les groupes ne cherchent pas à échapper à la marginalisation sociale. Des cas bien connus l'illustrent, notamment les hutterites au Canada et les amish aux États-Unis. Il faut toutefois dire que seules les sectes religieuses dont la théologie interdit tout contact avec le monde moderne seront vraisemblablement attirées par cette option de marginalisation volontaire. Leur absence dans les universités et les assemblées législatives n'inquiète pas outre mesure les hutterites et les amish : ils considèrent que ces institutions « matérialistes » sont corrompues.

En revanche, toutes les autres minorités ethnoculturelles, ou presque, souhaitent vraiment participer au monde moderne. Mais pour ce faire, elles doivent s'intégrer ou bien réclamer les pouvoirs d'un gouvernement autonome qui leur permettraient de créer et de perpétuer des institutions modernes bien à elles. Confrontés à ce choix, les minorités nationales et les groupes d'immigrants ont réagi de façons différentes. Je commencerai par me pencher sur la réaction des minorités nationales, pour ensuite examiner celle des groupes d'immigrants.

Les minorités nationales au Canada et dans d'autres pays occidentaux résistent fortement à l'intégration et luttent au contraire pour obtenir une certaine autonomie gouvernementale. Ici encore, je précise que, par « minorités nationales », j'entends les minorités qui sont établies depuis longtemps et encore concentrées sur un même territoire, qui sont autonomes sur le plan culturel et dont le territoire a été incorporé à un État plus vaste, tels les Québécois et les peuples autochtones au Canada, les Portoricains et les Amérindiens aux États-Unis, les Flamands, les Catalans, les Saamis et les Basques en Europe.

Chaque fois qu'on a fait pression sur de telles minorités nationales pour qu'elles s'intègrent à la culture de société majoritaire, elles ont répondu en se braquant — parfois avec violence — et en luttant pour obtenir une certaine autonomie. L'histoire du Canada compte un certain nombre de tentatives avortées qui visaient à imposer l'anglais au Canada français, dont les plus célèbres ont été dans certains de leurs aspects, la Proclamation royale de 1763 et le rapport Durham de 1839[8]. Ces tentatives furent rapidement abandonnées lorsqu'il devint clair que les Canadiens français leur étaient totalement opposés.

Pourquoi les minorités nationales ont-elles si fortement résisté à l'intégration, même lorsqu'il s'agissait d'une intégration minimale se rapportant aux seules dimensions linguistique et institutionnelle? Je me pencherai sur cette question de façon plus approfondie dans la deuxième partie du livre, laquelle porte précisément sur le nationalisme. Ce qu'il importe de reconnaître dès maintenant, dans le cas des minorités nationales, c'est que, contrairement aux groupes d'immigrants, l'imposition de la langue de la majorité met en péril une société culturellement distincte et établie depuis longtemps. La langue et les traditions d'une minorité nationale sont donc déjà intégrées à une série de pratiques et d'institutions sociales relevant de tous les aspects de la vie sociale. Les efforts de la majorité pour diffuser une culture de société commune la menacent donc directement. Les politiques d'édification de la nation empêchent les immigrants de former des sociétés séparées dans leur nouveau pays ou d'obtenir des pouvoirs pour se gouverner eux-mêmes. Cependant, une minorité nationale existe déjà en tant que société séparée. Les politiques d'édification de la nation ont donc pour effet de la dépouiller d'institutions et de pouvoirs dont elle avait profité pendant des siècles et qui étaient adaptés à ses besoins et à son identité.

Il n'est alors pas surprenant qu'une minorité nationale résiste de façon presque inévitable à son intégration et tente même d'obtenir la reconnaissance officielle de sa langue et de sa culture. Walker Connor va plus loin en suggérant que peu de minorités nationales se sont volontairement assimilées à une autre culture, même si, dans de nombreux cas, les incitations économiques et les pressions politiques étaient considérables[9].

Les exigences de reconnaissance officielle ne se présentent pas nécessairement sous la forme de revendications sécessionnistes. Un certain degré d'autonomie locale peut être revendiqué, parfois dans le cadre d'un système fédéral, ce qui signifie un contrôle local sur l'éducation, la langue et peut-être même l'immigration. On reconnaîtra ici, évidemment, la voie qu'a empruntée jusqu'à maintenant le Québec au sein du Canada. Mais, quelle que soit leur nature, ces exigences comprennent habituellement des droits et des pouvoirs nécessaires à la survie, aux côtés de la société majoritaire, d'une société culturellement distincte.

3. Qu'est-ce que le séparatisme?

Nombreux sont ceux qui craignent que le multiculturalisme ne conduise les immigrants au Canada à se voir eux-mêmes comme les égaux des minorités nationales. Ce qui pourrait les amener à réclamer les droits et les pouvoirs nécessaires pour constituer des sociétés distinctes aux côtés de la majorité. Or, l'étude des fondements actuels de la politique canadienne de multiculturalisme — que nous ferons dans le prochain chapitre — nous révèle au contraire qu'elle est l'expression non pas d'une volonté cryptonationaliste conduisant à l'autonomie, mais plutôt de la volonté de définir des conditions d'intégration à la société qui soient plus équitables.

Il vaut toutefois la peine de se pencher quelque peu sur ce qui serait nécessaire à une minorité pour consolider sa culture de société au sein d'un État plus vaste. L'idée selon laquelle le multiculturalisme pourrait permettre à des groupes d'immigrants de fonder et de maintenir leurs propres cultures de société traduit, il me semble, l'incapacité de reconnaître ce qu'un tel projet implique réellement. En fait, le projet même de maintenir une culture de société séparée dans un État moderne relève d'une ambition démesurée, car il pose des difficultés énormes.

Pour en avoir un aperçu, il suffit de penser à ce que les Québécois ont dû faire pour maintenir la leur. De toute évidence, il leur fallait d'abord exiger que leurs enfants fréquentent des écoles francophones, élément crucial, s'il en est, de la reproduction d'une culture de société puisque c'est là que s'effectue la transmission de la langue, des traditions et des coutumes aux générations futures.

Faire en sorte que les enfants apprennent le français n'assure du reste nullement la possibilité de la parler dans l'espace public. En d'autres termes, cela ne garantit en rien la création ou le maintien d'institutions publiques francophones. Une langue peut en effet difficilement survivre dans une société moderne et industrialisée si elle n'est d'aucune utilité dans la vie publique — c'est-à-dire dans les institutions politiques, économiques et scolaires. Étant donné les compétences linguistiques de haut niveau que requièrent la vie professionnelle et les nombreuses interactions avec les institutions (les tribunaux, les assemblées législatives, les services de santé, etc.), toute langue non utilisée publiquement s'en trouvera tellement marginalisée qu'elle ne survivra probablement qu'au sein d'une petite élite ou de populations rurales isolées, ou encore dans des formes rituelles, et non comme une langue vivante grâce à laquelle s'épanouit véritablement une culture.

Ainsi, les Québécois ont lutté pour obtenir différents droits positifs de base afin de pouvoir utiliser leur langue lorsqu'ils ont affaire à l'État. Mais cela ne suffit pas non plus, puisque la plupart des individus interagissent avec l'État par intermittence seulement. La vraie clé de la reproduction d'une culture de société réside dans l'usage quotidien d'une langue.

Les Québécois ont donc réclamé le droit d'utiliser leur langue lorsqu'ils sont à l'emploi de l'État. Il faut se rappeler que les États modernes sont de très grands employeurs et que, à notre époque, les dépenses publiques représentent souvent près de 50 % de l'économie. Pour survivre les groupes minoritaires doivent donc obtenir une juste part des emplois et des contrats octroyés par l'État. Dans de nombreux pays, par exemple, l'armée est un employeur très important et le service militaire y est obligatoire. Si toutes les unités fonctionnent dans la langue majoritaire, le service militaire devient alors un puissant outil d'intégration des minorités. C'est le cas en Israël, où le service militaire est la plus importante institution pour intégrer les immigrants à la société de langue hébraïque. En France aussi, l'armée fut une institution d'intégration ayant joué un rôle crucial. Des travaux devenus classiques ont montré que la progression de la langue française moderne — qui, à l'époque de la Révolution française, était limitée à la région de Paris — fut principalement le fait des conscrits, qui étaient contraints d'apprendre le français. L'armée a donc été un facteur déterminant pour « convertir les paysans en hommes français[10] ».

Une minorité qui s'accommode de sa marginalisation ou même qui veut l'accentuer, comme les hutterites, peut éviter l'intégration en réclamant l'exemption du service militaire. Autrement, lorsqu'une minorité souhaite maintenir une société nationale moderne, elle insistera pour que certains régiments de l'armée fonctionnent dans sa langue. D'où les luttes livrées par les Québécois pour obtenir le droit de s'entraîner en français et la création d'unités francophones.

La même logique s'applique à tous les autres domaines où l'État est un employeur, de l'inspection de la nourriture jusqu'à la perception des impôts. Dans tous les cas, certains aspects des activités étatiques doivent être gérés dans la langue de la minorité. Il ne suffit pas d'être en mesure d'interagir avec l'État dans sa propre langue. Puisque l'État est à lui seul le plus important employeur, les minorités doivent aussi être en mesure d'y travailler dans leur propre langue. D'autre part, puisque l'État n'est pas le seul employeur d'importance, des efforts considérables ont donc été déployés pour que le français soit aussi la langue de travail dans le secteur privé. C'est là un des traits importants de la législation linguistique québécoise, qui a en grande partie atteint son objectif.

Pour se maintenir en tant que culture sociétale distincte, la minorité doit aussi être en mesure de créer et de gérer son propre système d'enseignement, non seulement aux niveaux primaire et secondaire, mais aussi au niveau universitaire et dans le secteur professionnel. Elle doit pouvoir former des médecins, des scientifiques et des travailleurs qualifiés qui seront recrutés par des institutions publiques et des entreprises privées. D'où l'insistance avec laquelle les francophones au Québec ont voulu mettre sur pied plusieurs collèges et universités fonctionnant en français.

D'autres conditions doivent être satisfaites pour que se maintienne une culture nationale. Les choix relatifs à l'immigration et à la naturalisation, par exemple, touchent aussi la viabilité des cultures de société. L'immigration peut renforcer une culture — tant que le nombre d'immigrants est contrôlé et qu'on les pousse à apprendre la langue et l'histoire nationales. Or, si les immigrants s'intègrent à la culture majoritaire, la minorité se verra alors progressivement dépassée en nombre et, de ce fait, son poids politique déclinera, à la fois au niveau fédéral et sur son propre territoire. Une minorité souhaitant conserver une culture de société distincte doit donc définir et appliquer sa propre politique d'immigration. Les revendications en ce sens ont occupé une place centrale dans le nationalisme québécois. Le Québec a donc exigé les droits suivants : la définition de ses propres critères d'immigration (favorisant les francophones), la possibilité de fixer ses propres quotas (en se fiant à la capacité d'absorption estimée de la société québécoise) et l'envoi en mission à l'étranger de ses propres fonctionnaires spécialisés en matière d'immigration.

L'expérience historique des Québécois porte donc à conclure qu'une minorité ne peut maintenir sa culture de société que si elle obtient des pouvoirs substantiels dans les domaines suivants : la langue, l'enseignement, la fonction publique et l'immigration. Si les choix de la minorité en ces matières peuvent être renversés par un vote de la majorité, ses possibilités de maintenir sa culture de société seront grandement mises en péril. Une minorité ne peut toutefois détenir et utiliser ces pouvoirs que s'il existe une tribune où se déroulent une délibération collective et un processus de prise de décisions. En d'autres termes, cette minorité doit exercer un contrôle réel sur un corps politique ou une entité politique quelconques.

S'explique donc ainsi l'attachement traditionnel des Québécois à l'égard du fédéralisme — un système qui décentralise les pouvoirs de l'État au profit de sous-unités fédérales et qui trace ses frontières dans le but de faire des francophones une majorité au sein d'une de ces sous-unités. En plus de craindre que ne soient désavouées leurs décisions en matière d'immigration ou d'éducation, les membres de la minorité s'inquiètent également d'être négligés lors d'une modification du partage des pouvoirs dans la fédération ou d'une redéfinition des frontières. Cela explique que les Québécois aient exigé que les frontières de leur province et que les pouvoirs dont elle est dotée soient garantis par la Constitution, ce qui empêcherait la majorité anglophone de réduire unilatéralement leur autonomie politique.

Ce n'est là qu'une partie des mesures que les Québécois ont jugé nécessaires pour perpétuer leur culture de société face à la majorité anglophone du Canada. On pourrait énumérer maints autres facteurs, de l'étiquetage bilingue de tous les produits aux billets de banque imprimés dans les deux langues. D'autres prétendent (de façon peu convaincante, selon moi) que, pour atteindre ce but, des mesures encore plus radicales s'imposent, tel le rétablissement complet, dans sa version originale, de la loi québécoise sur la langue d'affichage[11] ou encore la séparation du Québec. Néanmoins, tous les observateurs conviendraient que la « survivance » au Québec a été rendue possible grâce au respect d'un certain nombre de principes fondamentaux :

l'enseignement en français offert de l'école primaire à l'université, le droit d'utiliser le français dans les rapports avec l'État et au travail, que ce soit dans les institutions publiques ou dans le secteur privé, l'exemption, pour les immigrants francophones, de l'obligation d'apprendre l'anglais pour obtenir la citoyenneté, le droit de sélectionner, d'intégrer et de naturaliser les immigrants, le droit, enfin, non seulement à une juste part du pouvoir politique au niveau fédéral, mais aussi à une certaine autonomie gouvernementale telle que balisée dans la Constitution, où sont d'ailleurs définis les pouvoirs de la sous-unité fédérale dans des champs de compétence comme l'éducation, le travail et l'immigration. Des mesures et des arrangements comparables ont été considérés nécessaires pour maintenir des cultures de société distinctes à Porto Rico, en Flandre et en Catalogne. Il en va de même au Canada et partout dans le monde pour les peuples autochtones.

Il importe de se rendre compte à quel point ces efforts de reproduction culturelle ont été ardus. Dans le monde moderne, maintenir une culture de société ne peut simplement se réduire à la tenue de festivals ethniques ni à l'aménagement, pour les enfants, de quelques heures de classe dans leur langue maternelle. Il s'agit ici plutôt de créer et de maintenir un ensemble d'institutions publiques permettant à un groupe minoritaire de participer au monde moderne dans sa propre langue.

Autrement dit, une minorité ne peut se limiter à résister simplement aux efforts de la majorité pour diffuser une seule et unique langue commune. Elle doit aussi s'investir dans sa propre édification de la nation, concurrente et financée par l'État. Les nationalistes québécois ont pris conscience que, pour maintenir leur culture nationale, ils devaient eux aussi chercher à diffuser une culture et une langue communes dans toute leur société afin de promouvoir l'égalité des chances et la solidarité politique. Ils utilisent d'ailleurs les mêmes outils que ceux dont use la majorité dans son édification de la nation : un enseignement public universel, une législation sur la langue officielle (y compris des dispositions relatives à la citoyenneté et à l'embauche par l'État), etc. Maintenir une culture de société vivante dans le monde moderne est donc, par essence, une aspiration éminemment politique dont la réalisation nécessite l'utilisation et la maîtrise, par la minorité, de plusieurs pouvoirs et institutions politiques.

4. La réaction des immigrants à l'édification de la nation

Les données historiques montrent bien que seules les minorités nationales non immigrantes ont eu la motivation nécessaire pour entreprendre un tel projet d'édification de la nation et se sont donné les moyens de le mener. Les groupes d'immigrants ont réagi d'une façon très différente aux politiques d'édification de la nation émanant de l'État. Ils ont habituellement accepté la perspective de s'intégrer à la culture de société dominante. Ils ne se sont pas opposés à l'obligation faite à eux et à leurs enfants d'apprendre une langue officielle et de participer aux institutions communes fonctionnant dans cette même langue.

Pourquoi les immigrants, dans le passé, ont-ils ainsi accepté l'intégration ? Une des raisons principales est qu'ils ont déjà eu à s'arracher volontairement à leur propre culture avec la perspective de s'intégrer à une nation différente. C'est précisément la conséquence de l'émigration. Si l'idée même de s'intégrer à une autre culture leur était rébarbative, ils n'auraient même pas choisi de quitter leur terre d'origine[12]. De plus, la plupart d'entre eux arrivent au Canada seuls ou en famille, mais jamais en tant que communautés complètes, ce qui explique qu'ils n'aient traditionnellement pas pu se concentrer sur un territoire, ni mettre sur pied les institutions nécessaires à l'émergence d'une communauté linguistiquement distincte qui se situe en marge du reste de la société. Tenter de recréer, en parallèle, une telle société distincte nécessiterait un appui considérable de la part des pays d'accueil, appui que ces mêmes pays sont évidemment réticents à offrir.

Les immigrants diffèrent donc beaucoup, sur ces deux plans, des minorités nationales. Pour ces dernières, l'édification de la nation met ni plus ni moins en péril la société culturellement distincte qu'elles maintiennent depuis plusieurs générations. Dans le passé, l'option du nationalisme n'a semblé ni souhaitable ni envisageable pour les immigrants. Et, en fait, il y a dans les démocraties occidentales très peu de cas — sinon aucun — de groupes d'immigrants qui se sont constitués en mouvement nationaliste cherchant à fonder un gouvernement autonome ou, carrément, à faire sécession. Bref, entre les deux voies qui s'offrent à ceux — l'intégration ou la lutte pour maintenir une culture de société distincte — les groupes d'immigrants au Canada ont toujours opté pour la première, alors que les minorités nationales ont tradition-nellement préféré la seconde.

Dans certains autres pays, toutefois, la situation est plus complexe, car les attitudes à l'égard des groupes d'immigrants, qu'on leur permette de s'intégrer ou qu'on les y encourage à le faire, varient énormément. Alors que, au Canada, il est facile pour les immigrants de devenir citoyens à part entière sans égard à leur race, à leur religion ou à leur origine ethnique, dans de nombreux pays du monde — y compris cer-taines démocraties occidentales — ils sont passablement moins bien-venus et ont beaucoup plus de difficulté à obtenir la citoyenneté pleine et entière. Là où les immigrants font l'objet de préjugés sévères et d'une discrimination légalisée — là où ils ne peuvent espérer l'égalité avec les citoyens — il est possible que certains d'entre eux en viennent à remettre en question l'intégration elle-même[13].

De la même façon, le degré d'autonomie dont jouissent les diffé-rentes minorités nationales — et donc la capacité de maintenir leur propre culture séparée — varie selon les pays. Les minorités nationales qui ont longtemps été soumises à des politiques coercitives d'assimila-tion, comme les Bretons en France, ont fini par perdre la plupart ou la totalité de leurs institutions et de leur autonomie traditionnelles. En règle générale, les cultures dominantes dans les démocraties occiden-tales ont eu beaucoup moins de succès à intégrer les minorités natio-nales que les groupes d'immigrants. Alors que les minorités nationales ont résisté à leur intégration à la culture commune et ont cherché à pro-téger leur existence distincte en consolidant leur propre culture de société, les immigrants, eux, ont accepté la perspective de l'intégration.

5. Le multiculturalisme est-il un séparatisme ?

Y a-t-il une seule bonne raison de penser que le multiculturalisme change cette donne ? Le multiculturalisme réprouve-t-il les principes et les politiques visant l'intégration à la société d'accueil ? Traite-t-il les groupes issus de l'immigration comme des minorités nationales ?

Certains de ses adversaires le croient. Selon Richard Gwyn, la politique de multiculturalisme a pour conséquence « logique » que « la doctrine de l'autonomie territoriale, adoptée actuellement dans le cas des peuples autochtones, pourrait ultérieurement être étendue à tous les groupes identitaires[14] ». Rien en fait ne pourrait être plus éloigné de la vérité.

Pensons à n'importe quelle mesure habituellement associée au multiculturalisme, que ce soit la réforme des programmes dans les écoles publiques (c'est-à-dire la redéfinition de ce qui est enseigné en histoire et en littérature en vue de conférer une reconnaissance accrue aux contributions historiques et culturelles des minorités ethnoculturelles, et la création de programmes d'enseignement bilingue pour les enfants d'immigrants à l'école primaire), l'adaptation institutionnelle (c'est-à-dire la modification des horaires de travail ou des codes vestimentaires pour tenir compte des jours fériés et des pratiques religieuses que respectent les groupes d'immigrants ; l'adoption des codes d'éthique en milieu de travail ou à l'école pour interdire les propos racistes ; la diffusion des directives émanant de l'organisme régissant les ondes canadiennes, le Conseil de la radiodiffusion et des télécommunications canadiennes, pour contrer les stéréotypes ethniques), les programmes d'éducation populaire (par exemple les campagnes de sensibilisation antiraciste et la formation en diversité culturelle offerte aux policiers, aux travailleurs sociaux et aux professionnels en santé publique), les programmes de développement culturel (le financement des festivals ethniques et des programmes d'études ethniques, les cours d'alphabétisation en langue maternelle offerts aux immigrants adultes) ou les mesures de discrimination positive (traitement préférentiel des minorités visibles dans l'accès à l'éducation, à la formation ou à l'emploi).

Les éléments de cette liste dépassent de beaucoup les limites de la politique fédérale officielle de multiculturalisme. Un grand nombre de ces mesures et de ces programmes relèvent de la compétence d'autres ministères fédéraux (l'équité en emploi, les directives de radiodiffusion) ou d'autres gouvernements (les programmes scolaires) et, à proprement parler, ne s'inscrivent pas dans la politique de multiculturalisme du Canada. D'autre part, puisque la politique fédérale avait été explicitement conçue pour servir de modèle et de catalyseur à d'autres ministères et à d'autres gouvernements, il n'est peut-être pas inapproprié d'estimer que l'ensemble de ces programmes sont plus ou moins liés au « multiculturalisme ».

Puisque chacun de ces programmes est assorti de ses propres enjeux, il serait incorrect de parler d'une « incidence du multiculturalisme » en général, comme si tous ces programmes avaient exactement les mêmes objectifs et conduisaient aux mêmes résultats. Il importe de noter tout de suite qu'*aucun* de ces programmes — pris isolément ou comme un ensemble — ne s'approche le moindrement d'un programme d'édification de la nation ou d'une « logique de territoires autonomes ». Aucun de ceux-ci ne peut entraîner la mise sur pied de régiments hispanophones dans l'armée ou la création d'universités en langue vietnamienne. Aucun ne conduit non plus à la création de nouvelles entités politiques qui permettraient aux Ukrainiens, par exemple, d'obtenir des pouvoirs exclusifs en matière d'embauche dans la fonction publique ou dans le domaine de l'immigration. D'ailleurs, aucune espèce de revendication de ce type n'a jamais été formulée par les groupes d'immigrants. Pour les besoins de la discussion, tentons d'imaginer qu'un groupe d'immigrants — comme les Chinois ou les Somaliens — souhaite former et maintenir, au sein du Canada, sa propre culture de société. Il vaut la peine d'insister sur le fait qu'un tel groupe, pour arriver à ses fins, aurait besoin de pousser encore plus loin sa logique de revendication, à la fois sur le plan des capacités institutionnelles et sur celui des pouvoirs politiques autonomes.

En *théorie*, s'ils décidaient de se regrouper et de se donner une certaine autonomie politique, il serait possible pour les Chinois de devenir un groupe national. Après tout, c'est ce qu'ont fait les colons anglais à travers l'Empire britannique, les colons espagnols à Porto Rico et les colons français au Québec. Tous ces groupes ne se percevaient pas comme des immigrants puisqu'ils n'avaient nullement l'intention de s'intégrer à une culture autre que la leur. Ils tentaient plutôt de reproduire leur société d'origine sur un nouveau territoire. Voilà un aspect fondamental de la colonisation qui tranche par rapport à l'immigration individuelle : les colons cherchent à édifier une société achevée sur le plan des institutions. Ils ne pensent pas à s'intégrer à une société préexistante.

En principe, il serait possible aujourd'hui de permettre aux immigrants chinois de se percevoir comme des colons. Mais, pour cela, il faudrait non seulement que l'on enseigne le chinois aux enfants dans les écoles publiques, mais aussi qu'il y ait des universités fonctionnant en chinois, non seulement faudrait-il qu'il existe des bulletins de vote et des formulaires d'aide sociale en chinois, mais aussi que le chinois devienne une langue de travail dans les services gouvernementaux y compris dans des divisions de l'armée et des hôpitaux, non seulement les Chinois ne devraient pas être sous-représentés au Parlement, mais ils devraient former une majorité dans un corps politique ; non seulement faudrait-il que les Chinois ne soient pas obligés d'apprendre l'anglais ou le français afin d'acquérir la citoyenneté, mais aussi que la communauté chinoise soit en mesure de se maintenir en sélectionnant et en naturalisant les futurs immigrants sur la base de leur intégration à la communauté de langue chinoise.

Il s'avère que les politiques existantes en matière de multiculturalisme n'ont créé aucune des institutions publiques nécessaires à la formation et au maintien d'une culture de société séparée, que ce soit pour les Chinois, les Somaliens ou tout autre groupe d'immigrants. Aucune des institutions scolaires, politiques ou économiques qui auraient permis à un groupe d'immigrants de participer à la vie moderne dans leur langue maternelle n'a été créée. Lorsque les Canadiens d'origine somalienne, ukrainienne ou vietnamienne souhaitent avoir accès aux débouchés offerts par la société moderne — contrairement aux groupes comme les hutterites — ils doivent passer par les institutions économiques, scolaires et politiques de la culture de société anglophone ou francophone du Canada.

Il n'y a là rien d'étonnant, puisque le multiculturalisme ne s'est nullement substitué à la panoplie des politiques et des structures gouvernementales visant à favoriser l'intégration sociale. Les immigrants sont toujours tenus d'apprendre l'une des deux langues officielles, que ce soit pour acquérir la citoyenneté, décrocher un diplôme d'études secondaires ou un emploi dans la fonction publique ou encore pour obtenir une accréditation professionnelle. Il s'agit là de piliers essentiels, dans toute démocratie libérale, à une intégration favorisée par l'État. Or, aucun de ces piliers n'a été, de quelque façon que ce soit, érodé par la politique de multiculturalisme, laquelle n'a de toute façon pas été conçue dans un tel but.

En fait, il est tout simplement impossible qu'on ait pu envisager le multiculturalisme dans la perspective d'aider ou d'encourager les immigrants à devenir des minorités nationales comme les Québécois ou les peuples autochtones. Il est insensé de prétendre, comme le fait Gwyn, qu'à cause du multiculturalisme, « la doctrine de l'autonomie territoriale, appliquée actuellement dans le cas des peuples autochtones, pourrait ultérieurement être étendue à tous les groupes identitaires ». Il serait hautement contradictoire pour un gouvernement d'encourager les groupes d'immigrants, d'une part, à former leurs propres cultures de société — par le truchement de la politique de multiculturalisme — tout en exigeant, d'autre part — par des politiques de scolarisation, d'emploi et de citoyenneté — que les immigrants apprennent à parler couramment une des langues officielles pour obtenir la citoyenneté, un diplôme ou un permis professionnel ou commercial, ou pour dénicher un emploi dans la fonction publique.

Et même si, pour une raison ou une autre, le gouvernement avait adopté cet ensemble d'objectifs contradictoires, les montants consacrés au multiculturalisme sont si modestes qu'ils ne pourraient faire le poids, quant à leurs effets, avec les montants consacrés à l'intégration. Les vingt millions de dollars destinés aux mesures de multiculturalisme représentent en effet une goutte d'eau dans l'océan des milliards de dollars affectés aux politiques favorisant l'intégration de façon directe ou indirecte.

L'idée selon laquelle les politiques de multiculturalisme représentent la première étape vers la création d'institutions publiques séparées est donc étrange à plusieurs égards. Dans les faits, ces politiques n'ont jamais engendré de telles institutions séparées. De toute façon, elles n'auraient pu être conçues dans un tel but sans entrer en conflit avec un ensemble de politiques solidement établies relatives à la citoyenneté, à l'enseignement et au travail. Les sommes allouées aux programmes de multiculturalisme sont au surplus si insignifiantes qu'elles ne pourraient permettre de créer qu'une fraction seulement des institutions nécessaires à une telle ambition séparatiste.

Évidemment, on peut toujours craindre que certains leaders de groupes ethniques tablent sur les politiques de multiculturalisme actuelles pour préparer le terrain à de futures politiques plus favorables au séparatisme. Mais si cela était le cas, tant les espoirs que les craintes seraient vains, puisqu'il semble bien que, d'un côté comme de l'autre, on sous-estime totalement le type de mesures nécessaires à la création et au maintien d'une culture de société séparée. Il serait plus raisonnable d'accepter l'évidence : la crainte de voir les groupes d'immigrants se servir des politiques multiculturalistes pour créer leur propre culture de société ne repose sur aucun fondement rationnel. C'est une chimère sans aucun rapport avec la réalité. Il n'y a du moins aucun signe, dans aucun des grands pays d'accueil occidentaux, incitant à croire que les nouveaux arrivants cherchent à se constituer en minorités nationales ou ont des visées politiques nationalistes.

6. Une autre façon d'aborder le multiculturalisme

Lorsque nous quittons cette chimère, nous pouvons alors considérer de façon plus impartiale les objectifs et les répercussions réels des politiques de multiculturalisme. Le multiculturalisme suppose par l'acceptation du principe d'une intégration imposée par l'État, mais propose du même souffle une redéfinition des conditions de cette intégration. Aujourd'hui, les groupes d'immigrants acceptent de s'intégrer à de grandes cultures de société, comme ils l'ont du reste toujours fait. Peu de groupes d'immigrants s'opposent aux exigences relatives à l'apprentissage d'une langue officielle à l'école. Ils acceptent que leurs propres perspectives de vie, voire celles de leurs enfants, soient liées à leur participation aux principales institutions fonctionnant en anglais ou en français.

Cependant, les immigrants réclament des conditions d'intégration plus équitables. Si le Canada veut encourager les immigrants à s'intégrer aux institutions communes fonctionnant en anglais ou en français, alors les groupes d'immigrants, de façon très légitime, souhaitent s'assurer que les conditions d'intégration soient équitables. Comme je tenterai de le montrer dans le prochain chapitre, le projet de « multiculturalisme au sein d'un cadre bilingue » constitue précisément une tentative de définir de telles conditions d'intégration équitables.

CHAPITRE 3

Redéfinir les conditions d'intégration

Selon ses adversaires, la politique de multiculturalisme a donc été conçue dans le but de favoriser le séparatisme ethnoculturel. Elle aurait même contribué à accroître le « ghettoïsme » ethnique au Canada. Nous avons vu que cette interprétation est pour le moins étrange. Rien n'indique que le « ghettoïsme » soit en croissance. Au contraire, l'intégration a fait des progrès depuis l'adoption de la politique en 1971. Rien n'indique non plus que cette politique ait eu pour objectif d'encourager le séparatisme ethnoculturel. Au contraire, le multiculturalisme n'a aucunement affaibli les pressions qu'exerce l'État pour pousser les groupes d'immigrants à s'intégrer. Le multiculturalisme, enfin, n'a pas fourni aux groupes d'immigrants quelque moyen institutionnel ou politique que ce soit pour maintenir une culture de société distincte.

Mais qu'est-ce que le multiculturalisme, au juste? Nous ne pouvons répondre à cette question en énonçant quelque définition canonique de ses concepts ou de ses principes : il n'y en a tout simplement pas. Différents chercheurs ont tenté de dévoiler les véritables intentions des fonctionnaires et des élus qui ont adopté cette politique en 1971, mais leurs recherches ont toutes mené à une impasse[1]. Nous savons maintenant qu'il n'y avait pas vraiment de théorie très élaborée sous-tendant la politique originale. Celle-ci a été présentée à la hâte, en grande partie pour désamorcer l'opposition au principe du bilinguisme officiel nouvellement adopté, qui conférait, en apparence, un privilège au français et à l'anglais. Le multiculturalisme a été présenté sans qu'on ait vraiment d'idée claire de ses effets concrets et sans stratégie d'application à long terme pour son application. De toute façon, cette politique a subi des modifications radicales depuis 1971, s'adaptant elle-même, souvent de façon ponctuelle, aux besoins et aux défis nouveaux. Pour comprendre la signification du multiculturalisme, nous devons donc en étudier les effets *pratiques*. Or, lorsque nous procédons à une telle étude, il devient évident que cette politique participe d'une réaction aux pressions que le Canada exerce sur les immigrants afin qu'ils s'intègrent aux institutions communes. Même si, à l'origine, cette politique n'avait pas été conçue dans cet esprit, elle s'est développée sur le terrain et est devenue un cadre de débat par lequel sont définis les conditions d'intégration ; et où l'on s'assure que celles-ci soient équitables.

Dans ce chapitre, on verra de quelle façon certains programmes particuliers relevant du multiculturalisme réussissent à atteindre l'objectif précité. Après avoir dressé ma propre liste d'exemples de programmes en la matière (section 1), je les étudierai un à un, en commençant par ceux qui visent à réformer les institutions communes dans le sens d'une prise en compte de la diversité ethnique (section 2). Le multiculturalisme nous oblige à évaluer de façon systématique les institutions communes auxquelles on pousse les immigrants à s'intégrer. Il faut, entre autres, vérifier si leurs règles et les symboles qui les caractérisent leur portent préjudice. Plusieurs mesures liées au multiculturalisme visent d'ailleurs à corriger les discriminations révélées lors de ce processus de vérification.

Dans la troisième section, je me pencherai sur des programmes plus complexes comportant un certain degré de séparation institutionnelle. À première vue, ceux-ci semblent quelque peu nuisibles à l'intégration. Toutefois, le type de séparation institutionnelle qu'ils favorisent est souvent de nature transitoire et repose sur la prémisse que l'intégration est un long — et souvent douloureux — processus pouvant parfois s'étendre sur plus d'une génération. Il s'ensuit que des institutions spéciales, de nature transitoires, peuvent s'avérer nécessaires pour les immigrants — et peut-être pour leurs enfants — afin de faciliter l'amorce de leur intégration.

Ces deux catégories de politiques — l'adaptation des institutions communes et le recours à une séparation institutionnelle transitoire — ont pour but de pousser le Canada à offrir aux immigrants des conditions d'intégration équitables. Évidemment, elles ne garantissent pas que cet objectif sera atteint. Les politiques publiques ont souvent des conséquences imprévues, et il se peut que le multiculturalisme marginalise de façon involontaire les groupes ethnoculturels. C'est une possibilité réelle que nous devons garder à l'esprit.

Mais il importe aussi de ne pas conclure trop hâtivement au risque de dissociation des minorités. Comme nous l'avons vu au chapitre 1, les données indiquent que l'intégration a progressé depuis l'adoption de la politique et que la dissociation croissante des immigrants, annoncée par les adversaires de cette politique, ne s'est pas produite. De plus, il est évident que la plupart des groupes d'immigrants ne souhaitent aucunement se retrouver en marge de la société et ne cherchent pas à se constituer en enclaves isolées du reste de la société. À ces groupes d'immigrants, de toute façon, font défaut les institutions nécessaires au maintien de leur propre culture de société. Bien sûr, certains groupes acceptent effectivement de s'isoler du reste de la société — les hutterites, les amish ou encore les doukhobors. Mais un tel rejet total du monde moderne est assez rare. Les membres de ces communautés refusent ainsi de devenir des officiers de police, des médecins, des ingénieurs ou des députés, et ils n'ont donc aucun intérêt à se doter d'unités politiques ou d'universités qui leur soient propres, ou encore à veiller à leur intégration aux institutions majoritaires. Ce sont là, bien sûr, des exceptions qui confirment la règle selon laquelle la participation au monde moderne requiert l'intégration dans une culture de société. En effet, la plupart des groupes issus de l'immigration souhaitent vraiment prendre leur place dans ce monde et soutiennent donc les politiques de multiculturalisme qui améliorent leur accès aux biens matériels et aux possibilités que ce même monde peut offrir.

Si nous analysons chacune de ces politiques selon ses mérites propres et avec ouverture d'esprit, il s'avère que la plupart d'entre elles visent l'intégration et atteignent ce même objectif. Il est vrai qu'on peut toujours améliorer quelque politique publique que ce soit et qu'il importe donc de réévaluer périodiquement les politiques de multiculturalisme afin de s'assurer qu'elles sont adaptées à leur époque. Mais je crois que, en général, la vaste majorité de celles-ci constituent des tentatives valables, utiles et concluantes d'établir des conditions d'intégration plus équitables au Canada.

1. Analyse des politiques

Le mot « multiculturalisme » prend, chez différentes personnes, plusieurs sens distincts et il importe donc d'identifier les politiques et les programmes dont je parle. Voici treize politiques — existantes ou proposées — qui se retrouvent souvent au cœur du débat public sur le multiculturalisme[2] :

1) les politiques de discrimination positive qui visent à accroître la représentation des minorités visibles (mais aussi des femmes et des personnes handicapées) dans les principales institutions scolaires et économiques ;

2) le fait de réserver un certain nombre de sièges du Sénat, ou dans certaines autres assemblées législatives fédérales ou provinciales, aux minorités visibles (ou aux femmes et aux personnes handicapées) ;

3) la révision des programmes d'enseignement de l'histoire et de la littérature dans les écoles publiques visant à donner une plus grande place aux contributions historiques et culturelles des minorités ethnoculturelles ;

4) l'adoption d'horaires de travail plus flexibles pour prendre en compte les fêtes religieuses des groupes d'immigrants (par exemple, certaines écoles font coïncider leurs journées pédagogiques avec les principales fêtes juives ou musulmanes ; des entreprises juives ou musulmanes peuvent être exemptées de l'application des lois relatives à la fermeture des commerces le dimanche) ;

5) l'assouplissement des règles relatives au port d'un uniforme afin de prendre en compte les croyances religieuses de groupes issus de

l'immigration (la Gendarmerie royale du Canada, par exemple, a modifié ses règles afin de permettre aux sikhs à son emploi de porter leur turban. De même, les citoyens sikhs, dans certaines provinces, peuvent être exemptés de l'obligation de porter un casque protecteur tant à motocyclette que sur les chantiers de construction);

6) les programmes de sensibilisation antiraciste;

7) les règles de prévention du harcèlement sur les lieux de travail et à l'école, qui ont pour but d'empêcher les collègues et les étudiants de tenir des propos racistes (sexistes ou homophobes);

8) la formation en diversité culturelle offerte aux policiers et aux professionnels de la santé, afin qu'ils puissent reconnaître les besoins individuels et les conflits au sein des familles d'immigrants;

9) les réglements du Conseil de la radiodiffusion et des télécommunications canadiennes (CRTC) concernant les stéréotypes ethniques dans les médias d'information;

10) le financement public des festivals culturels ethniques et des programmes d'études ethniques;

11) les programmes d'aide destinés aux immigrants adultes analphabètes afin qu'ils apprennent à lire et à écrire dans leur langue maternelle, avant ou pendant l'apprentissage de l'anglais ou du français;

12) les programmes d'enseignement bilingue destinés aux enfants d'immigrant pour leur permettre, durant leurs premières années scolaires, de suivre une partie de leurs cours dans leur langue maternelle, dans le cadre d'une période transitoire menant à des études secondaires ou post-secondaires effectuées dans l'une des deux langues officielles;

13) les écoles conçues pour les noirs, spécifiquement ceux qui éprouvent de grandes difficultés dans les écoles multiraciales.

Comme nous l'avons souligné au chapitre précédent, bon nombre de ces mesures ne relèvent pas de la politique fédérale de multiculturalisme. Mais cette liste nous donne un tableau assez complet des

problèmes soulevés dans le débat public sur la question du multiculturalisme. Cette liste donne aussi un bon aperçu des mesures qui ont été
adoptées ou qui ont au moins été sérieusement proposées dans certains
rapports de commissions parlementaires du gouvernement ou de commissions royales d'enquête.

Quantité d'autres pratiques font parfois l'objet de débats classés
sous la grande rubrique « multiculturalisme » sans n'avoir jamais été
adoptées par aucun gouvernement. Certaines d'entre elles furent même
clairement rejetées parce qu'elles allaient à l'encontre des politiques
gouvernementales, comme la pratique de l'excision, la reconnaissance
juridique des mariages forcés obligatoires ou des divorces talaq et l'application du droit familial musulman traditionnel[3]. Ces pratiques ne
concernent pas directement l'intégration sociale des groupes issus de
l'immigration, ni leur participation aux institutions économiques, scolaires et politiques de la majorité, mais elles suscitent une grande inquiétude parce que, si on les tolérait, elles pourraient mettre en péril les
droits individuels fondamentaux de même que le principe d'égalité.
C'est précisément pour cette raison que ces pratiques sont interdites au
Canada. Certains adversaires du multiculturalisme estiment que, même
si elles sont actuellement interdites, la « logique » du multiculturalisme
conduira tôt ou tard à leur acceptation. Une telle affirmation révèle une
grave incompréhension de la logique même du multiculturalisme, dont
nous parlerons plus à fond au chapitre 4.

La prochaine section se concentrera sur les dix premières politiques
de notre liste, qui visent toutes à ce que les institutions communes
s'adaptent à la diversité. Dans la section 3, nous aborderons les trois dernières qui sont plus complexes parce qu'elles comportent un degré de
séparation institutionnelle.

2. La place de la diversité au sein des institutions communes

Les deux premières politiques de notre liste, soit la discrimination
positive et les garanties de représentation au Parlement données à un

groupe, sont aussi deux des plus controversées. Elles favorisent clairement l'intégration puisqu'elles visent à accroître le nombre d'immigrants qui participent aux institutions de la société en leur garantissant une certaine partie des postes dans les diverses entités scolaires, économiques ou politiques. Elles rassemblent donc des membres de différents groupes, leur imposent de coopérer dans diverses tâches, de prendre des décisions communes et les forcent ensuite à se conformer à ces décisions prises en commun. Ces politiques sont donc directement à l'opposé de mesures qui favoriseraient le séparatisme ethnique. Favorisent-elles l'intégration des immigrants d'une manière *équitable*? C'est là une autre question, à laquelle je reviendrai.

Les sept autres politiques sur la liste ont pour objectif de mettre les immigrants à leur aise au sein des institutions de la société auxquelles ils peuvent participer grâce aux mesures de discrimination positive et de représentation des groupes. Plusieurs mesures concourent à l'atteinte de cet objectif :

• la révision des programmes scolaires dans les écoles publiques pour que soient davantage reconnues les contributions historiques des groupes issus de l'immigration ;

• la reconnaissance, dans les institutions publiques, des jours fériés des musulmans et des juifs, autant que ceux des chrétiens ;

• l'assouplissement des codes vestimentaires dans les écoles, sur les lieux de travail et au sein des forces de police pour que les sikhs puissent porter leur turban, les juifs, la kippa, et les femmes musulmanes, le hidjab ;

• l'interdiction des discours haineux afin que les écoles et les lieux de travail deviennent des milieux accueillants pour les individus de toute race et de toute religion ;

• l'établissement de règles pour que les stéréotypes ethniques soient évités dans les médias afin que leur programmation confère à la diversité sociale une place visible ;

• la formation offerte aux policiers, aux travailleurs sociaux et aux professionnels de la santé afin qu'ils soient conscients des pratiques et des besoins culturels divers des individus dont ils s'occupent.

Aucune de ces mesures ne pousse les groupes issus de l'immigration à se percevoir comme des nations séparées et autonomes avec leurs propres institutions publiques. Au contraire, elles visent précisément toutes à encourager leur participation aux institutions de la société d'accueil. Ces mesures de multiculturalisme entraînent une révision des conditions d'intégration, et non un rejet de l'intégration elle-même.

Avant les années 1960, au Canada (comme en Australie et aux États-Unis), on s'attendait à ce que les immigrants se dépouillent de leur héritage distinct et assimilent les normes culturelles en vigueur dans la société d'accueil. Ce modèle d'immigration a été baptisé « conformité anglophone ». Certains groupes, considérés inassimilables, se voyaient même interdire l'entrée dans ces pays. L'immigration chinoise au Canada et aux États-Unis était restreinte. Quant à l'Australie, elle appliquait le principe de « l'immigration blanche seulement ». On estimait que l'assimilation était essentielle à la stabilité politique et on jetait indistinctement sur toutes les autres cultures un discrédit ethnocentrique qui servait à rationaliser ce principe.

Toutefois, à partir des années 1970, en raison des pressions exercées par les groupes d'immigrants, ces trois pays rejetèrent le modèle assimilationniste et adoptèrent des politiques plus tolérantes et pluralistes qui ont non seulement autorisé, mais aussi encouragé les immigrants à conserver différents aspects de leur héritage ethnique. On accepte maintenant que les immigrants soient libres de conserver certaines de leurs anciennes coutumes qui ont trait à l'alimentation, à l'habillement, à la religion et aux loisirs. On accepte aussi qu'ils soient libres de s'associer dans le but précis de maintenir ces mêmes coutumes. Cela n'est donc plus considéré non patriotique ou « anticanadien ».

La revendication de mesures de multiculturalisme découla logiquement de cette mutation. S'il est acceptable que les immigrants demeurent fiers de leur identité ethnique, il est alors normal que les institutions publiques s'adaptent afin de prendre en compte cette identité. Le multiculturalisme permet aux individus, s'ils le désirent, de s'identifier eux-mêmes en public à leur groupe ethnique sans crainte de s'en trouver stigmatisés ou d'être victimes de discrimination. Il a fait de la mise en valeur d'une identité ethnique un trait acceptable, voire normal, de la vie sociale commune.

Les adversaires de toutes ces mesures se concentrent habituellement sur le fait qu'elles entraînent une reconnaissance et une affirmation publiques des identités ethniques des immigrants — un processus jugé séparatiste dans son principe. Ce qu'ils ignorent, c'est que ce processus de reconnaissance et d'affirmation se déroule *au sein même des institutions*. Ces politiques n'encouragent donc aucunement un retrait, à la manière hutterite, des institutions de la société d'accueil et n'entraînent pas non plus de luttes nationalistes comme celle que mènent des Québécois en vue de créer et de conserver des institutions publiques séparées. Au contraire, ces politiques s'opposent simultanément au repli ethnique et au nationalisme des minorités, puisqu'elles favorisent l'intégration à des institutions scolaires, économiques et politique préexistantes et amènent ces mêmes institutions à s'adapter pour mieux accueillir les immigrants en leur sein[4].

Évidemment, de telles politiques peuvent engendrer un ressac de la part des groupes non immigrants. La demande des Sikhs à l'emploi de la GRC d'être exemptés de l'obligation de porter le couvre-chef traditionnel de cette institution fut considérée par de nombreux Canadiens comme une manifestation de non-respect pour un « symbole national ». Mais, aux yeux des immigrants, une telle exemption encourage plutôt l'intégration. En fait, que des Sikhs souhaitent se joindre à notre corps national de police est un indice assez révélateur de leur désir de participer et de contribuer à la société. L'exemption réclamée doit être perçue non pas comme un obstacle mais comme un encouragement à leur intégration.

En fait, ce qui risque de pousser les immigrants à se replier sur leur communauté, c'est précisément l'incapacité, pour la société d'accueil, d'adopter de telles mesures, car si on refusait d'adapter les calendriers scolaires et les règles vestimentaires à leurs croyances religieuses, les groupes d'immigrants se sentiraient alors peut-être contraints de quitter le système public et de mettre sur pied leurs propres systèmes scolaires séparés. De même, sans mesure de discrimination positive, les noirs risquent de croire que leur chance de se faire une place au sein des institutions de la société sont minces. Bref, ces politiques doivent simplement être considérées comme des façons d'atténuer les facteurs potentiels de dissociation des minorités.

Certaines des critiques les plus virulentes du multiculturalisme sont dirigées contre le financement des festivals ethniques. En fait, plusieurs semblent associer le multiculturalisme à ce type de subvention, même si cela ne représente qu'une petite fraction de l'ensemble du budget consacré au multiculturalisme. Ce préjugé provient sans doute des années 1970, au cours desquelles le financement des groupes de folklore absorbait effectivement une portion plus importante du budget réservé au multiculturalisme (même s'il n'en a jamais constitué l'élément dominant). Au début des années 1980, cependant, les priorités ont radicalement changé, si bien que les activités reliées au folklore sont aujourd'hui les *moins* bien pourvues dans le cadre du multiculturalisme. C'est une des nombreuses modifications qui ont été graduellement introduites, les Canadiens ayant pris conscience que l'adaptation des institutions et la participation civique étaient, dans une optique d'intégration, un facteur plus déterminant que les festivals ethniques[5].

Néanmoins, puisque l'État finance les arts, il faut s'assurer que, dans l'attribution des fonds, les minorités ethnoculturelles ne subissent pas de discrimination. Ce type de discrimination existe dans de nombreux pays où les modes d'expression artistique de la minorité n'apparaissent souvent pas dans les catégories et les critères qui utilisent les organismes responsables des subventions artistiques. Or, ces appuis financiers permettent en définitive à la majorité d'en apprendre un peu sur les groupes qui vivent à ses côtés et favorisent par le fait même une plus grande compréhension de la nécessité d'en tenir compte. En fait, rien ne justifierait le financement des activités culturelles folkloriques si elles ne comportaient pas une telle dimension de rapprochement interethnique. Je ne crois pas que le gouvernement devrait financer un festival où des danseurs canadiens d'origine ukrainienne présenteraient leur spectacle devant un auditoire exclusivement constitué de Canadiens de même origine qu'eux. Ce type d'activité culturelle ne mérite pas plus de subvention étatique qu'un club d'échecs ou de voile. En revanche, les expositions culturelles et les événements qui réunissent des individus de différents groupes ethniques méritent, dans la plupart des cas, de recevoir un appui financier.

Certes, elle est assurément superficielle, cette connaissance de l'Autre que de telles manifestations festives permettent de diffuser. Mais il est injuste d'imputer à celles-ci, comme l'ont fait Neil Bissoondath et d'autres[6], la responsabilité d'une « marchandisation », d'une « disneyification » des cultures ou des histoires ethniques. Nous n'avons qu'à observer certaines évolutions aux États-Unis pour prendre conscience que, avec ou sans politique de multiculturalisme, ces phénomènes se produisent de toute façon. La marchandisation de l'ethnicité est un produit dérivé du capitalisme, pas du multiculturalisme.

Jusqu'à maintenant, j'ai tenté de montrer que l'argument principal militant pour l'adoption des dix premières mesures de multiculturalisme est que celles-ci favorisent l'intégration. Mais ces mesures sont-elles équitables? Favorisent-elles l'équité en éliminant les obstacles auxquels les groupes d'immigrants se butent au sein des institutions communes? Ou alors avantagent-elles de façon indue, voire privilégient-elles des individus qui ne seraient pas vraiment défavorisés? L'argument de l'iniquité est le plus souvent invoqué dans le cas des programmes de discrimination positive. Et il y a en effet de bonnes raisons de penser que de tels programmes, appliqués de certaines façons, puissent effectivement entraîner de l'iniquité. C'est un aspect que j'aborderai au chapitre 5, puisque l'évaluation des politiques de discrimination positive est liée, dans son essence même, au thème central de ce chapitre, la question raciale. Anticipons tout de même un peu pour dire que ces programmes peuvent être justifiés dans certains cas précis seulement, en particulier pour redresser une discrimination ou une injustice très anciennes. Malheureusement, au Canada, les catégories utilisées aux fins de ces programmes sont mal circonscrites et s'appliquent à de multiples groupes, y compris certains immigrants, qui ne peuvent pas vraiment prétendre avoir souffert de discrimination dans le passé.

Aussi, j'attendrai au chapitre 7 pour traiter plus spécifiquement du principe de la représentation des groupes. Il existe plusieurs types de mesures visant à améliorer cette représentation, mais jusqu'à maintenant, aucune d'entre elles n'a été expérimentée au Canada. Or, on ne peut évaluer le caractère équitable de toute mesure particulière que dans les détails de son application. En attendant de me pencher plus longuement sur la question, je me bornerai à dire que, pour justifier le recours à une telle approche de représentation de groupe, et comme dans le cas des mesures de discrimination positive, un certain nombre de conditions sont nécessaires. Des mesures de représentation des groupes peuvent parfois s'avérer une solution adéquate et équitable pour remédier à la sous-représentation de ces mêmes groupes dans le processus politique, et ce, même si une telle solution peut ne pas coïncider parfaitement avec les principes sur lesquels repose notre conception même de la représentation.

Les huit autres mesures de la liste, toutefois, favorisent effectivement l'équité. La notion de conditions d'intégration équitables a pour corollaire que les institutions communes auxquelles les immigrants sont incités à s'intégrer fassent preuve d'un respect et d'une attention analogues à ceux dont ont bénéficié les identités canadienne-anglaise et canadienne-française. Sinon, exercer des pressions sur les immigrants pour qu'ils s'intègrent aux institutions francophones ou anglophones équivaudrait à accorder un statut privilégié aux modes de vie et aux intérêts des descendants des premiers colons britanniques et français.

Par conséquent, l'équité exige que nous menions un examen constant et systématique de nos institutions communes afin de nous assurer que les règles, les structures et les symboles qui les caractérisent ne portent pas préjudice aux immigrants. Et c'est justement à la suite d'un tel examen que la plupart des mesures présentées plus haut ont été conçues, car la politique de multiculturalisme nous a poussés à scruter les codes vestimentaires, les congés fériés et même certaines conditions concernant la taille et le poids des candidats à un emploi, afin de déceler d'éventuelles pratiques discriminatoires. Dans le même esprit, nous avons été amenés à examiner les programmes scolaires et les médias pour y déceler de possibles stéréotypes et pour veiller à ce que ces institutions reconnaissent l'apport des groupes ethnoculturels à l'histoire canadienne et à la culture mondiale, etc.

Nulle surprise, au fond, de découvrir que des règles et des pratiques institutionnelles conçues à l'origine pour — et par — une population homogène britannique ou canadienne-française et par elle contiennent des écueils et des obstacles pour les groupes issus de l'immigration, tout comme il n'est pas surprenant de prendre conscience que maintes institutions conçues pour les hommes et par eux désavantagent les femmes. Plusieurs de ces difficultés n'ont pas vraiment été créées de façon intentionnelle, puisqu'elles résultaient de l'application de règles adoptées avant même que ces groupes n'arrivent au Canada.

Par exemple, nous ne devons pas croire que la fermeture dominicale des bureaux gouvernementaux procède d'une volonté délibérée de favoriser le christianisme au détriment des autres religions. Les règles sur les heures de bureau dans nos sociétés ont été fixées à une époque où la diversité religieuse était beaucoup moins prononcée et où les individus présumaient que la semaine de travail devait favoriser le respect des croyances chrétiennes. Mais pour les adeptes d'autres religions, ces choix anciens peuvent comporter de grands désavantages. En effet, leur volonté de respecter leurs propres congés religieux pourrait les contraindre à prendre des journées de congé sans solde ou encore à fermer carrément boutique alors que les concurrents gardent leurs commerces ouverts. Ces décisions peuvent être coûteuses, tant pour les individus que pour une entreprise familiale. Ayant fixé une semaine de travail qui favorise les chrétiens, les Canadiens ne peuvent pas vraiment s'opposer à des exemptions pour les musulmans ou les juifs en arguant la séparation de l'Église et de l'État. Ces groupes exigent simplement que l'on tienne compte de leurs besoins religieux, comme on l'a fait depuis toujours pour ceux des chrétiens.

Le port de l'uniforme dans la police et l'armée soulève le même genre de problème. Certains s'opposent à toute volonté d'exempter les Sikhs ou les juifs orthodoxes de l'obligation de porter le couvre-chef réglementaire. Ici encore, toutefois, force est de reconnaître que les règles existantes avantagent les chrétiens. Elles n'interdisent pas, par exemple, le port d'un anneau nuptial, symbole religieux essentiel pour un grand nombre de chrétiens (de même que pour les juifs). Il est pratiquement inconcevable que les auteurs de ces règles aient songé à interdire le port d'un anneau nuptial, sauf en cas d'absolue nécessité pour exécuter le travail. Il n'y a en revanche aucune raison de considérer ces règles vestimentaires comme une tentative de promotion du christianisme. On tient simplement pour acquis que le port de l'uniforme ne doit pas entrer en conflit avec les croyances religieuses chrétiennes. Mais ceux qui acceptent que les codes vestimentaires doivent s'adapter aux exigences chrétiennes ne peuvent pas vraiment s'opposer à l'octroi d'une exemption aux Sikhs et aux juifs orthodoxes.

De même, de nombreux symboles étatiques, comme les drapeaux, les hymnes et les devises, révèlent un héritage ethnique ou religieux. Le préambule de notre Constitution de 1982 fait de « la suprématie de Dieu » un principe fondateur du Canada. Lorsque les groupes ethniques réclament une certaine valorisation de la diversité ethnique (dans les déclarations et les documents gouvernementaux, par exemple), ils expriment simplement le souhait qu'on reconnaisse leur identité au même titre que celle des descendants des colons britanniques ou français. La politique de multiculturalisme nous a poussés à prêter attention de façon systématique à ces revendications et à remédier de la façon la plus équitable possible aux problèmes qui se présentaient.

D'ailleurs, un des éléments les plus novateurs de la politique fédérale de multiculturalisme réside dans la mise en œuvre d'outils de surveillance permanente pour faire suite aux autres mesures qu'appliquent les ministères fédéraux dans le cadre de cette politique. Bien que le multiculturalisme lui-même relève d'un programme très modeste, il a une incidence importante sur tout l'État fédéral, puisque les autres ministères doivent faire rapport chaque année sur le degré de conformité entre leurs politiques, leurs programmes et les principes de la Loi sur le multiculturalisme. Il est aisé pour les gouvernements de parler de respect et d'ouverture à la diversité, mais le multiculturalisme n'est pas qu'une simple déclaration de vœux pieux : c'est un système institutionnalisé qui vise à étudier les répercussions de toutes les politiques publiques relatives à l'égalité des groupes ethnoculturels au Canada.

Évidemment, les exigences de l'équité ne sont pas toujours faciles à traduire dans les faits. Prenons seulement la question des calendriers religieux. Il semble bien injuste que les congés fériés consacrés par l'État coïncident avec le calendrier chrétien et non avec celui des autres religions. Mais à quoi ressemblerait ici une solution équitable ? Faire de toutes les fêtes religieuses des jours fériés est chose impossible — il y en a tout simplement trop. Devrions-nous alors abandonner un des congés chrétiens (disons Pâques) et reconnaître, en lieu et place, un jour férié pour une des deux autres religions d'importance, comme le Yom Kippour ou le ramadan ? Je crois que cette hypothèse mériterait qu'on s'y attarde. Non seulement une telle option réduirait le fardeau imposé à ces deux importants groupes en le redistribuant de façon plus équitable, mais elle apporterait en plus une reconnaissance symbolique du fait que, comme le christianisme, le judaïsme et l'islam sont des religions canadiennes[7]. Une telle modification de calendrier amènerait aussi tous les Canadiens à mieux connaître les croyances et les pratiques des autres groupes religieux.

L'autre hypothèse consisterait à éliminer du calendrier public tous les jours fériés religieux — y compris Noël et Pâques — pour permettre à tous les individus de prendre, disons, cinq jours quand bon leur semble, en conformité avec leurs croyances religieuses ou leurs convictions laïques personnelles. Même si cette voie peut sembler plus juste selon une perspective purement théorique, il faut avouer qu'elle aurait de fâcheuses conséquences pour à peu près tout le monde. Elle entraînerait la disparition des vacances prises simultanément, c'est-à-dire des périodes de l'année pendant lesquelles les individus peuvent planifier une réunion de famille ou d'amis. Et même si les fardeaux liés aux jours fériés se trouvaient ainsi distribués plus équitablement, cette solution n'aurait pas l'avantage de consacrer une reconnaissance publique des religions. Plutôt que de renforcer le statut du judaïsme et de l'islam, elle ne ferait qu'affaiblir celui du christianisme.

Il n'y a pas de solution unique à ce problème. Nous pouvons définir des directives générales. En fait, au Canada, nous avons établi un ensemble de précédents intéressants quant à la signification, dans ce contexte, de la notion « prise en compte raisonnable » des différences[8]. Le multiculturalisme n'est pas une formule qui offre une réponse à tous ces problèmes. C'est une politique qui découle simplement d'une volonté de régler ces problèmes de façon ouverte et équitable et qui tient pour acquis que les personnes ont un intérêt légitime à faire reconnaître et accepter leur identité culturelle. Les citoyens d'une société libre et démocratique ne s'accorderaient certainement pas tous sur une manière équitable de refléter les croyances religieuses dans le calendrier civil. Il est inévitable, et même souhaitable, qu'une telle question soit chaudement débattue. Mais nous ne serons en mesure de tenir un réel débat sur la question — ou sur le caractère équitable ou non des autres formes de multiculturalisme — que si nous nous débarrassons des craintes non fondées de séparatisme et de ghettoïsation.

3. L'intégration et la séparation institutionnelle

Le rôle du multiculturalisme est rendu plus complexe lorsqu'il s'assortit de certaines formes de séparatisme institutionnel, comme dans le cas des trois dernières mesures figurant sur notre liste. Prenons le cas de l'enseignement dans la langue maternelle offert aux nouveaux arrivants adultes (numéro 11). Il existe à Toronto un programme expérimental d'alphabétisation destiné aux immigrants illettrés dont l'objectif est qu'ils apprennent à lire et à écrire dans leur langue maternelle. Il s'agit d'une singulière dérogation par rapport au principe traditionnel selon lequel on devrait forcer les immigrants adultes, dès leur arrivée au pays, à se concentrer sur l'apprentissage de l'anglais ou du français. La formation de classes séparées pour certains groupes ethniques suscite beaucoup d'inquiétude, tout comme le fait d'encourager les immigrants à utiliser leur langue maternelle et à en parfaire leur connaissance. S'agit-il en somme de la première étape d'un processus conduisant au repli ethnique ou au nationalisme minoritaire?

J'espère au moins qu'il est maintenant clair pour le lecteur que ces politiques ne s'inspirent d'aucun idéal d'édification de la nation chez les immigrants. Il est vraiment peu plausible que les Somaliens, les Cambodgiens ou les Guatémaltèques souhaitant s'alphabétiser dans leur langue maternelle en viennent par la suite à réclamer des universités où l'enseignement est donné dans cette langue ou encore des régiments militaires séparés. Par ailleurs, ces politiques marginalisent-elles vraiment les immigrants? Pour trancher, il faut en étudier les conséquences à long terme. Les adversaires de ces politiques tiennent pour acquis qu'elles empêchent ou dissuadent les immigrants d'apprendre une langue officielle. Une telle inquiétude est fondée, car il est manifeste que la maîtrise de l'anglais ou du français revêt une importance cruciale en ce qui concerne tant les perspectives économiques de la plupart des immigrants que leur aptitude plus générale à participer à la vie politique et sociale.

Mais l'alphabétisation des immigrants dans leur langue maternelle réduit-elle vraiment la probabilité qu'ils apprennent l'anglais ou le français? Les risques semblent minces. Il y a au contraire de bonnes raisons de croire que la politique gouvernementale actuelle est contre-productive à cet égard. Elle est fondée sur la prémisse que les immigrants doivent apprendre l'anglais (ou le français) le plus tôt possible. En fait, dans les classes d'anglais langue seconde (ALS) ou de français langue seconde (FLS), la priorité est accordée aux immigrants arrivés le plus récemment au Canada, et il s'ensuit que ceux qui y sont établis depuis quelques années ont de la difficulté à obtenir une place dans une classe d'ALS. Autrement dit, les individus qui n'arrivent pas à s'inscrire à leur arrivée au Canada ou qui refusent d'apprendre une nouvelle langue se trouveront vraisemblablement marginalisés de façon permanente. Ils ne recevront peut-être jamais l'appui dont ils ont besoin pour apprendre une langue officielle ultérieurement.

L'apprentissage rapide d'une langue officielle convient à certains immigrants. Mais dans d'autres cas, une telle avenue est totalement irréaliste. Des études nous indiquent clairement que nombreux sont ceux qui éprouvent de grandes difficultés à s'alphabétiser en anglais avant de l'avoir fait dans leur propre langue[9]. En vertu des politiques actuelles, les immigrants analphabètes se retrouvent ainsi marginalisés de façon permanente. Leur donner accès à des cours d'apprentissage de leur langue maternelle peut ainsi s'avérer la première étape vers leur alphabétisation en anglais.

Dans d'autres situations, les immigrants peuvent tout simplement ne pas être disposés sur le plan psychologique à apprendre une nouvelle langue dès leur arrivée en terre canadienne, notamment les nouveaux arrivants plus âgés et les réfugiés ayant fui la violence ou un drame familial. Ce peut aussi être le cas des immigrants ayant à lutter pour survivre et s'établir avec leur famille dans un pays étranger, dépourvus du réseau d'appuis communautaires auquel ils sont accoutumés.

En ce qui a trait aux nouveaux arrivants susceptibles de mettre de nombreuses années à apprendre l'anglais ou le français, on s'approchera davantage de l'objectif ultime de l'intégration si on leur donne accès à divers services ou à des cours offerts dans leur langue maternelle pendant leurs premières années au pays. Dans les classes de langue maternelle, ils pourraient d'ailleurs en apprendre beaucoup sur le système judiciaire et le marché du travail canadiens ou même améliorer leurs qualifications professionnelles.

Il ne s'agit donc pas de se demander si les immigrants devraient apprendre une des langues officielles. Comme nous l'avons vu, ignorer l'anglais ou le français est pour un immigrant la voie la plus directe vers la marginalisation, qui d'ailleurs se transmettra très probablement à la génération suivante si les parents n'arrivent pas à communiquer convenablement en anglais ou en français avec leurs enfants. La vraie question est davantage d'ordre pratique : quel type de mesure permet le mieux à différents groupes d'immigrants d'apprendre l'anglais ou le français ?

Maints observateurs admettent que les politiques actuelles connaissent des ratés, du moins auprès de certains groupes. Ils imputent toutefois ces problèmes soit à un financement insuffisant, soit aux méthodes d'enseignement des programmes d'ALS ou de FLS. Ils comptent sur l'amélioration des programmes existants au lieu de plaider pour la mise à l'essai d'une approche nouvelle, comme des cours aux adultes dans leur langue maternelle. Certes, il est probable qu'un meilleur financement et qu'une révision des méthodes pédagogiques aideraient certains groupes d'immigrants auxquels les programmes actuels ne conviennent pas. On pourrait toutefois penser que la politique linguistique actuelle n'est tout simplement pas adaptée à certains groupes particuliers, qui seraient peut-être plus susceptibles de s'intégrer grâce à des programmes temporaires dans leur langue d'origine.

Abordons ici une question connexe, soit celle du bilinguisme de transition pour les enfants d'immigrants (numéro 12). Ici encore, beaucoup craignent que de tels programmes ne détournent les enfants de l'apprentissage de l'anglais ou du français. Règle générale, la population est beaucoup plus vigilante à l'endroit des compétences linguistiques des enfants d'immigrants que de celles des adultes. Les observateurs les mieux informés reconnaissent que certains immigrants adultes n'acquerront jamais une bonne maîtrise de l'anglais ou du français. Nous n'exigeons pas et n'espérons pas que les immigrants plus âgés se donnent pour objectif d'atteindre une telle maîtrise. Lors de l'examen de citoyenneté, d'ailleurs, les immigrants de plus de 65 ans sont exemptés des exigences linguistiques. Qu'une foule d'immigrants adultes continuent de recourir principalement à leur langue maternelle n'est pas surprenant et paraît plutôt inévitable.

Mais lorsqu'il s'agit des enfants, la plupart des Canadiens estiment que l'enseignement devrait leur être prodigué uniquement dans une ou l'autre des deux langues officielles. Ils croient évidemment que les enfants d'immigrants devraient pouvoir s'initier à leur langue maternelle dans leur temps libre — peut-être même que des fonds et des équipements publics pourraient être mis à leur disposition pour une telle initiation optionnelle — mais le cœur de l'enseignement dans les écoles publiques ne devrait, selon eux, être offert qu'en anglais ou en français. On tient pour acquis qu'une scolarisation bilingue comportant l'usage de la langue maternelle de l'enfant retarde le plein apprentissage d'une langue officielle, peut-être même de façon permanente.

Toutefois, l'impression générale quant aux conséquences d'une scolarisation bilingue pourrait bien être inexacte sur le plan factuel. D'abord, il importe de souligner une chose : la volonté d'offrir aux enfants d'immigrants un enseignement dans leur langue maternelle ne s'apparente en rien au souhait des hutterites d'empêcher leurs enfants d'aller à l'école publique. Dans le premier cas, le but est d'accroître les probabilités que l'enfant d'immigrant réussisse à faire son chemin dans le monde moderne ; dans l'autre cas, l'objectif est d'empêcher l'enfant hutterite d'avoir tout contact avec le monde moderne. Il est possible que des enfants d'immigrants qui entrent à l'école dans des classes bilingues acquièrent des compétences linguistiques meilleures *à la fois* dans leur langue maternelle *et* en anglais, meilleures en tout cas que celles des enfants qui fréquentent une école où l'enseignement est donné exclusivement en anglais. Il existe aujourd'hui une littérature volumineuse aux États-Unis indiquant que les enfants hispanophones de parents ne parlant pas anglais apprendront mieux l'anglais à terme s'ils sont inscrits dans des programmes bilingues transitoires. Au Canada, les travaux de recherches effectués à ce sujet sont moins nombreux, mais un relevé des études existantes indique ce qui suit :

> Les appréhensions de certains éducateurs au sujet de l'utilité pédagogique de l'enseignement de la langue maternelle ont très peu de fondements réels. Il n'existe aucune preuve de quelque effet négatif de l'apprentissage de la langue maternelle sur la compétence dans les langues officielles. En fait, les travaux de recherche pointent plutôt dans la direction opposée :

l'alphabétisation dans la langue maternelle peut améliorer certains aspects des résultats scolaires de l'élève dans les deux langues officielles[10].

Croire que les immigrants s'intégreront plus facilement si on les encourage à participer le plus vite possible à des institutions de la société d'accueil pleinement intégrées peut sembler logique. Mais au fond, que les enfants d'immigrants apprennent mieux l'anglais dans une école exclusivement anglophone *ou* dans des classes bilingues ne relève pas de la logique. Il s'agit davantage d'une question empirique complexe liée à des facteurs relevant de la pédagogie, de la sociolinguistique et de l'élaboration du programme scolaire. Tenter de trancher ces questions sans s'appuyer sur les faits ne nous permet pas de progresser et peut même s'avérer contre-productif.

Le troisième cas est celui des écoles conçues pour les noirs, une hypothèse actuellement à l'étude à Toronto (numéro 13). L'objectif visé ici est de réduire le taux de décrochage chez les écoliers noirs fréquentant les écoles publiques intégrées et donc de les encourager à poursuivre leur scolarisation et à acquérir des qualifications professionnelles. Il s'agit d'un cas plus complexe puisque l'idée de concevoir des écoles pour les noirs est apparue aux États-Unis, là où le nationalisme noir est très présent et où les mérites mêmes de l'intégration constituent une pomme de discorde au sein de la communauté afro-américaine. Puisque ce cas soulève des questions fondamentales quant aux rapports interraciaux au Canada, je le traiterai de façon plus détaillée au chapitre 5.

Dans tous ces cas, les adversaires se concentrent exclusivement sur le fait que les mesures de multiculturalisme suscitent une certaine différenciation institutionnelle et ils en concluent alors qu'elles favorisent un séparatisme ethnique total et permanent. Il est vrai que les institutions elles-mêmes, dans ce scénario, peuvent prendre un caractère relativement permanent, particulièrement si le Canada continue de promouvoir une forte immigration. Par exemple, si les écoles bilingues mandarin-anglais ayant été ouvertes à Vancouver s'avèrent un succès, elles se maintiendront sans doute tant et aussi longtemps que le Canada acceptera des immigrants chinois. Mais si nous nous soucions d'abord de l'intégration des immigrants, nous devons prendre conscience de l'importance que revêtent ces écoles pour l'intégration des individus qui y étudient. Le caractère permanent d'une institution n'a pas pour conséquence que les individus qui y transitent demeureront séparés en permanence de la société d'accueil. Au contraire, une telle institution remplit des fonctions exclusivement transitoires et vise à faciliter une plus grande participation des immigrants aux autres institutions de la majorité.

J'affirme donc que l'alphabétisation dans la langue maternelle et le bilinguisme transitoire peuvent, à long terme, favoriser l'intégration. Nous devrions au moins garder une certaine ouverture d'esprit quant aux résultats que pourraient donner de telles mesures. Il n'y a aucune raison de conclure *a priori* qu'elles favorisent le séparatisme ou la marginalisation.

Mais rendent-elles le processus d'intégration plus équitable ? Oui, je le crois. Ces mesures reposent sur la reconnaissance d'un fait : l'intégration ne se produit pas en une nuit, mais résulte d'un processus long et difficile qui peut s'étendre sur plus d'une génération. Cela signifie que des traitements spéciaux, mais transitoires, sont souvent requis pour les immigrants. Par exemple des services devraient être offerts dans la langue maternelle de certains immigrants. Aussi un soutien pourrait être apporté aux organisations œuvrant au sein même des communautés d'immigrants pour les aider à s'établir dans la société d'accueil et à s'y intégrer. L'enseignement bilingue peut aider les enfants ne parlant ni anglais ni français à la maison à surmonter les obstacles liés à cette situation. Toutes ces mesures ne constituent donc pas des privilèges iniques, mais bien des tentatives honnêtes de résoudre les problèmes distincts auxquels sont confrontés divers groupes ethnoculturels.

En somme, aucune de ces treize mesures de multiculturalisme ne favorise ni le nationalisme ni le repli ethnique, et elles n'entraînent toutes qu'un simple réaménagement des conditions d'intégration selon les besoins spécifiques et les difficultés particulières des groupes d'immigrants.

Il ne s'agit pas ici de prétendre que de telles mesures n'ont contribué en aucun cas à marginaliser certaines minorités au Canada. À preuve, des exemptions scolaires et militaires ont été accordées à différentes sectes chrétiennes pour leur permettre de demeurer en marge de la majorité. Elles ont toutefois été adoptées longtemps avant la politique de multiculturalisme. En fait, de nombreuses critiques formulées à notre époque contre le multiculturalisme auraient parfaitement bien qualifié certaines politiques adoptées au début du XXe siècle à l'égard des hutterites et des doukhobors. On pourrait même affirmer qu'un certain racisme teinte la tendance de maints Canadiens à accepter le traitement réservé à ces sectes chrétiennes blanches — qui optent pour des mesures véritablement séparatistes et marginalisantes — tout en s'opposant avec acharnement aux mesures proposées de nos jours aux nouveaux groupes d'immigrants non blancs et non chrétiens, bien que ces mesures visent leur intégration et non leur séparation.

4. Intégration et identité

Il vaut la peine d'insister de nouveau sur ce fait : l'intégration dont je parle doit être qualifiée de « socioculturelle », c'est-à-dire qu'il s'agit d'une intégration aux institutions sociales communes, qui sont fondées sur une langue commune. Le fait que les immigrants acceptent une telle intégration institutionnelle ne signifie pas nécessairement qu'ils se sont « intégrés » au sens psychologique du terme. Ainsi, les immigrants qui acceptent de se joindre à la société canadienne anglophone ou francophone peuvent par ailleurs éprouver envers cette société — voire envers leur nouvelle identité — un sentiment d'allégeance plutôt faible. Ils pourraient aussi être peu disposés à mieux connaître le Canada et davantage portés à cultiver la nostalgie du monde qu'ils ont quitté au lieu de s'intéresser aux perspectives qui s'offrent à eux dans le monde où ils vivent désormais.

La thèse selon laquelle le multiculturalisme favorise l'apparition d'un système de ségrégation institutionnelle s'apparentant à l'apartheid est bel et bien indéfendable. Toutefois, on peut s'interroger : le multiculturalisme engendrerait-il une sorte de séparatisme *dans les esprits*? Encouragerait-il les immigrants à entretenir le souvenir de la vie à laquelle ils ont renoncé plutôt qu'à se projeter dans celle qui leur est offerte ici? Certes, il est parfaitement possible que des immigrants dits « intégrés » ne s'identifient ni aux institutions canadiennes, ni au

Canada lui-même. Des travaux révèlent toutefois que la plupart des immigrants s'identifient bel et bien à ces institutions communes et qu'ils se préoccupent même sincèrement du bon état et de la stabilité de celles-ci. Comme je l'ai noté au chapitre 1, rien n'indique que la reconnaissance des identités ethnoculturelles que permet la politique de multiculturalisme ait eu pour effet de réduire la participation des groupes ethniques aux institutions communes, ni entaché leur perception des institutions politiques canadiennes, ni entamé leur loyauté à l'endroit du Canada[11].

Cela n'a, du reste, rien de surprenant. Il est probable que, avec le temps, l'intégration aux institutions fasse naître, chez l'immigrant, un sentiment d'identification psychologique. Le fait que les institutions communes rassemblent des membres de nombreux groupes ethniques a de profondes conséquences sur les plans à la fois personnel et politique. Sur le plan personnel, des personnes de différents groupes ethniques sont ainsi amenées à se rencontrer et peuvent même parfois établir des relations amoureuses. Cet aspect de leur nouvelle vie au Canada favorise ainsi directement les rapports interethniques. Sur le plan politique, des membres de différents groupes doivent apprendre à débattre avec des individus appartenant à d'autres groupes. Les membres d'un groupe d'immigrants, par exemple, peuvent être intéressés à ajouter au programme scolaire un enseignement relatif à leur terre d'origine. Mais parce que l'école publique représente une institution commune, ils auront à convaincre les autres groupes de la pertinence de cet enseignement. On débouchera assurément sur une situation où les immigrants chercheront à contribuer à la vie canadienne plutôt qu'à cultiver la nostalgie de la société qu'ils ont quittée.

Il n'y a toutefois aucune raison de laisser cette sorte d'intégration psychologique se faire au hasard, et il vaut la peine d'évaluer les politiques existantes dans l'espoir de les améliorer, sur ce plan du moins. Le gouvernement, lorsqu'il assume le financement de programmes d'études ou de publications ethniques, a la légitimité voulue pour encourager les groupes d'immigrants à mettre en relief leurs contributions au Canada d'abord et avant tout (mais peut-être pas exclusivement), plutôt qu'à se concentrer sur les réussites de leur société d'origine. De même, les programmes gouvernementaux d'enseignement bilingue aux jeunes ou d'alphabétisation des adultes dans leur langue maternelle devraient offrir autant d'occasions aux immigrants d'en apprendre davantage sur le Canada et non sur le pays qu'ils ont quitté[12].

Même si ces politiques visent essentiellement l'intégration des immigrants, elles peuvent évidemment engendrer des tensions ethniques, déclencher un ressac anti-immigrants chez les Canadiens de souche et finir ainsi par enrayer le processus d'intégration. Je crois, si on lit Gwyn entre les lignes, que c'est là sa réelle inquiétude. Ce qu'il affirme sans ambages, cependant, c'est que les groupes multiculturels ont tendance à élever des cloisons pour se replier dans des ghettos monoculturels. Et cela est faux. Nous l'avons observé précédemment : les immigrants ne demandent qu'à prendre leur place dans la société d'accueil, où ils souhaitent être considérés comme des participants à part entière, et égaux. En revanche, ce qu'on peut dire sans trop se tromper, c'est que certains Canadiens de souche sont bel et bien en train d'élever des cloisons en réaction au multiculturalisme. Ils disent éprouver une certaine insécurité culturelle et ajoutent parfois qu'ils se sentent aujourd'hui comme « des étrangers dans leur propre ville ». Ils expriment cette crainte en l'imputant à la prétendue propension des immigrants à se ghettoïser. Ces accusations masquent mal leur propre réaction à l'insertion croissante des immigrants dans leur société d'accueil, ce qui en ébranle effectivement les règles et les pratiques. En d'autres termes, la cause du problème réside peut-être davantage du côté des Canadiens britanniques que dans le multiculturalisme et ses prétendus effets ghettoïsants. Ces derniers se sentiraient mis à l'écart d'institutions toujours plus pluralistes. Selon Gwyn, d'ailleurs, les Canadiens britanniques de la classe moyenne ont le sentiment d'être « exclus » des institutions communes par des groupes ethniques envahissants qui tentent de réformer ces mêmes institutions. Alors, « ils se retirent du cœur de la société[13] ».

Si l'analyse était juste, il y aurait là un grave problème. Mais pour que Gwyn puisse en arriver à cette conclusion, il faudrait que le reste de son argumentation soit faux. En effet, cette prétendue marginalisation des Canadiens britanniques découlerait justement du type d'intégration institutionnelle des immigrants dont il nie pourtant l'existence par ailleurs.

Reste qu'une exclusion potentielle des Canadiens britanniques a de quoi inquiéter. Accroître l'intégration des immigrants aux institutions communes ne constituerait pas une grande réussite si les Canadiens de souche avaient l'impression d'en être exclus de plus en plus. Gwyn a sans doute raison de dire que la population anglo-celtes (pour reprendre ses termes) représente toujours une partie vitale de la société canadienne et que le pays ne pourrait survivre si cette population s'y sentait de plus en plus exclue. Ce problème n'est donc pas négligeable. Et pour apaiser ces profondes craintes face aux changements culturels, il ne suffira sans doute pas de démontrer qu'aucune donnée factuelle ne vient étayer les accusations de « ghettoïsme ».

Le problème ne date toutefois pas d'aujourd'hui. La plupart des inquiétudes que les Canadiens de souche ressentent de nos jours face à l'intégration des musulmans, par exemple, s'apparentent à celles exprimées il y a cent ans lorsqu'il fut question de l'intégration des catholiques. On estimait que ces derniers étaient antidémocratiques et antipatriotiques puisque leur allégeance première allait au pape. Ils étaient de plus considérés comme des séparatistes parce qu'ils réclamaient le contrôle de leurs écoles. La crainte que les catholiques ne s'intègrent pas mit plusieurs années à disparaître. Pourtant, ils sont aujourd'hui considérés comme un élément vital de la société, à laquelle, prétend-on, les musulmans ne s'intègrent pas. Cela peut prendre encore plusieurs années, mais je crois bien qu'un jour les musulmans aussi seront qualifiés d'élément constitutif de la société d'accueil à laquelle les futurs immigrants seront censés s'intégrer. Chaque nouvelle vague d'immigration apporte son lot de tensions, de conflits, de craintes et de malentendus entre les immigrants et les Canadiens de souche. On met toujours du temps à dissiper ces malentendus. Il n'y a cependant aucune raison de croire que les réactions aux nouvelles vagues d'immigration différeront vraiment de celles des générations précédentes.

Un tel ressac, hier comme aujourd'hui, tire son origine de la croyance selon laquelle les immigrants réclament des privilèges indus à la société tout en refusant de s'y intégrer. Cette croyance s'atténue sous le coup d'une prise de conscience de ce que les immigrants souhaitent vraiment, c'est-à-dire obtenir des conditions d'intégration plus équitables. Avec le temps, donc, le ressac cesse. Malheureusement, des adversaires mal informés du multiculturalisme sont peut-être en train d'allonger cette phase normale.

5. La valeur symbolique du multiculturalisme

Jusqu'à maintenant, j'ai tenté de mettre en relief de quelle manière, dans les faits, le multiculturalisme se traduit par une renégociation, et donc par une amélioration, des conditions d'intégration. J'espère que la plupart des lecteurs saisiront les visées foncièrement équitables de ces mesures, ou alors qu'ils prendront conscience du fait suivant : faire pression sur les immigrants pour qu'ils s'intègrent peut se faire dans l'iniquité si cela ne s'accompagne pas de certaines prises en compte particulières des différences. Par ailleurs, le multiculturalisme favorise une intégration équitable sur un autre plan, plus symbolique celui-là.

Pour expliquer cela, nous devons rappeler les liens étroits entre multiculturalisme et bilinguisme. La politique fédérale de multiculturalisme a été adoptée seulement deux ans après la loi sur les langues officielles de 1969, laquelle avait contribué à renforcer l'égalité du français et de l'anglais en consacrant leur statut de langues officielles du Canada. En fait, pour bien montrer que les deux politiques allaient de pair, on avait à l'époque présenté les choses en disant que « le multiculturalisme s'insérait dans un cadre bilingue ». Mais de quelle façon exactement ces deux politiques sont-elles liées ? Comme le premier ministre Trudeau l'avait dit à l'époque, le principe du multiculturalisme adopté par le Canada visait à consolider celui des langues officielles. En effet, le multiculturalisme garantissait que ni les modes de vie ni les intérêts des descendants des colons anglais et des colons français n'allaient être privilégiés. Autrement dit, en faisant de l'anglais une langue officielle, le gouvernement ne favorisait ni l'Église anglicane, ni le cricket, ni le thé. De même pour le français et les mœurs des francophones. Afin de rendre cette intention manifeste, la politique de multiculturalisme présentait deux affirmations symboliques : d'abord, elle rejetait explicitement le passé assimilationniste, période durant laquelle non seulement on avait imposé aux immigrants l'apprentissage de l'anglais, mais on les avait aussi contraints à se fondre le plus possible dans la culture du Canada anglais; ensuite, elle soulignait que les immigrants — soit ceux qui ne descendaient pas des premiers colons britanniques ou français — avaient apporté une contribution essentielle à la société canadienne, que leurs identités particulières représentaient une caractéristique fondamentale du Canada et que celles-ci devaient, dans la mesure du possible, être reconnues.

En d'autres termes, l'adoption du multiculturalisme répondait en quelque sorte au besoin de consacrer des langues officielles — comme le font tous les pays, de façon formelle ou non — tout en distinguant clairement la langue du mode de vie et de l'origine ethnique. Ce fut une façon d'attester qu'au Canada les langues de l'espace public ont été imposées par l'histoire, par la colonisation française et britannique. En même temps, on faisait en sorte que cette reconnaissance n'entraînât pas la prédominance des intérêts et des modes de vie des descendants des premiers colons sur ceux des autres Canadiens.

Le Canada a été le premier pays à faire du multiculturalisme une politique officielle. L'Australie et la Nouvelle-Zélande ont par la suite adopté des politiques similaires, inspirées explicitement de celle du Canada. Dans les trois pays, le « multiculturalisme » reflète essentiellement une même volonté : tout en reconnaissant la nécessité d'identifier des langues officielles et en insistant pour que les immigrants apprennent une de celles-là, le multiculturalisme consacre le principe selon lequel les intérêts et les modes de vie des immigrants sont aussi respectables — et méritent autant d'être pris en compte — que ceux des descendants des premiers colons. Dans une telle perspective, les immigrants ne sont pas moins « canadiens » ou « australiens » parce qu'ils entretiennent une identité ethnoculturelle qui diffère de celle des descendants des deux premiers groupes de colons.

Dans la plupart des pays démocratiques où le phénomène de l'immigration a une certaine importance — et même dans certains de ces pays, comme la France, où le terme de multiculturalisme est explicitement rejeté — on adopte actuellement des mesures qui vont en ce sens. Le problème auquel le multiculturalisme tente de remédier finit par se poser un jour ou l'autre à toute démocratie qui accueille des immigrants, puisque l'État a la responsabilité de favoriser et de maintenir une ou plusieurs langues officielles, lesquelles reflètent immanquablement la domination historique de certains groupes ethnoculturels. Dans le passé, la priorité donnée à ces langues allait de pair avec la prédominance des modes de vie associés aux groupes qui avaient historiquement été en position de domination. La religion de ces groupes a déterminé le calendrier des jours fériés, leur histoire respective a dominé le programme scolaire, et les immigrants étaient souvent jugés à l'aune de leur capacité ou de leur volonté d'assimiler les pratiques culturelles de la majorité.

Tous ces pays, par conséquent, débattent actuellement de la meilleure manière de dissocier la longue domination des langues communes (fait à noter, aucun État n'a cessé d'en imposer l'apprentissage à ses immigrants) et les privilèges dont ont bénéficié les intérêts et les modes de vie des descendants des groupes historiquement dominants. Cette tâche est aussi importante et aussi délicate au Canada qu'en Australie. Elle l'est même en France, comme le montre « l'affaire du foulard » (un débat sur l'opportunité de permettre aux filles musulmanes de porter ou non leur hidjab à l'école). La France peut bien rejeter le terme « multiculturalisme » mais, dans la pratique, elle n'échappe pas à la nécessité d'y avoir recours. Le Canada et l'Australie ont simplement abordé cette question d'une façon plus franche et plus ouverte, et avec plus de succès.

L'adoption d'une politique de multiculturalisme claire et ouverte non seulement procure un cadre dans lequel ces questions peuvent être débattues, mais revêt aussi une importance symbolique, particulièrement dans les pays, comme le Canada, qui ont eu tendance dans le passé à sélectionner les immigrants selon des critères raciaux ou ethnocentriques (c'est-à-dire comme dans presque tous les pays). Elle fut pour nous, les Canadiens, une manière de déclarer que plus jamais nous ne considérerons le Canada comme un pays de « blancs » (plus jamais nous ne dénierons le droit d'asile aux Asiatiques et aux Africains, comme le Canada et l'Australie l'ont fait plus tôt au XXe siècle) et que plus jamais nous ne verrons le Canada comme un pays britannique (qui tente de contraindre les immigrants non britanniques à abandonner ou à occulter leur identité ethnique, comme le Canada et l'Australie l'ont déjà fait). C'est une manière pour les Canadiens de condamner ouvertement ces pratiques passées et d'y renoncer pour toujours.

Au contraire, nous avons reconnu et consacré le fait que le Canada est un pays multiracial et polyethnique, dans lequel l'acquisition de la pleine citoyenneté ne dépend pas de la proximité entre l'origine ethnique et le mode de vie des immigrants et ceux du groupe historiquement dominant. Cela peut bien relever uniquement de l'ordre du symbolique, mais l'aspect symbolique a une grande importance, et les efforts déployés à cet égard sont très appréciés par les groupes d'immigrants qui, dans le passé, ont fait l'objet d'une exclusion raciale et d'une oppression culturelle[14].

Non seulement le multiculturalisme, en ce sens, est nécessaire et important, mais il atteint généralement son but. Des pays comme le Canada et l'Australie ont véritablement réussi à dissocier, à un degré important, la langue du mode de vie et des origines, rendant ainsi accessible la pleine citoyenneté à des personnes de différents horizons ethniques.

6. Conclusion

Ce portrait du multiculturalisme canadien peut nous apparaître idyllique. Mais il ne faudrait pas oublier que de nombreux problèmes ne sont pas encore réglés. Par exemple, certains auteurs estiment que le multiculturalisme s'est avéré efficace seulement dans le cas des immigrants blancs non britanniques. Dans cette perspective, ils soulignent que les Italiens catholiques et les Grecs orthodoxes sont considérés comme des Canadiens (ou des Australiens) à l'égal des protestants britanniques, mais que les musulmans libanais ou les Jamaïquains noirs ne sont pas acceptés de la même manière. Je me pencherai sur cette question au chapitre 5.

D'autres personnes craignent que le multiculturalisme ne soit utilisé, ou détourné, pour justifier des inégalités et des mauvais traitements au sein des communautés immigrantes, en particulier au détriment des femmes. Dans cette perspective, le multiculturalisme ne permettrait de fixer aucune limite aux pratiques culturelles que nous devrions tolérer, au nom du respect de la diversité culturelle. J'aborderai ce thème au chapitre 4.

Ces problèmes ne sont certes pas négligeables. On doit toutefois avouer que le multiculturalisme a, dans la plupart des cas, été couronné de succès. Il a fourni un ensemble de principes structurants sur la base duquel on peut débattre des nouvelles conditions d'intégration des groupes d'immigrants. Il établit quelques principes précis justifiant l'abandon de deux méthodes passées : l'exclusion raciale et l'assimilation forcée. Et il se concentre sur un ensemble de problèmes reliés aux différents efforts mutuels d'adaptation qu'impose l'immigration. Il nous aide à discuter de ce que nous pouvons exiger des immigrants au cours de leur intégration à la société d'accueil et, réciproquement, du type d'harmonisation des identités ethnoculturelles que les immigrants peuvent être en droit d'exiger de nous.

Toutes ces mesures — ou presque — se trouvent regroupées sous l'étiquette du multiculturalisme, non seulement aux niveaux fédéral, provincial et municipal, mais aussi dans les commissions scolaires et les entreprises privées. L'adoption de ces mesures peut être justifiée de la même façon partout : elles favorisent la mise en œuvre de conditions d'intégration plus équitables. De plus, comme nous l'avons vu au chapitre 1, toutes les données indiquent que le multiculturalisme a donné de bons résultats. L'intégration des groupes ethniques au Canada s'effectue mieux aujourd'hui que dans le passé et elle est plus efficace ici que dans tout pays qui rejette le multiculturalisme.

Je n'ai nullement voulu démontrer ici que toutes ces mesures sont efficaces ou encore qu'elles sont moralement essentielles. Certaines d'entre elles ont un caractère nettement expérimental et il est trop tôt pour juger de leur efficacité. Il est aussi vrai qu'il n'est pas toujours facile de cerner les exigences découlant de l'équité, particulièrement dans le cas des immigrants volontaires, qui ont choisi de venir en ce pays tout en sachant qu'on exigerait d'eux une certaine forme d'adaptation. J'ai soutenu ici que le débat sur ces mesures a dérapé en raison d'affirmations exagérées et non fondées concernant les risques du séparatisme et les tendances à la ghettoïsation et à l'apartheid. Ces affirmations sont fausses sur le plan empirique et incohérentes sur le plan conceptuel. Dès que nous situons le multiculturalisme dans son contexte, c'est-à-dire dans l'ensemble des politiques officielles reliées à ce domaine, nous constatons qu'il s'agit somme toute d'une tentative assez modeste de réaménager les conditions d'intégration et que cette tentative s'est avérée, d'une certaine façon, à la fois juste et efficace.

Évidemment, défendre une telle position peut simplement avoir pour effet d'ouvrir un autre front de critiques. Ainsi, nombreux sont ceux qui reconnaissent que le multiculturalisme n'a pas diminué le taux d'intégration à la société anglophone ou à la société francophone au Canada. Mais ils croient que c'est plutôt la preuve que le multiculturalisme est purement et simplement un mythe. Si les immigrants s'intègrent véritablement, dans quelle mesure vivons-nous alors dans une société « multiculturelle » ? De l'avis de Christopher McAll, la réalité de l'intégration « bafoue » l'objectif de diversité si cher au multiculturalisme[15].

Cet argument n'est pas pertinent, selon moi. L'objectif du multiculturalisme n'est pas d'éviter ou d'empêcher l'intégration, mais d'en *réaménager les conditions*. C'est là le cœur de la question. Seulement voilà, on l'a totalement perdu de vue dans le débat entre ceux qui estiment que le multiculturalisme a été un échec parce qu'il nuit à l'intégration et ceux qui affirment qu'il est un mythe parce qu'il n'a pas freiné l'intégration. Il existe une troisième option qu'aucun de ces deux camps n'a cru bon d'explorer : le multiculturalisme a atteint sa cible puisqu'il a permis de réaménager les conditions d'intégration.

Peut-être que le mot « multiculturalisme » lui-même est en partie coupable ici, car il peut faire croire que, dans cette logique, les groupes d'immigrants n'ont pas à s'intégrer aux cultures de société française ou anglaise et qu'ils doivent être en mesure d'établir, en marge de ces deux cultures principales, leur propre culture complète sur le plan institutionnel. Le titre original de la politique, énoncé au long, prête moins à confusion : « Le multiculturalisme dans le cadre du bilinguisme ». Garder à l'esprit le cadre plus général du bilinguisme officiel aide à mieux saisir les objectifs fondamentaux de la politique. En fait, il aurait été plus juste, sur le plan sociologique, de qualifier cette politique de soutien à la « polyethnicité », ce qui renvoie à la reconnaissance et à la prise en compte de l'ethnicité des immigrants au sein des institutions publiques des cultures de société anglaise et française. Comme l'écrivait

Jean Burnet peu de temps après le lancement de la politique, une culture de société et sa langue

> ne peuvent être maintenues et améliorées que lorsqu'elles sont effectivement utilisées dans toutes les sphères de la vie. Dans la mesure où cela est vrai, l'objectif de la politique ne pouvait pas être de favoriser le multiculturalisme, comme le démontre clairement l'intention d'instaurer un cadre bilingue — anglais et français. Il faudrait plutôt dire que les concepteurs de cette politique voulaient soutenir la polyethnicité[16].

Malheureusement, la dénomination d'une politique est déterminée par des facteurs politiques et non par un souci d'exactitude sociologique, si bien que nous nous retrouvons un peu prisonniers du mot « multiculturalisme ». L'adoption d'un nouveau terme est difficilement envisageable puisque « multiculturalisme » se trouve profondément ancré dans le langage courant au Canada. De plus, il a aussi pénétré le discours tenu dans plusieurs autres pays d'immigration. Mais nous ne devrions pas laisser le terme occulter la réalité des politiques qu'il désigne, lesquelles visent à favoriser des conditions d'intégration plus équitables. L'objectif visé a d'ailleurs été largement atteint.

CHAPITRE 4

Les limites de la tolérance

J'ai soutenu plus tôt que les inquiétudes relatives à l'incidence du multiculturalisme sur l'intégration des groupes ethniques ne sont pas fondées. L'intégration n'est pourtant pas le seul aspect de cette politique qui suscite la controverse. Pour beaucoup de personnes, le problème le plus grave est celui des limites de la tolérance. Le multiculturalisme nous contraint-il à tolérer les pratiques traditionnelles des autres cultures, même lorsqu'elles entrent en conflit avec les principes des droits individuels et de l'égalité sexuelle garantis par la Constitution du Canada ? Devrait-on permettre aux groupes ethniques de pratiquer l'excision sur leurs jeunes filles ? Les mariages forcés ou les divorces talaq devraient-ils être reconnus juridiquement ? Un mari devrait-il pouvoir user d'un argument culturel pour se défendre contre des accusations de violence envers sa femme ? Chacune de ces pratiques est acceptée dans certains coins du globe et peut même être considérée comme une honorable tradition.

Or, la plupart des Canadiens ne sont pas prêts à tolérer de telles pratiques. En fait, aucune d'entre elles n'est actuellement autorisée au Canada. Jamais la politique de multiculturalisme ne les a approuvées. Mais maints Canadiens craignent que la logique du multiculturalisme

ne conduise inéluctablement à l'acceptation de ces pratiques. Neil
Bissoondath présente les choses ainsi : « La loi sur le multiculturalisme
ne trace aucune frontière au-delà de laquelle le compromis conclu avec
des pratiques culturelles différentes ne tiendrait plus », qu'est-ce qui
nous empêche de croire que cette logique n'ira jamais jusqu'à admettre
l'excision[1] ? Richard Gwyn va dans le même sens : « Pour présenter le
problème de façon très crue, si la mutilation génitale des femmes est
reconnue comme une pratique culturelle distinctive — notamment
chez les Somaliens — alors, puisque le but du multiculturalisme est de
"préserver" et de "promouvoir" les valeurs et les mœurs des groupes
multiculturels, pourquoi cette pratique devrait-elle être interdite au
Canada alors qu'on autorise, disons, la chanson *O Sole Mio* ou la danse
écossaise[2] ? »

Les défenseurs du multiculturalisme n'ont en général pas su
répondre de façon claire et nette à cette question. Certains ont tenu de
vagues discours sur le besoin d'établir un « équilibre » entre les droits
individuels et les droits des groupes ethniques, comme s'il était acceptable d'enfreindre légèrement les droits individuels, mais pas trop. De
nombreux autres défenseurs du multiculturalisme ont éludé cette question, et sont parfois allés jusqu'à dire que seules les personnes ayant des
préjugés oseraient la soulever. Mais les Canadiens ont tout à fait le droit
de s'interroger en ce sens et ils méritent qu'on les éclaire de façon
appropriée.

La xénophobie, le racisme et les préjugés sont au moins en partie à
la source de cette phobie d'un multiculturalisme sans limite. Certains
Canadiens considèrent les immigrants comme des « autres » dangereux
dont les attributs particuliers représentent des menaces fondamentales
à « notre » mode de vie, en particulier si ces « autres » ne sont ni blancs
ni chrétiens. Mais ce n'est là qu'une partie du tableau, car nombre de
Canadiens éprouvent un sentiment légitime d'incertitude quant à la
question des limites du multiculturalisme. Ils appuient le multiculturalisme dans son principe — et célèbrent la diversité qui découle
de la présence des immigrants — dans la mesure où il se déploie à
l'intérieur de certaines balises. L'opinion de plus en plus critique à
l'égard du multiculturalisme n'est pas uniquement fondée sur la
xénophobie (les véritables xénophobes n'ont jamais appuyé le

multiculturalisme), mais aussi sur une inquiétude de bon aloi quant à la possibilité que cette politique déborde de son cadre initial et aboutisse à la violation de nos principes fondamentaux de liberté et d'égalité individuelles.

Tant que la question des limites du multiculturalisme nourrira un sentiment d'insécurité chez les Canadiens, même des données exhaustives sur les effets bénéfiques de cette politique n'arriveront pas à changer quoi que ce soit au débat en cours. La publication des statistiques sur les conséquences du multiculturalisme est essentielle pour dégager un tableau juste de la situation. Mais ce que de nombreux Canadiens craignent vraiment, c'est le multiculturalisme de l'avenir. Ils veulent savoir en particulier si cette politique nous a lancés de façon irrémédiable sur une voie incertaine qui nous éloigne de l'intégration sociale et politique des immigrants et nous conduit en définitive à l'acceptation de toutes les formes de « différence culturelle », sans égard à leurs effets sur les institutions et les principes canadiens.

Les juristes et les politologues abordent souvent la question de la tolérance sous l'angle des rapports entre les « droits individuels » et les « droits collectifs ». Ils vont se demander, par exemple, comment les droits des groupes ethnoculturels peuvent s'insérer dans une constitution qui vise à protéger les droits individuels et comment les revendications des groupes entrent en conflit avec les droits individuels. Mais présenter le problème dans cette perspective n'est pas forcément utile. Cela ne peut qu'embrouiller le problème en cause, et non le clarifier.

Ce chapitre tentera de préciser les rapports entre le multiculturalisme et les droits individuels. Je commencerai par analyser la confusion qui marque le discours sur les droits collectifs. Je ferai en particulier une distinction claire entre deux catégories de droits collectifs : celle qui est compatible avec les valeurs libérales-démocratiques et celle qui ne l'est pas (section 1). Je démontrerai ensuite pourquoi le multiculturalisme appartient à la première catégorie (section 2). Puis, j'expliquerai pourquoi et comment les limites du multiculturalisme devraient être plus explicites (section 3) et pourquoi elles doivent être introduites dans le débat public à ce sujet (section 4).

1. Les droits individuels et les droits collectifs

Les droits collectifs ont toujours eu tendance à susciter la contro-verse dans les systèmes politiques, comme celui du Canada, fondés sur des valeurs libérales-démocratiques, en particulier sur les idéaux de liberté individuelle et d'égalité sociale. Une démocratie libérale aspire à être une « société de citoyens libres et égaux », telle que l'a définie John Rawls[3], le plus important philosophe libéral contemporain. Les libéraux, traditionnellement, ont toujours tenu pour acquis que la meilleure façon d'établir une telle société consistait à garantir à tous les citoyens un même ensemble de droits individuels civiques, politiques et économiques — les droits fondamentaux qui constituent le socle de la citoyenneté.

Mais les groupes ethniques contemporains, comme de nombreux autres groupes victimes de discrimination (femmes, homosexuels, per-sonnes handicapées), réclament davantage que des droits individuels fondamentaux. Ils exigent aussi des droits particuliers qui reconnaissent et étayent leur identité et leurs pratiques ethnoculturelles particulières. Pour désigner ces revendications, tant les défenseurs que les adversaires du multiculturalisme parlent de « droits collectifs ». Aux yeux de ses défenseurs les droits collectifs sont un complément des droits indivi-duels et donc un enrichissement et un élargissement des principes libéraux-démocratiques permettant de relever des défis inédits. Les adversaires du multiculturalisme tendent en revanche à considérer les droits collectifs comme un empiètement sur les droits individuels et donc comme une menace pour les valeurs démocratiques fondamen-tales.

Pour comprendre les rapports entre droits individuels et droits col-lectifs, nous devons établir une distinction claire entre deux catégories de droits qu'un groupe peut revendiquer. La première renvoie aux droits qu'un groupe exerce contre ses propres membres et la deuxième com-prend les droits qu'un groupe exerce pour se protéger contre l'ensemble de la société. Ces deux catégories de droits collectifs peuvent être consi-dérées comme des moyens de protéger la stabilité de groupes natio-naux, ethniques ou religieux. Mais elles correspondent à différentes sources d'instabilité. La première catégorie vise à protéger le groupe contre les effets déstabilisateurs de la dissidence interne (c'est-à-dire le refus de respecter les pratiques ou les coutumes traditionnelles), alors que la deuxième a pour objectif de protéger le groupe contre les pressions venant de l'extérieur du groupe (c'est-à-dire les décisions économiques et politiques que prend la société d'accueil). Pour bien différencier ces deux catégories de droits collectifs, j'intitulerai la première « contraintes internes » et dénommerai la deuxième « protections externes ». La première vise à régir les rapports *à l'intérieur* des groupes, alors que la deuxième s'attarde aux rapports *entre* les groupes.

Les contraintes internes entrent clairement en contradiction avec les valeurs libérales et démocratiques. De tels droits collectifs sont revendiqués dans de nombreux pays où des groupes cherchent à limiter de façon légale la liberté de leurs propres membres, au nom de la solidarité collective ou de la pureté culturelle ; ce scénario est courant dans les cultures théocratiques et patriarcales où les femmes sont opprimées et où l'orthodoxie religieuse est la règle. Cette catégorie de droits collectifs, par conséquent, risque de conduire à l'oppression individuelle.

Évidemment, toutes les formes de gouvernement restreignent la liberté des citoyens d'une façon ou d'une autre (pensons simplement aux impôts, au devoir de participer à un jury ou au service militaire). Même les démocraties les plus libérales imposent de telles obligations à leurs citoyens dans le but de préserver les droits individuels et les institutions démocratiques. Des problèmes surgissent lorsque des groupes, au sein de ces démocraties, cherchent à imposer des contraintes supplémentaires, dans le but non pas de préserver des institutions libérales, mais bien de protéger l'orthodoxie religieuse ou leurs traditions culturelles. Dans les démocraties occidentales, y compris au Canada, de telles contraintes internes suscitent une forte résistance. Les groupes sont libres d'imposer certaines contraintes à titre de conditions d'admission à des associations volontaires, mais on considère injuste le recours à la coercition légale ou à la distribution d'avantages publics pour restreindre la liberté des membres.

Les protections externes, en revanche, ne posent pas le problème de l'oppression individuelle. L'objectif ici est de protéger l'identité distincte d'un groupe non pas en restreignant la liberté des individus qui le composent, mais en réduisant le poids des décisions politiques et économiques de la majorité sur l'avenir du groupe minoritaire. Exemples : garantir qu'un groupe minoritaire soit dûment représenté dans une assemblée consultative ou législative peut réduire les risques que ce même groupe n'ait aucune prise sur les décisions affectant la communauté ; verser des subventions à un groupe peut contribuer à approvisionner ses membres en biens et services qu'ils ne pourraient autrement se procurer dans un marché dominé par les choix de la majorité ; et procéder à une révision des codes vestimentaires et des horaires de travail peut faire en sorte que les décisions prises à l'origine par le groupe dominant soient suffisamment souples pour convenir aux nouveaux groupes ethniques. De telles protections externes, comme je les nomme, ne sont pas incompatibles avec les principes libéraux-démocratiques et peuvent en définitive aller dans le sens d'une plus grande justice. Ils peuvent favoriser l'égalité entre les différents groupes au sein d'une même société en réduisant le degré de vulnérabilité des minorités face à la majorité.

Certaines revendications de protections externes sont injustifiées. Le cas le plus clair est sans doute celui de l'apartheid, en Afrique du Sud. Les blancs, qui y représentaient moins de 20 % de la population, possédaient 87 % du territoire du pays, exerçaient le monopole du pouvoir politique et imposaient leur langue aux autres groupes. Mais le cas de l'Afrique du Sud est assez exceptionnel. La plupart des minorités ethnoculturelles dans les démocraties occidentales n'ont habituellement ni la possibilité ni la volonté de dominer un groupe plus nombreux. Les protections externes qu'elles recherchent ne déposséderaient pas les autres groupes de leur juste part des ressources économiques, du pouvoir politique ou des droits linguistiques. Règle générale, les minorités cherchent seulement à s'assurer que la majorité ne puisse pas utiliser sa supériorité quantitative et sa richesse de façon à leur porter préjudice. Tout le monde ou presque conviendrait qu'il s'agit là d'un but légitime. Alors que les contraintes internes sont presque systématiquement en conflit avec les normes libérales et démocratiques, ce n'est pas le cas des protections externes, à condition qu'elles favorisent l'égalité entre les groupes et qu'elles ne permettent pas à un groupe d'en dominer ou d'en opprimer un autre.

2. Le multiculturalisme et les droits individuels

Il importe de déterminer si le multiculturalisme s'accompagne ou non de contraintes internes ou de protections externes. Dans le cas des treize politiques énumérées aux pages 68 et 69 du chapitre précédent, il est évident, me semble-t-il, qu'elles relèvent toutes de la catégorie des protections externes. Elles tentent d'apporter une solution au problème de l'incidence, sur les groupes d'immigrants, des règles institutionnelles de la société d'accueil. Elles cherchent ensuite à réparer les préjudices qu'a pu causer l'application de ces mêmes règles. Elles ne visent pas à contrer ou réprimer les comportements non orthodoxes ou non traditionnels des membres de groupes ethniques. En fait, aucune de ces politiques ne donne aux groupes le pouvoir de restreindre la liberté de leurs propres membres.

Par conséquent, les politiques de multiculturalisme permettent d'accroître l'accès des immigrants aux institutions majoritaires (par exemple les mesures de discrimination positive), à bannir, au sein de ces mêmes institutions, les actes discriminatoires ou préjudiciables (les mesures anti-harcèlement, les lignes directrices destinées aux médias), à améliorer la sensibilité de ces institutions aux différences culturelles (la formation des policiers et des travailleurs de la santé) et enfin à fournir des services que la minorité ne pourrait pas se permettre autrement (le financement de cours bilingues, des médias ethniques). Toutes ces mesures ont trait aux rapports entre les groupes, car elles règlent la façon dont la minorité est traitée par la majorité et par la société. Elles sont conçues pour favoriser l'équité dans les rapports entre les groupes.

Ici encore, on peut constater les profondes différences entre les revendications formulées par les groupes d'immigrants et par les minorités nationales. Les Québécois et les peuples amérindiens ont tous réclamé un type d'autonomie qui leur permettrait de restreindre la liberté de leurs propres membres. Ils ont leurs propres assemblées législatives, leurs propres tribunaux et leurs propres codes juridiques, dont ils peuvent user pour limiter les droits individuels. En fait, les peuples amérindiens ont cherché, au nom du principe même d'autonomie gouvernementale, à se soustraire partiellement ou entièrement à l'application de la Charte canadienne des droits et libertés. De ces limites à l'application de la Charte des droits découle bien entendu le risque que des individus ou des sous-groupes, au sein des communautés autochtones, soient opprimés au nom de la solidarité collective ou de la pureté culturelle.

Y a-t-il un risque réel d'oppression interne au sein des sociétés autochtones (ou de la société québécoise)? La question mérite un débat considérable, même si, personnellement, je crois qu'on a exagéré l'ampleur de ce risque[4]. Mais il faut avouer que la question ne se pose même pas dans le cas des groupes d'immigrants. Ils n'ont simplement aucun pouvoir juridique sur leurs membres et, comme nous l'avons vu au chapitre 3, le multiculturalisme ne leur confère aucunement un tel pouvoir. Ce que le multiculturalisme procure aux groupes d'immigrants dans leur apprentissage des règles et des institutions de la société d'accueil, c'est un ensemble de protections externes. Or, celles-ci sont parfaitement compatibles avec les valeurs libérales. Aucune des treize mesures mentionnées précédemment ne permettra aux groupes ethniques de dominer la majorité, comme dans le cas de l'apartheid. Au contraire — nous l'avons vu au chapitre 3 — on doit comprendre que ces mesures permettent d'insuffler un peu plus d'équité dans les rapports entre les différents groupes. Bref, le multiculturalisme au Canada relève de la catégorie des protections externes et non de celle des contraintes internes. Cela, d'ailleurs, a été compris et accepté par les groupes d'immigrants eux-mêmes, puisque l'idée d'imposer des contraintes internes ne recueille, au sein de leurs communautés, aucun appui concluant[5].

Évidemment, Gwyn et Bissoondath sont bien conscients qu'on ne permet pas aux groupes d'immigrants d'enfreindre les libertés ou le droit à l'égalité de leurs compatriotes, bref, que les pratiques oppressives ne sont pas autorisées au Canada. Ils craignent tout simplement qu'un jour la *logique* du multiculturalisme ne nous force à tolérer ces pratiques. Imaginons que, dans quelques années, une communauté d'immigrants invoque le multiculturalisme pour justifier l'imposition de pratiques patriarcales à des femmes et à des enfants. Il se pourrait alors qu'un groupe, cherchant à réduire le nombre de jeunes quittant la communauté, réclamera le droit d'empêcher ses enfants (les filles notamment) de recevoir un enseignement adéquat, le droit de pratiquer des coutumes traditionnelles comme l'excision ou le mariage forcé ou encore le droit d'invoquer la culture comme défense contre les accusations de violence envers les femmes.

Disposons-nous des arguments nécessaires pour rejeter ces revendications ; ou alors ces dernières reflètent-elles justement un multiculturalisme « poussé au bout de sa logique[6] » ? Selon Gwyn, si jamais un tel groupe exigeait que la « culture » soit utilisée comme défense justifiant un acte criminel, cela ne représenterait simplement qu'une « variante » de la revendication des Sikhs exigeant la modification des codes vestimentaires de la GRC ou de celle des noirs réclamant des écoles séparées. Ce qui reviendrait à dire, au fond, que de céder à celles-ci nous oblige à accepter celle-là[7]. De même, Bissoondath prétend que, pour être cohérente, une « société vraiment multiculturelle » devrait permettre l'excision et appliquer le droit familial musulman[8]. Ils supposent tous deux que les limites que nous fixons actuellement dans le but de prendre en compte la diversité culturelle sont arbitraires et ponctuelles et que la logique du multiculturalisme nous conduira assurément à l'acceptation de telles pratiques contraires aux principes libéraux.

Or, tout cela est faux. Le multiculturalisme actuel et les mesures qui en découlent n'ont pas pour conséquence de légitimer de telles pratiques oppressives. Ces mesures ont été conçues pour permettre aux immigrants d'exprimer, s'ils le désirent, leur identité ethnique et pour réduire certaines des pressions assimilatrices externes qui s'exercent sur eux. Le modèle du multiculturalisme canadien vient renforcer la liberté des immigrants de préserver ou non leur identité ethnique. Nulle part est-il question de pousser les groupes ethniques à imposer à leurs membres une vision quelconque de la tradition ou de la pureté culturelles, ni à limiter la liberté de ces membres d'accepter ou non leur identité ethnique.

Le principe adopté au Canada — rejeter les contraintes internes tout en acceptant certaines protections externes — n'a un caractère ni arbitraire ni ponctuel. Il reflète simplement ce que préconise une démocratie libérale. Nous avons fait droit aux exigences de protections externes qui sont conformes aux valeurs de la démocratie libérale et qui favorisent l'équité entre les groupes, mais nous avons rejeté toutes les revendications de contraintes internes qui sont contraires aux valeurs de la démocratie libérale et qui restreignent la liberté des individus au sein des groupes.

3. Expliciter les limites

Pourquoi certains Canadiens croient-ils alors que la logique du multiculturalisme ne puisse souffrir de limites? En grande partie, selon moi, parce que ces limites — qui existent bel et bien — n'ont jamais été énoncées dans aucun document politique ni dans aucun débat public. C'est là une lacune qui doit être comblée.

D'abord, il est inexact de dire, comme le fait Bissoondath, que la « Loi sur le multiculturalisme ne trace aucune frontière au-delà de laquelle le compromis conclu avec des pratique culturelles différentes ne tiendrait plus[9] ». Au contraire, le préambule de la loi met justement l'accent sur les droits de la personne, la liberté individuelle et l'égalité sexuelle. De plus, certains de ses articles stipulent que le but du multi- culturalisme est de favoriser la liberté individuelle dans le respect de l'égalité sexuelle (des extraits de cette loi sont reproduits en annexe, en page 299), sans compter que cette loi doit, comme toute autre, être conforme aux dispositions de la Charte canadienne des droits et libertés. Autrement dit, si la Loi sur le multiculturalisme comportait des limites aux droits individuels qui ne pourraient « être clairement justi- fiées dans une société libre et démocratique », elle serait assurément déclarée anticonstitutionnelle.

Il faut toutefois souligner que le gouvernement fédéral n'a jamais vraiment expliqué les limites des accommodements consentis aux dif- férentes minorités. Et cela fait partie d'un échec plus global, qui consiste à n'avoir jamais expliqué de quelle façon le multiculturalisme s'inscrit dans un ensemble législatif et politique plus large. Sur ce plan, les efforts de l'Australie ont été couronnés de succès. Après avoir présenté les prin- cipes et les objectifs du multiculturalisme, dont le droit des immigrants « d'être en mesure de créer et de partager un héritage culturel » et la res- ponsabilité des institutions « de reconnaître, de refléter et de prendre en compte la diversité culturelle de la communauté australienne », l'énoncé de politique enchaîne tout de suite en précisant qu'il y a « aussi des limites au multiculturalisme australien », qui sont ainsi résumées :

> • la politique de multiculturalisme exige de tous les Australiens qu'ils acceptent les structures et les principes fondamentaux de la société australienne : la Constitution et la primauté du droit, la tolérance et l'égalité, la démocratie parlementaire, la liberté de parole et de religion, l'anglais comme langue nationale, et l'égalité des sexes.

> • la politique de multiculturalisme ne confère pas seulement des droits mais aussi des devoirs ; le droit d'exprimer sa propre culture et ses propres croyances s'accompagne de la responsabilité réciproque d'accepter le droit des autres à exprimer leurs opinions et leurs valeurs.

> • la politique de multiculturalisme repose sur la prémisse selon laquelle tous les Australiens doivent en tout premier lieu s'engager à défendre l'Australie, ses intérêts et son avenir[10].

Voilà exactement le type de définition franche et explicite des limites du multiculturalisme dont nous aurions besoin au Canada. Le troisième élément me semble toutefois problématique — au moins dans sa formulation actuelle — puisqu'il exagère la portée de l'allégeance qu'un État peut légitimement exiger de ses citoyens. Nous sommes des citoyens du Canada, mais aussi des citoyens du monde, et parfois les intérêts de celui-ci peuvent — et devraient — prévaloir sur nos intérêts nationaux. Prenons le cas d'une Canadienne qui consacre une partie de son temps et de ses ressources à aider des personnes à l'étranger ou dans son propre pays d'origine, ou encore qui milite pour l'augmentation du budget que le Canada consacre à l'aide étrangère : cette femme peut ainsi ne pas placer les intérêts du Canada en tête de liste, mais elle ne fait rien de mal.

Il existe cependant une façon d'étayer cette troisième limite et elle consiste à dire que nous sommes tous contraints de faire notre juste part afin de préserver les institutions fondamentales de la société canadienne et de résoudre les problèmes qui se présentent à ce pays. Les institutions publiques de la société canadienne offrent à la plupart des citoyens les remarquables richesses que sont la paix, la prospérité et la liberté individuelle, et nous avons tous la responsabilité de veiller à ce que ces institutions perdurent et fonctionnent, et à ce que tous les Canadiens en tirent des avantages comparables, sans égard à leur race, à leur religion, à leur sexe ou à leur origine ethnique. C'est une obligation liée à la citoyenneté démocratique qui limite le multiculturalisme et que l'État doit promouvoir. Elle ne requiert toutefois pas que tous les Canadiens placent les intérêts du Canada « en tout premier lieu ».

Du reste, c'est plus près de chez nous, soit dans la politique du gouvernement du Québec sur les groupes ethnoculturels, parfois qualifiée d'« interculturalisme », que l'on peut trouver un modèle encore meilleur. Comme nous l'avons vu au chapitre 2, le Québec a exigé et obtenu, dans le cadre de son programme d'édification de la nation, des pouvoirs substantiels en matière d'immigration. D'ailleurs, le Québec exerce activement ces mêmes pouvoirs, notamment parce qu'il a le taux de natalité le plus bas au Canada. Ainsi, les immigrants sont un maillon essentiel de cette « société distincte » que les nationalistes veulent édifier. Du coup, le Québec est aux prises avec la même question fondamentale à laquelle le gouvernement fédéral a tenté de répondre dans les années 1970 et 1980 : qu'est-ce que des conditions d'intégration équitables ?

La réponse qu'il a formulée est analogue à celle que le gouvernement fédéral a mise de l'avant dans sa politique de multiculturalisme, notamment en ce qui concerne l'harmonisation des identités et des pratiques ethnoculturelles au sein des institutions communes. La politique québécoise, toutefois, fixe trois importantes limites à l'interculturalisme :

• la reconnaissance du français comme langue de la vie publique ;

• le respect des valeurs propres à la démocratie libérale, dont les droits politiques et civils et l'égalité des chances ; enfin,

• le respect du pluralisme, y compris l'ouverture d'esprit et la tolérance à l'endroit des différences.

Ces trois limites constituent le fondement du « contrat moral » entre le Québec et ses immigrants qui précise les conditions d'intégration[11].

Il peut sembler paradoxal, sur la question du multiculturalisme, de citer le Québec en exemple. Après tout, beaucoup d'auteurs (incluant Gwyn et Bissoondath) croient que la politique québécoise d'interculturalisme est aux antipodes de la politique fédérale de multiculturalisme, notamment dans l'accent qu'elle met sur l'intégration sociale et politique.

> Au Canada anglais, l'attitude dominante semblait dire : « Venez comme vous êtes — Faites comme bon vous semble. » La société avait peu d'attentes autres que celle du respect élémentaire des lois. Le Québec, lui, exigeait davantage. L'attitude dominante disait : « Venez comme vous êtes, mais sachez que vous devrez vous intégrer à une société francophone. » Cela signifiait que vos possibilités d'avancement dépendraient de votre aptitude à travailler en français ; que vos enfants iraient à l'école française[12].

Gwyn aussi prétend que le Québec s'est engagé « sur une voie totalement différente » de celle qu'a empruntée le gouvernement fédéral, c'est-à-dire la voie de la « convergence culturelle » et non du séparatisme ethnique, de sorte que les nouveaux arrivants auraient le choix entre s'intégrer au sein de la culture nationale du Québec et « demeurer pour toujours dans les marges de la société[13] ».

Mais ici encore, il y a un malentendu. Dans son essence et dans les limites qui la circonscrivent, la politique québécoise est pratiquement identique à celle du fédéral (même si cette dernière, évidemment, fait de l'anglais et du français les langues de la vie publique, de l'enseignement et de la promotion sociale). La politique fédérale est assujettie aux trois mêmes limites : elle maintient la prééminence de nos deux langues officielles en tant que langues de la vie et des institutions publiques, elle met l'accent sur l'importance du respect des normes démocratiques, des droits individuels et de l'égalité des chances, elle incite enfin à l'ouverture d'esprit et à la tolérance à l'endroit des différences.

La politique québécoise est tout simplement plus explicite quant à ses limites[14]. Mais des limites similaires sont implicites dans la loi sur le multiculturalisme, laquelle stipule d'ailleurs que la politique de multiculturalisme doit « renforcer le statut et l'usage » des langues officielles,

« faire en sorte que les Canadiens de toutes origines aient des chances égales de s'épanouir », et favoriser « les échanges entre les individus et les communautés d'origines différentes ». Sans compter que la loi sur le multiculturalisme est assujettie à la Charte canadienne des droits et libertés, qui garantit les droits civiques et politiques individuels de tous les Canadiens, y compris évidemment l'égalité des sexes et l'égalité des chances.

Ainsi, la politique fédérale comporte bel et bien des limites comparables à celles de la politique québécoise : elle s'inscrit dans une logique de bilinguisme officiel et presse les immigrants d'apprendre l'anglais ou le français et de les considérer comme les langues de la vie publique au Canada ; elle doit être appliquée dans le respect des principes de la démocratie libérale, y compris ceux de la Charte des droits et libertés, et elle met l'accent sur le respect des droits individuels et de l'égalité des sexes ; et elle favorise l'ouverture et l'interaction entre les personnes de différentes origines, plutôt que la création de ghettos marginalisés et repliés sur eux-mêmes. Le multiculturalisme au Canada, comme l'interculturalisme au Québec, reflète l'affirmation que, compte tenu des contraintes propres à ces trois limites, le gouvernement s'impose l'obligation formelle de respecter et d'harmoniser la diversité.

Malheureusement, la politique fédérale ne contient aucune définition explicite de ces limites qui s'apparente à celle que les documents australiens et québécois comportent. Le temps est venu de corriger cette lacune.

4. Un débat public nécessaire

Étant donné l'incapacité du gouvernement fédéral à s'attaquer directement à la question, on peut comprendre que tant de Canadiens se montrent perplexes quant aux limites du multiculturalisme. Pis encore, beaucoup se disent incapables ne serait-ce que de soulever la question sur toute tribune publique, de crainte de paraître racistes ou habités de préjugés. À ce sujet d'ailleurs, je rejoins Richard Gwyn lorsqu'il fait remarquer que, chaque fois que des citoyens canadiens se sont interrogés sur la question des limites du multiculturalisme, les élites politiques « n'ont eu que des réponses culpabilisantes[15] ».

Les Canadiens veulent avoir le sentiment que la citoyenneté canadienne est liée à certaines conditions non négociables, notamment le respect des droits de la personne et des valeurs démocratiques. Mais le débat sur cette question a été réprimé par les élites politiques, qui ont laissé entendre que toute personne critiquant le multiculturalisme était pétrie de préjugés. Toute tentative d'esquiver le débat sur les limites du multiculturalisme est vain. Au lieu de favoriser la compréhension du multiculturalisme ou l'adhésion à celui-ci, elle suscite, à son égard, un ressentiment silencieux[16].

Évidemment, tout effort visant à lancer un débat public sur la question est condamné à éveiller certains préjugés. Nous pouvons prédire, de façon presque certaine, que tout débat public sur la question sera douloureux par moment, puisque certaines personnes, par peur ou ignorance, y affirmeront que les cultures autres sont barbares ou anti-démocratiques. Mais, en bout de course, le jeu en vaudrait la chandelle.

Prenons l'exemple du débat sur le hidjab dans les écoles du Québec. De prime abord, lorsque cette question s'est présentée, de nombreux Québécois ont automatiquement présumé que tous les musulmans étaient des intégristes opposés à l'égalité des sexes ou que tous les musulmans qui réclamaient le droit de porter le hidjab étaient aussi en faveur de l'excision ou du divorce talaq et appuyaient peut-être même le terrorisme iranien et la condamnation à mort prononcée contre Salman Rushdie. Ces stéréotypes sommeillaient dans les arrière-pensées de beaucoup de personnes et le débat sur le hidjab a eu pour conséquence de les réveiller et de les faire entendre. Aux premiers temps du débat, la situation a dû être douloureuse et choquante pour les musulmans, qui purent croire un moment qu'ils allaient toujours rester étrangers à cette société, considérés comme l'« altérité » suprême par la société québécoise moderne, pluraliste, sécularisée.

Mais le débat a progressé et a fini par remettre en question ces stéréotypes. Les Québécois ont appris à ne pas identifier l'islam à l'intégrisme. Ils ont compris que tous les musulmans ne prônent pas la réclusion des femmes à la maison, le divorce talaq ou l'excision. Ils ont appris que ce ne sont pas tous les musulmans qui appuient les appels au meurtre lancés contre des auteurs critiques de l'islam. En fait, ils ont découvert que très peu de musulmans au Québec adhèrent à l'une ou l'autre de ces pratiques. En définitive, ils ont pris conscience que l'ennemi n'était pas l'islam lui-même, mais plutôt certaines formes d'extrémisme pouvant apparaître dans un grand nombre de cultures, incluant « la nôtre ». Le débat déboucha donc sur une compréhension et une acceptation plus durables de l'islam.

Le débat s'avéra assurément un processus douloureux, mais il fut essentiel. Les gens avaient besoin d'une telle occasion pour défaire l'écheveau d'idées qui embrouillait leur esprit. Ils avaient des objections légitimes à opposer à certaines pratiques, lesquelles méritent justement d'être combattues. Avant que les Québécois ne soient en mesure d'accepter le hidjab dans les écoles et ne souhaitent l'y accueillir donc, on devait les convaincre qu'une telle décision ne signifierait pas forcément qu'ils approuvaient les autres pratiques traditionnelles. Ils étaient prêts à appuyer une certaine prise en compte de la diversité, mais seulement après qu'on les eut convaincus qu'il existait des limites au processus présidant à une telle prise en compte. Débattre des limites de la diversité a donc rendu possible une acceptation plus grande de la diversité à l'intérieur de ces mêmes limites. Et la société québécoise se trouve aujourd'hui en meilleure situation justement parce qu'elle s'est imposé ce débat.

En fait, ce sont souvent les groupes ethniques eux-mêmes qui souhaitent que soient clarifiées les conditions d'intégration et les limites à la prise en compte de la diversité. Comme Tariq Modood le souligne,

> Ceux qui ressentent le plus intensément le besoin psychologique et politique de clarifier le cadre commun et les symboles nationaux, ce sont les minorités. La clarté quant à ce qui nous unit au sein d'un même pays allège la pression exercée sur les minorités, surtout les minorités récentes dont la présence au pays n'est pas parfaitement acceptée, pour qu'elles se conforment à tous les aspects de la vie sociale, ou à certains aspects choisis arbitrairement, afin d'être à l'abri des accusations de déloyauté[17].

Ce que maints nouveaux arrivants souhaitent plus que tout de la part du Canada, c'est une présentation claire des critères d'acceptation sociale et politique. Et un débat sur les limites du multiculturalisme faci-literait une telle présentation.

Il se pourrait aussi que les résultats d'un débat élargi sur les limites du multiculturalisme au Canada ne soient pas concluants. Dans une telle éventualité, on se bornerait à l'expression de stéréotypes. La phase initiale du débat, habituellement houleuse, entraînerait peut-être un ressac antimulticulturaliste. Il n'y a jamais rien de certain en politique. Mais je crois bien que, en bout de course, un tel débat serait utile. De toute façon, nous n'avons pas le choix. Aucune preuve statistique de nos succès en matière d'intégration, si massive soit-elle, n'apaisera les craintes ou n'entamera l'opposition des Canadiens, sauf si on les rassure au sujet des limites bien réelles du multiculturalisme.

5. Conclusion

La logique du multiculturalisme, en définitive, ne contribue pas à saper tout respect pour les valeurs de la démocratie libérale et n'a pas non plus pour but de freiner l'intégration aux institutions communes. Au contraire, le multiculturalisme considère ces valeurs comme des acquis et postule que les immigrants les accepteront. Il cherche à favo-riser l'intégration aux institutions communes anglophones ou franco-phones. Seulement, le multiculturalisme vient raffiner la manière dont cette intégration politique et sociale doit s'effectuer, c'est-à-dire dans le respect et la prise en compte de la diversité. Les gouvernements doivent donc tenter de reconnaître et d'harmoniser la diversité ethnique gran-dissante, compte tenu des contraintes propres aux valeurs de la démo-cratie libérale et à l'intégration linguistique et institutionnelle.

Ceux qui condamnent le multiculturalisme affirment parfois que les droits collectifs sont foncièrement incompatibles avec les droits indi-viduels et le principe d'égalité. Mais, en fait, les droits collectifs peuvent favoriser les valeurs libérales-démocratiques. Pour cela, il faut satisfaire à deux conditions : d'abord, ces droits doivent confirmer ou favoriser le principe de l'égalité des groupes et ne pas permettre à un groupe d'en opprimer d'autres ; ensuite, ces mêmes droits collectifs doivent respecter la liberté des individus au sein de chacun des groupes et ne pas permettre à un groupe d'opprimer ses propres membres en limitant leurs droits civiques et politiques fondamentaux.

Le multiculturalisme remplit ces deux conditions. D'une part, les protections externes liées à cette politique aident à assurer l'égalité entre les immigrants et le reste de la société en leur procurant des conditions d'intégration équitables. D'autre part, le multiculturalisme protège la liberté individuelle puisqu'il permet aux individus, s'ils le désirent, d'exprimer leur identité ethnique au sein des institutions de la majorité en même temps qu'il rejette clairement toute restriction interne que les groupes ethniques pourraient imposer à leurs propres membres.

Non seulement ce que nous venons d'énoncer coïncide avec la conception libérale-démocratique de la diversité ethnoculturelle, mais c'est probablement la seule approche qui respecte vraiment les valeurs libérales-démocratiques. On comprend donc pourquoi le multiculturalisme a été adopté non seulement au Canada, mais aussi dans d'autres démocraties occidentales.

CHAPITRE 5

Les rapports interraciaux à un carrefour

J'ai soutenu plus tôt que le multiculturalisme au Canada n'a pas freiné la propension habituelle des groupes d'immigrants à s'intégrer à la société d'accueil. Beaucoup craignent, toutefois, que ce constat d'intégration réussie ne vaille que pour les groupes composés de blancs et qu'on ne puisse en dire autant des non-blancs. D'autres observateurs s'inquiètent pour leur part du fait que certains groupes de non-blancs semblent bien s'intégrer — particulièrement les Latino-Américains, les Asiatiques, les Arabes et les groupes des Indes orientales — mais que les noirs, en revanche, n'y parviennent pas.

Dans ce chapitre, nous nous pencherons plus spécifiquement sur le statut, au Canada, des minorités dites « raciales[1] ». Je commencerai en examinant brièvement les rapports interraciaux aux États-Unis (section 1) et au Canada (section 2). Dans chacun des cas, on s'inquiète du faible taux d'intégration des minorités raciales et de la création progressive d'une sous-classe aux fondements raciaux. Ceux qui en font partie sont plus ou moins dans un état de marginalisation permanente par rapport à la société, voire en opposition avec celle-ci. Mais les racines de la ségrégation sociale et du statut inférieur des noirs aux États-Unis, les Afro-Américains, ne peuvent expliquer la condition des minorités

raciales au Canada. Je crois d'ailleurs que cette condition est si différente que leur intégration au Canada demeure un objectif politique
réaliste.

On ne peut nier toutefois que les noirs — particulièrement les
immigrants originaires des Caraïbes — se heurtent, dans leur processus
d'intégration, à différentes sortes de barrières (section 3). Alors que leur
condition est très différente de celle des victimes historiques de
l'oppression que sont les Afro-Américains, les noirs au Canada se
perçoivent comme des victimes de préjugés racistes dans les systèmes
scolaire et judiciaire ainsi que dans la sphère économique. En conséquence, ils ont cherché à échapper à ce racisme en se séparant partiellement de la société majoritaire. Par conséquent, la possibilité
qu'émerge une véritable sous-culture séparatiste noire est bien réelle et
certains symptômes troublants s'observent d'ailleurs déjà. Je conclurai
ce chapitre en me penchant sur certaines des plus importantes dimensions d'un plan pour favoriser l'intégration sociale des noirs au Canada
(section 4).

1. La race aux États-Unis : le cas des Afro-Américains

Le traitement infligé pendant des siècles aux groupes raciaux en
Amérique du Nord constitue un rappel brutal du principe selon lequel
l'intégration est un processus réciproque. D'une part, l'intégration exige
que la minorité accepte de s'adapter à certains traits propres à la
majorité — ce qui signifie l'apprentissage de la langue officielle, la participation à certaines institutions communes. D'autre part, la majorité
doit considérer la minorité comme un groupe de citoyens égaux. Ce qui
signifie que la majorité accepte d'abord d'ouvrir toute la gamme des
droits et des possibilités aux personnes issues de la minorité, puis de
vivre et de travailler en coopération côte-à-côte avec les membres de la
minorité; enfin, d'adapter si nécessaire les institutions dominantes
afin de tenir compte des besoins des identités spécifiques de la minorité.

Les faits historiques révèlent que la majorité, dans de nombreux cas,
n'a pas fait preuve d'une ouverture suffisante pour permettre aux

groupes ethniques de s'intégrer. Dans le cas des Afro-Américains, cette ouverture s'avéra presque totalement absente. C'est en tant qu'esclaves, et non à titre d'immigrants, que ceux-ci ont été amenés aux États-Unis. Et depuis lors, ils ont fait l'objet de discrimination. Maints commentateurs prétendent que la discrimination systématique dont les Afro-Américains ont été victimes a rendu leur intégration quasi impossible, ou à tout le moins beaucoup plus difficile que celle des groupes issus de l'immigration.

Cela est exact, me semble-t-il, mais il importe de mettre en relief clairement les différences entre les barrières que les Afro-Américains ont à surmonter et celles qui se dressent devant les groupes d'immigrants. Il est incontestable que les Afro-Américains, dès l'instant où ils ont débarqué aux États-Unis, ont fait l'objet de préjugés énormes et ont souffert d'une discrimination grave. Mais ce n'est pas, en soi, le facteur crucial. Après tout, la plupart des groupes d'immigrants américains ont aussi été confrontés à la discrimination et aux préjugés, des Irlandais dans les années 1840 aux Japonais dans les années 1940. Kenneth Karst fait remarquer que « toute minorité culturelle aux États-Unis, ou presque, a été confrontée à l'exclusion, à la conformité forcée et à la soumission[2]. »

Par conséquent, il serait fallacieux d'affirmer que l'intégration exige que les nouveaux arrivants soient les « bienvenus », car il y a relativement peu de cas recensés où les immigrants (non britanniques, s'entend) ont été reçus chaleureusement. La plupart, en fait, ont été reçus avec crainte et inquiétude. Même lorsque le gouvernement américain s'engagea ouvertement à encourager l'immigration et à inciter les immigrants à obtenir leur citoyenneté dès leur arrivée, sa politique officielle s'est rarement traduite pleinement dans les attitudes publiques quotidiennes. De larges segments de la population américaine ont toujours considéré les immigrants comme une menace à leur culture, à leurs emplois ou encore à la stabilité politique. À travers leur histoire, une foule d'Américains ont cru que la santé et la stabilité de leur société dépendaient du maintien de leur hégémonie et de leurs traditions culturelles britanniques et protestantes, lesquelles seraient mises en péril par l'immigration à grande échelle venant de pays non britanniques, non protestants et non blancs. Cette propension des Américains à privilégier les immigrants provenant de leur pays d'origine s'est manifestée non seulement dans différentes tentatives pour mettre en œuvre des politiques d'immigration exclusives et discriminatoires, mais aussi dans une discrimination qu'on peut qualifier de généralisée (puisqu'elle se répercute dans le logement, les politiques d'embauche, les services financiers, le système scolaire, les clubs privés, etc.) et dans les stéréotypes porteurs de préjugés qui étaient acceptés et qui prospéraient dans les médias.

Par exemple, des lois contre l'enseignement des langues des immigrants ont été adoptées — l'interdiction visait principalement les immigrants allemands. D'autres interdisaient l'embauche d'Asiatiques dans certains corps professionnels, ou instauraient des quotas limitant le nombre de juifs dans les universités ou alors imposaient des obligations contractuelles empêchant les non-blancs d'acheter des maisons dans certains quartiers. Des examens de lecture et d'écriture ont été utilisés pour empêcher les hispanophones et les autres non-anglophones de voter et, à un niveau plus général, des préjugés répandus ont rendu très difficile l'accession des membres de certains de ces groupes à des postes électifs. C'est sur la base de préjugés que ces exclusions ont été justifiés : on prétendait que les « étrangers » étaient stupides, paresseux, irresponsables, non fiables, malpropres, antidémocratiques, non patriotiques, etc. De tels stéréotypes reposaient souvent sur des arguments pseudo-scientifiques quant aux différences « raciales ». (Rappelons-nous que, encore au XXᵉ siècle, les Européens de l'Est et du Sud étaient considérés comme des « races » distinctes, souvent même comme des « noirs ». L'idée que tous les Européens appartiennent à une race « blanche » unique est relativement nouvelle. Toutefois, la plupart des groupes d'immigrants ont progressivement réussi à surmonter ces barrières. La longue période marquée par les préjugés endémiques contre les groupes d'immigrants et par les mesures discriminatoires qui en ont découlé — que ce soit contre les catholiques irlandais, les juifs, les Allemands, les Japonais ou les hispanophones — a eu pour effet de retarder l'intégration de ces groupes, mais, aussi longue fût-elle, celle-ci a fini par s'effectuer.

Pourquoi alors l'intégration des Afro-Américains s'avère-t-elle si difficile ? L'explication ne repose pas sur la discrimination et les préjugés en tant que tels, mais plutôt sur la nature même de la discrimination dont ceux-ci ont souffert. Dans la plupart des cas, les politiques discriminatoires visaient à confiner les groupes d'immigrants à un statut de dominé, mais c'était tout de même une domination *au sein même de la société*. Certes, on traitait les immigrants comme des citoyens de deuxième ordre, mais ils étaient toujours incorporés à la société. Jamais personne n'a eu l'intention d'autoriser ou d'encourager les juifs ou les Allemands à édifier leur propre société en marge de la société d'accueil.

Puisque les groupes d'immigrants se trouvaient inclus dans la société d'accueil, même à titre de citoyens de deuxième ordre, leurs luttes prirent la forme d'une revendication visant une inclusion plus égalitaire. D'ailleurs, comme nous l'avons vu au chapitre 2, l'édification d'une société séparée est une tâche énorme qui dépasse simplement les forces des groupes d'immigrants, et ce, même dans une société ouvertement « multiculturelle ». En fait, si les immigrants souhaitaient réussir dans leur nouvelle « terre d'opportunités », leur réussite devait nécessairement passer par une plus grande inclusion et non par l'édification d'une société séparée.

En fait, l'étude de la période de la plus forte immigration, soit la première moitié du XXe siècle, nous indique que la plupart des préjugés et des mesures discriminatoires dont les groupes d'immigrants ont été victimes visaient à réprimer toute expression publique de leur identité ethnique et à les assimiler de force au modèle dominant de l'« anglo-conformité ». Les immigrants ont été victimes de discrimination dans les institutions majoritaires, mais ils ont dû affronter une hostilité encore plus grande lorsque la majorité se mettait à les percevoir comme des individus cherchant à construire des enclaves ethniques. Le séparatisme ethnique était considéré comme un révélateur de sentiments « antiaméricains » et a d'ailleurs été réprimé sans merci. Comme Karst le dit, les immigrants durent faire face à « une conformité forcée et à un statut d'infériorité » : ils ont été américanisés de force et, malgré tout, on ne leur permit d'être que des Américains de deuxième ordre.

Bref, si les groupes issus de l'immigration aux États-Unis ont souvent eu à affronter des préjugés endémiques et une discrimination systémique, il reste que cette exclusion a été organisée en parallèle à une sorte d'intégration sociale. Les immigrants ont été orientés vers les positions inférieures au sein de la société d'accueil et on les a souvent empêchés d'occuper des positions élevées dans les institutions majoritaires. Enfin, on leur interdisait aussi de créer des sociétés séparées.

En revanche, on a découragé les Afro-Américains — on le leur a en fait interdit par voie législative — de s'intégrer aux institutions sociales de la majorité. Avant la guerre de Sécession, ils n'étaient même pas considérés comme des personnes et encore moins comme des citoyens égaux. En tant qu'esclaves, ils n'avaient aucun droit politique ou civique, et, même après la guerre de Sécession, ils ont dû se confronter à un système de ségrégation institutionnelle complète — non seulement dans les parcs et les quartiers résidentiels, mais aussi dans les autobus et les trains, dans les bars et les restaurants, sur les lieux de travail et dans les syndicats, aux toilettes et aux buvettes. Le principe de ségrégation s'étendait aux services gouvernementaux et à l'embauche dans les écoles, les hôpitaux, les forces armées. De nombreux États s'étaient dotés de lois pour interdire le mélange des races.

Étant donné cette ségrégation institutionnelle totale, les Afro-Américains n'ont eu d'autre choix que de mettre sur pied leur propre société séparée. Ils ont ouvert leurs propres écoles et leurs universités, des hôpitaux, mais aussi des entreprises, des églises et des associations récréatives. Ce phénomène s'observa principalement dans le sud, mais aussi dans certaines villes du Nord comme Chicago, où les quartiers urbains noirs fonctionnent en effet comme une société institutionnellement complète[3].

Sur ce plan, les Afro-Américains se rapprochent davantage des groupes du type « minorité nationale » que des groupes « d'immigrants ». Comme les Amérindiens et les Québécois ou les Portoricains, les Afro-Américains forment une société institutionnellement complète, en marge de la société dominante. On errerait toutefois à affirmer que sont identiques la ségrégation institutionnelle des Afro-Américains et la mise à l'écart des minorités nationales. Les minorités nationales sont des sociétés culturellement distinctes, établies depuis des siècles sur leur territoire historique, qui cherchent à préserver leur caractère de société séparée et à conserver sa langue et sa culture.

Les Afro-Américains, toutefois, n'ont pas choisi de se séparer des institutions de la majorité : ils en ont été exclus par la force. De plus, les esclaves venus d'Afrique n'ont jamais eu une langue, une culture ou une identité nationale communes. Ils provenaient d'une foule de cultures africaines s'exprimant en plusieurs langues, et aucune tentative n'a jamais été faite pour que ceux qui partageaient une même origine ethnique soient maintenus ensemble. En fait, les individus de même culture (voire d'une même famille) étaient souvent séparés lors de leur arrivée aux États-Unis. Et même lorsqu'ils partageaient la même langue africaine, on interdisait formellement aux esclaves de la parler, leurs propriétaires craignant que l'usage de cette langue ne serve à fomenter une rébellion[4]. Si tant est qu'ils aient développé une identité nationale commune, c'est en qualité d'« Américains » anglophones. Et lorsque l'esclavage fut aboli, la plupart des noirs ont naturellement souhaité s'intégrer à la société dominante. Néanmoins, parce que la loi leur interdisait de s'intégrer, ils n'eurent d'autre choix que d'édifier leurs propres institutions séparées.

Il importe d'insister sur ce point. Ce n'était ni pour inciter les Afro-Américains à maintenir une culture déjà existante, ni pour leur permettre une telle survivance culturelle qu'ils ont été exclus des institutions majoritaires. Au contraire, cette exclusion était directement liée aux efforts systématiques des blancs pour empêcher les Afro-Américains de conserver le moindre trait de leurs langues, de leurs cultures ou de leurs identités nationales d'antan. Sur le plan du déracinement, donc, les Afro-Américains s'apparentent davantage aux immigrants et aux réfugiés qu'aux minorités nationales. Ils ont atteint avec le temps un fort degré de séparation institutionnelle, comme les minorités nationales. Pourtant, comme les immigrants et les réfugiés, ils ont été physiquement et culturellement déracinés de leur territoire d'origine. En fait, leur déracinement physique et culturel fut beaucoup plus violent et complet que celui de tout autre groupe en Amérique du Nord. Ainsi, la ségrégation institutionnelle qui s'en est suivie n'a jamais été envisagée comme une façon de conserver une culture existante sur un territoire ancestral, mais simplement comme un élément d'un système d'oppression raciale plus large.

Néanmoins, un passé marqué par une ségrégation institutionnelle quasi totale permet d'expliquer pourquoi le nationalisme noir a, à certains moments, été une force déterminante au sein de la communauté afro-américaine. Après la guerre de Sécession, les noirs ont créé une société séparée viable, fonctionnelle et très développée, avec sa propre économie, ses journaux, ses écoles, ses hôpitaux, ses églises, ses ligues de sport, ses salles de spectacle, etc. Ces institutions séparées permettaient d'ouvrir des voies dans lesquelles des actions importantes pouvaient être accomplies, des voies de mobilité et de reconnaissance sociales. La ségrégation étant complète, il y avait donc des noirs dans presque toutes les professions, dans presque toutes les classes sociales : professeurs, avocats, médecins, journalistes, bibliothécaires, écrivains, scientifiques, musiciens, ingénieurs, etc. Et il y avait des journaux noirs qui rendaient compte de leurs réalisations.

L'incidence de la déségrégation a par conséquent été interprétée avec grande ambivalence dans la communauté afro-américaine. Même si cela a signifié la perte graduelle de toutes ces institutions conçues pour les noirs, l'histoire du racisme et des préjugés économiques est telle que les noirs ne jouissent pas de l'égalité des chances dans la société et ont donc été relégués en nombre totalement disproportionné dans les classes défavorisées. En fait, de nombreux noirs estiment de nos jours que les possibilités de progresser dans un domaine professionnel étaient plus grandes dans l'ancien système, celui de la ségrégation, que dans les institutions « intégrées » actuelles. En même temps, les réalisations des noirs sont pratiquement devenues invisibles dans les grands médias d'information, où (à l'exception des domaines du sport et du divertissement) les noirs sont présentés principalement comme des criminels et des drogués[5].

Le sentiment, très présent au sein de la communauté noire, d'avoir à affronter des obstacles insurmontables dans la société majoritaire a parfois été accentué par la réussite apparente de groupes d'immigrants sur le plan de l'intégration. Il importe de souligner que les succès de ces groupes ne sont nullement perçus par la plupart des Afro-Américains comme une illustration de la possibilité, pour des non-blancs, de s'intégrer aux États-Unis. Au contraire, ils y voient une confirmation du fait que, par rapport aux autres, ils partent de beaucoup plus loin. Les

Anglo-Saxons blancs qui ont obstinément échappé à toute véritable intégration scolaire ou résidentielle avec les noirs ont néanmoins accepté, et par la suite accueilli, dans les écoles, sur leurs lieux de travail et dans leurs maisons, les juifs, les Irlandais, les Italiens, les Asiatiques et, dans une moindre mesure, les Arabes et les Latino-Américains. Beaucoup de noirs croient que les succès de ces groupes en matière d'intégration n'ont été rendus possibles qu'à leurs dépens et ils en sont profondément offensés. Ce sentiment se répercute dans les conflits entre noirs et hispanophones à Miami, entre noirs et Asiatiques à Los Angeles, entre noirs et juifs à New York et entre noirs et Irlandais à Boston.

En conséquence, de nombreux noirs en sont venus à dépeindre avec nostalgie l'époque des institutions séparées et ils croient que le succès des noirs sur ce continent passe obligatoirement par la création d'un pays noir autonome à l'intérieur des États-Unis. Différents efforts ont été déployés au fil des ans pour redéfinir la communauté des Afro-Américains en la présentant comme une minorité nationale. Certains Afro-Américains qui ne croyaient pas à la possibilité pour les Noirs de s'intégrer à la société majoritaire ont alors adopté le langage du nationalisme et exigé une certaine forme de gouvernement autonome sur un territoire donné. Le projet de créer un « État noir » dans le sud des États-Unis a reçu certains appuis dans les années 1930 (le Parti communiste américain en avait fait une de ses revendications) et a brièvement refait surface dans les années 1960. Mais cette idée n'a jamais été réaliste, non seulement parce que les noirs et les blancs sont présents partout dans le sud, mais aussi parce que les Afro-Américains ne sont plus concentrés dans le sud et qu'ils sont maintenant établis dans tous les coins du pays. En conséquence, il n'y a aucun État où les Afro-Américains constituent une majorité. De toute façon, la plupart des noirs n'ont pas le sentiment d'avoir une identité nationale distincte ou alors ils n'en veulent pas. Ils aspirent à être des membres de plein droit de la nation américaine même si les blancs leur refusent ce droit inhérent; ils ont donc dû lutter pour obtenir une participation complète et égale à la société dominante.

De nombreux Américains ont par conséquent espéré que le modèle d'intégration des immigrants puisse fonctionner dans le cas des Afro-Américains. Ainsi, John Ogbu veut « aider [les Afro-Américains] à

comprendre et à adopter le modèle des minorités immigrantes[6]. »
Nathan Glazer exprime l'espoir que, si les lois antidiscrimination étaient
réellement respectées, les noirs pourraient former « un groupe analogue
à ceux qu'ont formés les minorités ethniques européennes » :

> Avec des politiques publiques adéquates pour éliminer la discrimination et
> le statut inférieur et pour encourager l'acculturation et l'assimilation, [les
> noirs] deviendront un groupe très peu différent des groupes ethniques euro-
> péens et asiatiques, ces nations fantômes, liés par la nostalgie et les senti-
> ments et ne se rassemblant que de façon occasionnelle pour défendre des
> intérêts propres[7].

De même, Michael Walzer écrit que le séparatisme ne présenterait
aucun attrait pour les noirs s'ils avaient « les mêmes possibilités [que les
groupes d'immigrants blancs] de s'organiser en groupe et de s'exprimer sur le plan culturel ». Il espère aussi que ce modèle d'intégration,
« adapté aux besoins des communautés immigrantes », puisse être
« élargi aux minorités raciales qui affirment maintenant leurs propres
revendications collectives[8]. »

C'était là le postulat fondamental du mouvement pour les droits
civiques dans les années 1960 : une meilleure protection contre la discrimination permettrait aux noirs de suivre le parcours des immigrants
qui conduit à l'intégration et à la réussite économique. Mais cet espoir
s'est avéré irréaliste, étant donné les profondes différences historiques
qui distinguent les groupes d'immigrants et les Afro-Américains. Il est
d'ailleurs de plus en plus reconnu que de nouvelles formules d'intégration doivent être élaborées. Les Afro-Américains doivent être considérés comme un groupe totalement distinct des autres, avec des besoins
et des aspirations qui ne coïncident ni avec ceux des immigrants, ni avec
ceux des minorités nationales. En fait, une partie du drame de l'expérience afro-américaine vient du fait qu'il n'existe ni théorie ni modèle
parfaitement clairs permettant de comprendre ou de satisfaire les
besoins des Afro-Américains. Dans ce cas très spécial, ni l'édification de
la nation, ni le modèle immigrant ne sont d'aucune espèce de secours.

Il est toutefois intéressant de souligner que le modèle immigrant a
fonctionné pour une multitude de noirs qui sont véritablement des

immigrants aux États-Unis. En effet, les immigrants de date récente provenant des Antilles se sont assez bien tirés d'affaire et les Américano-Antillais de deuxième génération obtiennent de meilleurs résultats que la moyenne des noirs selon de nombreux critères[9]. Mais ces immigrants noirs se perçoivent (et sont ainsi perçus par les autres Américains, tant les noirs que les blancs) comme étant distincts de l'ancienne communauté afro-américaine, et leur relatif succès sur le plan de l'intégration n'a pas allégé le lourd fardeau des Afro-Américains.

3. Les minorités visibles au Canada

Évidemment, le passé des minorités visibles au Canada ne correspond pas vraiment à celui des Afro-Américains, malgré certaines similitudes importantes. L'esclavage, par exemple, a été une pratique courante au Canada de 1689 à 1834, sous le Régime français et après la Conquête britannique. Les Amérindiens en ont été les principales victimes, mais des historiens estiment qu'à cette période il y avait un millier d'esclaves d'origine africaine au Canada. À une certaine époque, l'esclavage était légal au Canada et illégal dans le nord des États-Unis. Des esclaves canadiens ont même fui au sud pour retrouver leur liberté. De plus, au Canada comme de l'autre côté de la frontière, une fois l'esclavage aboli, il fut remplacé non pas par l'égalité ethnique, mais par la mise sur pied d'institutions séparées (en Ontario, la dernière école interdite aux noirs est restée ouverte jusqu'en 1965)[10]. Il s'agit là d'utiles rappels de la présence tenace du racisme dans l'histoire du Canada. On ne peut toutefois pas dire que ce soit la source des problèmes contemporains de rapports interraciaux au Canada, puisque les noirs établis au pays depuis cette époque lointaine ne composent, dans le Canada d'aujourd'hui, qu'une petite partie seulement des minorités visibles. En fait, ils ne représentent qu'une fraction de la petite minorité que forment ceux qui se définissent eux-mêmes comme des « noirs ».

Au XIXe siècle, la communauté noire du Canada — c'est-à-dire les descendants des esclaves affranchis et des « Black United Empire Loyalists » — n'a jamais été très nombreuse par rapport à la population des Afro-Américains aux États-Unis. Elle a même fondu radicalement entre 1870 et 1930 en raison d'un mouvement de retour des noirs aux États-Unis. Il y eut plusieurs vagues d'émigration, d'abord entre 1870 et 1902, puis dans les années 1920 et 1930, lorsque les noirs en quête de meilleures perspectives de vie déménagèrent au sud. En fait, la population globale des noirs au Canada a décru des deux tiers pendant cette période[11].

En conséquence, le plus important groupe de noirs au Canada est aujourd'hui constitué d'immigrants de date récente originaires des Antilles. À Montréal, 80 % des noirs viennent des Antilles — principalement d'Haïti, mais aussi de diverses îles des Antilles anglophones, particulièrement de la Jamaïque et de Trinidad. Les descendants des noirs établis ici depuis plus longtemps ne forment qu'une petite minorité, soit moins de 20 %[12]. Le même phénomène s'observe à Toronto, bien que ce soient les Jamaïcains et non les Haïtiens qui y dominent numériquement. En fait, Halifax est la seule ville canadienne d'importance où la population issue des premières générations de noirs canadiens dépasse celle des immigrants antillais récemment établis. L'histoire de l'esclavage et de la ségrégation au Canada, bien que plus semblable à celle des États-Unis que bon nombre de Canadiens ne le croient, n'est tout de même pas à la source des problèmes interraciaux contemporains. Le nombre de noirs qui ont connu l'esclavage ou la ségrégation au Canada est donc relativement réduit et leurs descendants sont aujourd'hui largement dépassés en nombre par les immigrants originaires des Antilles ou de l'Afrique.

Ces aspects de l'histoire des noirs au Canada ont eu deux effets primordiaux. D'abord, le nationalisme noir n'a jamais vraiment pris racine au Canada. En raison de la petite taille relative de cette communauté durant la période de ségrégation et de discrimination officielles (antérieure aux années 1960), ce sentiment n'a jamais vraiment pu s'institutionnaliser à un degré aussi élevé qu'aux États-Unis. Comme Dorothy Williams le dit :

> La discrimination généralisée aux États-Unis avait institué deux sociétés parallèles. Les Noirs américains vivaient dans une société ségréguée de la strate supérieure à la strate inférieure, où l'on pouvait trouver des

universités noires, des commerces, des avocats, des journaux, des hôpitaux, des commerçants noirs et des travailleurs noirs. Au Canada, où l'égalité d'accès paraissait établie, la plupart des Noirs, sans égards à leurs compétences, se voyaient relégués tout en bas de l'échelle sociale.[13]

Il y avait bien pour les noirs quelques voies offrant une mobilité sociale et un certain épanouissement personnel (le journalisme, par exemple). Et il est possible de trouver certains noirs qui expriment une sorte de nostalgie douce à l'endroit des institutions séparées[14]. Mais la communauté noire était si peu nombreuse et si dispersée que l'idée d'édifier une société noire complète et séparée n'a jamais été sérieusement explorée. Pour les noirs au Canada, la seule manière réaliste de s'intégrer à la vie moderne passait par l'insertion dans la société majoritaire.

Par ailleurs, aux États-Unis, l'impression s'est répandue que le succès des Juifs, des Grecs et des Asiatiques sur le plan de l'intégration s'est effectué aux dépens des noirs, alors qu'au Canada, parce que la plupart des noirs sont d'immigration récente, ils peuvent donc profiter de l'intégration réussie des immigrants non britanniques qui les ont précédés. On pourrait même dire que les obstacles qui se dressent aujourd'hui devant un grand nombre de minorités visibles au Canada sont analogues à ceux auxquels se sont butés les groupes d'immigrants dans le passé. Les minorités visibles aujourd'hui doivent affronter d'énormes préjugés et sont victimes de discrimination, tout comme les immigrants qui arrivèrent avant eux. Les stéréotypes courants concernant la violence et la criminalité au sein de la communauté jamaïcaine ne diffèrent pas tellement des stéréotypes qui existaient autrefois à propos des Irlandais. De même, les perceptions fautives d'une communauté chinoise présumée « clanique » et « repliée sur elle-même » s'apparentent à celles que l'on cultivait au sujet des Italiens et des Ukrainiens. On peut en dire autant des craintes actuelles quant aux risques d'extrémisme religieux au sein des communautés musulmanes et sikhs, qui font penser à celles que l'on entretenait à propos du catholicisme et du judaïsme.

On est en droit de croire que les minorités visibles contemporaines peuvent surmonter ces obstacles à l'intégration, comme les groupes d'immigrants des époques antérieures y sont parvenus. Toute autre conclusion serait prématurée. Après tout, la plupart des minorités visibles sont arrivées au Canada au cours des trois dernières décennies. Les immigrants d'origine non britannique ont dû mettre au moins trois générations à s'intégrer complètement. Et nous ne savons simplement pas encore comment les petits-enfants des Jamaïcains ou des Vietnamiens s'en sortiront. De nos jours, nous pouvons déjà observer des signes qui portent à croire que certaines minorités visibles s'en tirent assez bien au Canada. Les données du recensement de 1986 révèlent ainsi que les Canadiens d'origine arabe ont des revenus annuels par personne qui sont plus élevés que ceux des Canadiens britanniques, et que les Canadiens originaires du Sud-Est asiatique ont pour leur part des revenus moyens par personne qui sont plus élevés que ceux des Canadiens français et des Canadiens issus de l'Europe de l'Est[15].

De même, aux États-Unis, de nombreux groupes d'immigrants non blancs s'intègrent actuellement assez bien. C'est particulièrement vrai de certains groupes d'Américains asiatiques qui, comme un auteur le faisait récemment remarquer, sont passés d'un statut de « paria à celui d'exemple à suivre[16] ». Dans une certaine mesure, on peut malgré tout en dire autant des groupes de noirs de souche plus récente, y compris les immigrants en provenance des Antilles. Comme je l'ai dit précédemment, ils ont l'avantage de pouvoir emprunter le parcours d'intégration devenu normal pour les immigrants, bien qu'ils doivent, pour ce faire, prendre délibérément leurs distances, physiquement et culturellement, avec les Afro-Américains. Il semble donc évident que les Afro-Américains représentent un cas très particulier et que les difficultés qui leur sont propres ne nous permettent aucunement d'entrevoir l'avenir des autres minorités non blanches du Canada et des États-Unis.

4. Vers une société multiraciale

Il est donc trop tôt pour conclure que les minorités raciales n'arriveront pas à s'intégrer. Nous ne devrions toutefois pas nous montrer complaisant à l'égard du racisme existant dans notre société. Il y a même matière à nourrir de sérieuses inquiétudes quant à l'avenir de la communauté noire au Canada. Comme Stephen Lewis l'affirmait dans son controversé *Rapport sur les relations interraciales en Ontario* de 1992, les noirs au Canada sont aux prises avec des contraintes que ne connaissent pas les autres non blancs :

> Ce à quoi nous avons ici affaire, fondamentalement, c'est à un racisme anti-noir. Bien qu'il soit évident que toute minorité visible a à subir des humiliations et des blessures découlant de la discrimination institutionnalisée, et ce, partout dans le sud-ouest de l'Ontario, c'est la communauté noire qui est la principale cible. Ce sont les noirs sur lesquels on tire à bout portant, c'est la jeunesse noire qui se trouve en proportion excessive au chômage, ce sont les élèves noirs qui sont orientés de façon incorrecte à l'école, ce sont les enfants noirs qui décrochent en nombre disproportionné, ce sont les quartiers à forte concentration de résidents noirs où le sentiment de vulnérabilité et d'injustice est le plus vif, ce sont les employés noirs qui voient toujours se fermer devant eux les portes de l'avancement dans les métiers et professions[17].

Circonscrire le racisme et en prendre la mesure ne sont pas des tâches faciles. Mais il semble bien exister d'abondantes données scientifiques et non scientifiques indiquant que les noirs, comparativement aux autres minorités visibles, font l'objet de préjugés particulièrement tenaces. Les statistiques sur le logement et sur la discrimination en matière d'emploi l'illustrent assez clairement[18], de même que l'image négative des noirs projetée dans les médias[19]. Aussi, on sait que les noirs sont punis plus sévèrement, à l'école comme en prison, lorsqu'ils enfreignent le règlement[20]. Enfin, dans les études d'opinion publique sur la perception des Canadiens à l'égard des différents groupes ethniques, les noirs occupent une position très inférieure à celle des Chinois et des Japonais, par exemple[21].

Les préjugés se manifestent aussi plus subtilement, par exemple chez tous ceux qui présupposent qu'un crime quelconque a sûrement été commis par une personne noire ou chez toutes ces personnes qui critiquent les noirs lorsqu'ils tentent de se réapproprier leur héritage africain ou qu'ils donnent des prénoms africains à leurs enfants. De façon surprenante, ces mêmes personnes esquissent un sourire complice lorsque les Canadiens d'origine irlandaise célèbrent leur héritage ethnique[22]. Le racisme antinoir se manifeste encore plus subtilement dans l'impression largement répandue selon laquelle tous les noirs canadiens sont d'immigration récente. Une telle impression occulte une présence de longue date ainsi que les nombreuses réalisations de la communauté noire au pays[23]. Il est important de souligner qu'aucun de ces préjugés ne relève nécessairement de ce que Jean Elliot et Augie Fleras appellent le « racisme *red-necked* » — c'est-à-dire la croyance exprimée de façon explicite qu'une race est génétiquement supérieure à une autre. Ils ne participent pas non plus d'un « racisme poli » présent chez certains individus qui croient à leur supériorité raciale tout en évitant soigneusement d'exprimer cette opinion en public. Non, les préjugés évoqués plus haut doivent plutôt être considérés comme ce qu'Elliot et Fleras qualifient de « racisme subliminal ». Un tel racisme s'observe chez des gens qui adhèrent authentiquement à des valeurs égalitaires, mais qui revendiquent néanmoins un traitement de type « deux poids deux mesures » lorsqu'ils évaluent ou tentent de prévoir les comportements de différents groupes raciaux. Ce racisme est particulièrement difficile à repérer, et donc à éliminer, puisqu'il prospère parmi des gens qui, d'une manière à la fois consciente et sincère, rejettent par ailleurs toute doctrine raciste[24].

Cela révèle un important aspect de la dynamique interraciale au Canada. Comme je l'ai mentionné plus tôt, des variations historiques considérables ont marqué la perception que les individus se font de *qui* est blanc et de *qui* est noir. Par exemple, l'idée que tous les Européens sont blancs est relativement récente. La même dynamique est actuellement à l'œuvre en Afrique du Sud, où les « métis », jadis considérés comme des noirs, sont de plus en plus perçus comme des quasi-blancs. Une évolution similaire dans la perception des couleurs de la peau a permis à plusieurs minorités visibles d'obtenir une certaine égalité de traitement avec les blancs en Amérique du Nord. C'est même là une façon de mesurer le degré d'intégration d'un groupe : il s'agit d'étudier son évolution dans l'éventail des couleurs de peau. Je crois que les Latino-Américains sont de plus en plus considérés comme des blancs par maints Canadiens. Un jour les Japonais et les Chinois seront peut-être eux aussi considérés comme des « blancs ».

Le problème qui en découle est le suivant : chacun de ces groupes est « devenu blanc » en approfondissant le fossé qui le sépare des « noirs ». Tous ont acquis une « respectabilité », à l'image des blancs — par rapport aux noirs, ces « indisciplinés[25] » — une respectabilité de citoyens honnêtes, de travailleurs respectueux des lois, à l'opposé des noirs considérés immoraux, paresseux et criminels. Cela nous pousse à remettre en question l'expression « minorités visibles » qui, rappelons-le, fut adoptée dans les années 1970 lorsqu'on supposait que le clivage fondamental au Canada opposait les blancs et les non-blancs. Si cela fut probablement vrai il y a trente ans, une telle approche s'avère aujourd'hui trompeuse. Notre société demeure divisée sur le plan racial, mais le clivage fondamental actuel se présente moins comme une opposition entre blancs et non-blancs et plus comme une opposition entre blancs et noirs. Dans ce tableau, en effet, où peuvent bien se retrouver les groupes qui ne sont ni blancs ni noirs — les Latino-Américains, les Asiatiques, les immigrants provenant des îles du Pacifique, les Arabes ? L'expression « minorités visibles » laisse croire que, pour des raisons de sociologie et de politique publique, ces groupes non blancs sont plus proches des noirs que des blancs. En réalité, bon nombre de ces groupes sont perçus de plus en plus comme des (quasi) blancs. Il se pourrait que l'expression « minorités visibles » nous masque ce phénomène crucial.

Mais les conséquences de ce phénomène ne doivent pas être exagérées. Par exemple, alors que les taux d'acceptation des Latino-Américains et des Extrême-Orientaux (les Chinois et les Japonais, par exemple) sont aussi élevés que ceux des groupes ethniques blancs, les Arabes et les musulmans d'Asie méridionale (les Indiens et les Pakistanais, par exemple) suscitent une plus grande résistance, avec des taux d'acceptation souvent proches de ceux des noirs antillais[26]. Ces données peuvent toutefois refléter des préjugés autant religieux que racistes. Il se peut que les Canadiens ne fassent pas confiance aux Arabes et aux personnes originaires d'Asie méridionale parce qu'ils croient que ce sont tous des musulmans ou des Sikhs — des groupes souvent perçus comme étant plus enclins à la violence et à l'intégrisme — alors qu'ils ne craignent nullement les adeptes des religions extrême-orientales. Il serait intéressant de savoir si les taux d'acceptation des chrétiens libanais s'apparentent davantage à ceux des blancs qu'à ceux des noirs. Jusqu'à maintenant, sauf erreur, une telle question n'a pas été posée dans les récentes études sur les attitudes ethniques des Canadiens. Selon moi, on découvrirait probablement que les Arabes sont de plus en plus perçus comme des blancs sur le plan racial, même s'ils font toujours l'objet de préjugés sur le plan religieux.

Il est difficile de déterminer précisément la façon dont nous devrions interpréter ce phénomène. Les Asiatiques et les Arabes au Canada (ou les métis en Afrique du Sud) sont-ils considérés, en fait, comme des « blancs »? Ou est-ce plutôt que les blancs continuent de voir les « bruns » comme des non-blancs, tout en opérant des distinctions plus fines entre les différents groupes non blancs et en mettant de ce fait l'accent sur la différence entre les bruns et les noirs? En d'autres termes, le clivage racial fondamental est-il entre blancs et non-blancs, de sorte que, pour être accepté socialement au Canada, il faudrait absolument être perçu comme un blanc? Ou alors le clivage fondamental se situe-t-il entre noirs et non-noirs, si bien que l'acceptation ne dépendrait donc pas de la « blancheur » — une personne pourrait être brune, jaune ou rouge et serait tout de même considérée comme une des « nôtres » — mais plutôt du fait de ne pas être noir?

Une réponse affirmative à la dernière question pourrait avoir de profondes et troublantes conséquences sur l'intégration des noirs au Canada, car même s'il existe des raisons d'être optimiste quant au statut de certaines minorités visibles dans ce pays, il se pourrait que l'élargissement actuel de la sphère d'acceptation des minorités n'offre par ailleurs aucun espace nouveau aux noirs. Si les minorités visibles ne sont acceptées qu'à condition d'être considérées comme « blanches », cela indique peut-être que l'âme des Canadiens a très peu évolué. Je ne cherche pas à dire que tous ces groupes ont délibérément élargi le fossé entre eux et les noirs — même si telle fut la stratégie de certains. Il est davantage question ici de la façon dont les blancs perçoivent les distinctions entre ces différents groupes. Bien que la catégorie « noir » ait tendance à se rétrécir, on prend conscience de la difficulté à faire disparaître les préjugés à l'endroit des noirs.

L'existence de ce racisme antinoir représente un terreau très fertile pour l'explosion de conflits interraciaux au Canada. Si les noirs sont ainsi poussés à se confiner à une opposition systématique contre le reste de la société, il pourrait apparaître une sous-culture séparatiste dans laquelle l'idée même de chercher à investir les institutions de la société majoritaire serait qualifiée de « mimétisme à l'égard des blancs ». Certains indices révèlent qu'un tel courant est en train de prendre forme dans certaines écoles secondaires de Toronto, dans les groupes d'élèves originaires des Antilles. C'est du reste déjà le cas chez de nombreux étudiants afro-américains aux États-Unis[27], ce qui a abouti à des taux de décrochage anormalement élevés[28].

Il existe un phénomène encore plus troublant à l'heure actuelle : l'émergence, chez certains noirs au Canada, d'une hantise à l'égard de la police et des tribunaux, qui s'apparente à une paranoïa du type « théorie de la conspiration ». Encore une fois, il s'agit d'un sentiment importé des États-Unis, qui semble être nourri non seulement par des événements survenus aux États-Unis (le tabassage de Rodney King et le procès très médiatisé d'O.J. Simpson, par exemple), mais aussi par des incidents ayant eu lieu ici au Canada. Quelle que soit la réalité de la discrimination au sein de la police et des tribunaux — qui existe bel et bien — il est évident que certains noirs exagèrent son ampleur, en empruntant la rhétorique afro-américaine concernant la « justice blanche » et les « complots gouvernementaux ». Andrew Hacker prétend que de telles craintes sont au cœur de l'existence et de la persistance d'une sous-culture de séparation et d'opposition systématique au sein de la communauté noire aux États-Unis. Cecil Foster, pour sa part, s'inquiète de voir un phénomène similaire prendre forme au Canada[29]. Si on n'apaise pas ces perceptions d'injustice et cette phobie d'un prétendu complot, le Canada risque de voir s'établir chez lui des rapports interraciaux de type américain.

Il est cependant difficile d'évaluer dans quelle mesure s'est répandue cette idéologie d'opposition systématique. Elle semble prévaloir davantage chez les noirs originaires des Antilles que chez les immigrants provenant de l'Afrique (lesquels constituent une proportion relativement faible de la population noire). Il n'est pas certain non plus que ces thèses soient transmises aux noirs nés ici. Certaines données nous poussent à croire que les noirs de souche canadienne ont moins tendance à adopter cette posture de refus radical[30]. D'autres auteurs mettent l'accent sur le fait qu'un nombre important d'étudiants noirs adhèrent tout de même à l'idée que faire son chemin dans les institutions sociales de la majorité est possible et constitue un but valable[31].

Il semble que nous arrivions à un tournant de l'histoire des rapports interraciaux au Canada. Grâce à d'importantes réformes, les noirs originaires des Antilles pourraient surmonter les barrières du racisme et suivre le modèle historique de l'intégration des immigrants. Mais si rien n'est fait, la dérive vers une sous-culture de refus systématique à l'américaine pourrait se poursuivre et faire boule de neige. L'histoire des rapports interraciaux aux États-Unis et en Grande-Bretagne indique que, une fois implantée, cette sous-culture est très difficile à éradiquer. Permettre à une telle sous-culture de prendre forme a un coût, que doivent acquitter à la fois les noirs eux-mêmes — qui se trouvent ainsi de plus en plus condamnés à vivre dans la pauvreté, la marginalisation et la violence — et aussi la société tout entière, laquelle subit alors une perte de potentiel humain et voit s'accroître les possibilités d'aggravation des conflits interraciaux.

Lorsqu'on prend conscience de ce coût, l'adoption de quelque réforme qui permettrait d'éviter ce type de situation devrait sembler impérative. Même si je n'ai pas l'expertise nécessaire pour évaluer toutes les politiques qui ont été proposées, je voudrais me pencher brièvement sur deux questions connexes : les écoles « conçues pour les noirs » et les mesures de discrimination positive. Mon but n'est pas de défendre inconditionnellement ni les unes ni les autres, mais de simplement faire ressortir le besoin de penser sérieusement — et avec un esprit ouvert — à des moyens possibles de faire face à cette situation criante.

Les écoles conçues pour les noirs

Certains groupes de noirs de Toronto ont appuyé l'ouverture d'écoles conçues pour les noirs, c'est-à-dire des établissements qui seraient ouverts aux élèves de toutes origines ethniques, mais où les cheminements seraient conçus principalement en fonction des besoins scolaires des noirs. De nombreux Canadiens craignent que ce ne soit là le premier pas vers un séparatisme et un nationalisme noirs inacceptables. Cette inquiétude n'est pas dénuée de fondement, compte tenu de la proximité des États-Unis où, comme nous le verrons plus loin, l'idée d'un nationalisme noir revêt une certaine pertinence historique et sociologique. L'ouverture d'écoles publiques « afrocentrées » pourrait être perçue comme un projet participant de l'ambition plus large d'édifier une société séparée, laquelle s'appuierait sur la création d'universités, d'entreprises, de médias noirs séparés ou sur le retour à de telles institutions. Aux États-Unis, l'idée d'une culture de société noire séparée est concevable, même si, en définitive, elle demeure irréaliste et que les partisans de cette idée se feront toujours demander si ces propositions ne font pas partie d'un projet plus global de séparatisme noir.

Dans le contexte canadien, toutefois, la crainte que les écoles conçues pour les noirs ne débouchent sur un séparatisme n'est clairement pas fondée. Au Canada, contrairement aux États-Unis, il n'y a jamais eu d'université noire et personne n'a jamais proposé non plus d'en créer une. La demande d'ouverture d'écoles publiques conçues pour les noirs s'apparente donc ici à la mise sur pied de classes bilingues pour les enfants d'immigrants abordée au chapitre 3. Elle doit être perçue comme une mesure transitoire visant à réduire le taux de décrochage et permettant à un plus grand nombre de noirs d'acquérir les compétences et les repères nécessaires pour réussir dans les institutions de la majorité — autant scolaires que politiques et économiques[32]. En fait, c'est habituellement là le but des écoles afrocentrées aux États-Unis. Loin d'encourager le séparatisme noir, les écoles conçues pour les noirs peuvent, au contraire, être considérées comme la meilleure façon d'empêcher l'apparition d'une idéologie séparatiste noire. Une série d'études effectuées à Toronto convergent toutes vers la même conclusion : les écoles habituelles ne sont pas accueillantes pour les élèves noirs antillais en raison d'abord du faible nombre de professeurs et de conseillers en orientation noirs et ensuite de l'absence d'auteurs noirs dans les programmes d'histoire et de littérature. Le problème vient aussi du fait que les autorités scolaires n'ont pas réussi à mettre fin à l'usage de quolibets racistes à l'école et n'ont pas éliminé non plus la mentalité dite de « deux poids deux mesures » qui, souvent, sous-tend les mesures disciplinaires prises et explique qu'un si grand nombre de noirs s'orientent tout droit vers l'impasse des classes parascolaires[33]. Il en résulte une hausse des taux de décrochage et un renforcement de l'impression que réussir dans une « société blanche » est impossible[34].

Certains de ces problèmes pourraient et devraient être résolus par des mesures s'attaquant directement au problème du racisme au sein même des écoles actuelles. Deux décennies d'études et de réformes ont apparemment eu peu d'effets sur l'amélioration des résultats scolaires des élèves noirs. Il vaut donc la peine de s'intéresser à l'hypothèse selon laquelle les écoles conçues pour les noirs en tant que mesure transitoire favorisent l'intégration à long terme dans la société. Ces écoles pourraient être particulièrement utiles lorsqu'il s'agira d'aborder la difficile question des dialectes antillais[35]. Des travaux de recherche ont démontré que de nombreux élèves originaires des Antilles ont des difficultés scolaires en raison de leur maîtrise insuffisante de l'anglais. Les élèves en sont conscients et savent qu'ils doivent apprendre l'anglais canadien pour pouvoir réussir dans la société canadienne. Toutefois, ils se sentent profondément offusqués par la façon dont on traite leur dialecte dans le système scolaire. On leur reproche souvent de ne pas parler ou écrire « correctement », comme si l'anglais jamaïcain était une forme d'anglais inférieure ou incorrecte. Ils sont très légitimement vexés par cette perception négative, laquelle leur semble découler d'une sorte de racisme subtil. Pour cette raison, certains refusent même de parler en classe, de crainte d'être tournés en ridicule à cause de leur langue.

Aujourd'hui, la plupart des directeurs d'école croient que les professeurs ne devraient jamais traiter l'anglais jamaïcain comme une forme inférieure ou incorrecte de l'anglais. C'est simplement une forme particulière de l'anglais — une des nombreuses formes que cette langue prend à travers le monde — qui n'est ni meilleure ni pire que l'anglais canadien. Les élèves antillais ont besoin d'apprendre l'anglais canadien non pas parce qu'il est supérieur, mais parce qu'il représente le type d'anglais utilisé dans la société canadienne. À cet égard, les Jamaïcains se retrouvent dans la même situation que les autres immigrants qui ne parlent pas l'anglais canadien : ils doivent l'apprendre comme une langue seconde. D'ailleurs, on les pousse souvent à suivre des cours d'ALS.

Le problème est que la plupart des élèves antillais n'aiment pas se retrouver dans les classes d'ALS avec les immigrants non anglophones.

Après tout, l'anglais est bien leur langue, et le système d'immigration l'a d'ailleurs reconnu lors de leur évaluation en leur allouant des points. Les forcer à suivre des cours d'ALS équivaut selon eux à dénigrer leur langue. Même lorsqu'on offre dans les écoles des cours spéciaux d'« anglais dialecte second » afin de résoudre cette question, les noirs antillais considèrent (de façon assez compréhensible) que leur dialecte est ainsi traité avec moins de respect et qu'on lui accorde un statut inférieur aux dialectes de Terre-Neuve ou de l'Inde.

Cette question peut sembler d'une pertinence assez limitée. Mais, en fait, des données très importantes révèlent que, bien que les immigrants souhaitent apprendre l'anglais (canadien), ils s'offusquent toujours lorsqu'on leur présente leur langue maternelle comme si elle était inférieure. Dénigrer la langue maternelle d'un immigrant (dans l'espoir de l'encourager à apprendre l'anglais canadien) est d'une inefficacité avérée. Les immigrants apprennent très bien l'anglais lorsqu'ils sont assurés que la société majoritaire respecte leur langue maternelle et que leur attachement à cette même langue est considéré tout à fait acceptable.

Les administrateurs scolaires ont tenté de faire accepter que cette langue devait être traité avec respect. Mais le fait que cette langue soit aussi proche de l'anglais canadien rend cet effort de rééquilibrage beaucoup plus ardu que dans le cas d'autres minorités. Le fait de corriger un Vietnamien parlant anglais ne sera jamais considéré comme un jugement de valeur porté sur sa langue maternelle. « Corriger » l'anglais d'un Jamaïcain peut toutefois passer pour un jugement de valeur. Jusqu'à maintenant, nous avons disposé de peu de modèles pour aider les écoles publiques à aborder la question des dialectes anglais non canadiens. Une école conçue pour les noirs pourrait justement faire preuve de la souplesse requise pour concevoir des solutions novatrices dans ce domaine.

Déterminer si les écoles conçues pour les noirs amélioreraient ou non l'intégration à long terme des noirs est une question empirique. Mais nous devons éviter les préjugés simplistes selon lesquelles ces écoles favorisent nécessairement la séparation et, à l'inverse, que les écoles régulières favorisent nécessairement l'intégration. Les écoles conçues pour les noirs ne sont pas plus séparatistes dans leur principe que les classes réservées aux filles en mathématiques ou en science. Ces classes encouragent-elles ou non les filles à adopter des filières scientifiques à l'université ? La question est complexe, mais c'est clairement ce type d'intégration à long terme que de tels projets tentent de favoriser, et non quelque séparatisme sexuel. Tout le monde s'attend à ce que les filles qui participent aux classes scientifiques qui leur sont réservées continuent de travailler aux côtés des hommes et, dans la plupart des cas, à vivre avec les hommes. De la même façon, il n'y a aucune raison de croire que les élèves qui auront fréquenté les écoles conçues pour les noirs ne vivront ni ne travailleront avec les blancs. Ces écoles sont précisément conçues pour permettre aux noirs de réussir dans la société majoritaire.

Le succès futur de ces écoles dépendrait de nombreux facteurs, y compris la nature de leur organisation et de leur programme pédagogique. La décision de fréquenter de telles écoles devra être prise librement et le matériel pédagogique devra respecter certaines exigences des ministères provinciaux de l'éducation. Il importerait notamment de s'assurer que de telles écoles ne se contenteraient pas d'importer leur matériel pédagogique des écoles américaines afrocentrées. En fait, un des buts essentiels de ce projet serait de fournir une information adéquate sur les noirs au Canada pour que les élèves n'aient pas, comme c'est actuellement le cas, à se fier presque exclusivement aux médias américains pour mettre au point leurs codes et leurs schémas explicatifs des rapports interraciaux.

Inutile de dire que ce type d'école ne constituera jamais la solution définitive au problème du racisme à l'école. D'abord, beaucoup de parents noirs refuseront que leurs enfants fréquentent ces écoles. Ensuite, les noirs, dans maintes régions du Canada, sont trop dispersés pour former des groupes d'une taille justifiant le maintien de ce type d'établissement. Autrement dit, il ne s'agit pas ici de choisir entre l'ouverture d'écoles conçues pour les noirs et la lutte contre le racisme au sein des écoles régulières car, que des écoles conçues pour les noirs existent ou non, la réforme des écoles régulières demeure une tâche essentielle.

Et si nous réussissons à éliminer le racisme dans les écoles régulières, nous pouvons prédire sans grand risque d'erreur que déclinera alors la demande d'ouverture d'écoles conçues pour les noirs. Comme aux États-Unis, la plupart des parents souhaitent que leurs enfants fréquentent les écoles régulières, tout comme ils préfèrent habiter des quartiers non séparés, à condition bien sûr de s'y sentir à l'abri du racisme. Mais le racisme dans les écoles canadiennes semble étrangement persistant et, en attendant de nous en débarrasser, nous devrions prendre au sérieux tout projet d'écoles conçues pour les noirs.

Les mesures de discrimination positive

Les mesures de discrimination positive sont un autre exemple de politique conçue pour favoriser l'intégration des noirs. Elles sont très durement critiquées dans différentes parties du Canada, et particulièrement en Ontario. On leur reproche d'être injustes et de fomenter la division. Il est certain que, au Canada, les mesures de discrimination positive destinées aux noirs ne peuvent être justifiées, comme c'est le cas aux États-Unis, en les présentant comme des « compensations » pour des injustices passées. En effet, la plupart des noirs au Canada sont membres de communautés immigrantes et l'invocation d'une injustice historique n'est généralement pas pertinente, exception faite de certains endroits comme Halifax, où a lieu un important débat sur la compensation à verser pour réparer les déportations injustifiées dont a été victime la communauté historique Africville.

Quoi qu'il en soit, la compensation n'est pas le seul fondement possible d'une politique de discrimination positive. Sa justification principale, dans le contexte canadien, est qu'une telle politique peut contribuer à infirmer la croyance selon laquelle tout est décidé d'avance pour les noirs canadiens. C'est justement pour cette raison que, dans la communauté noire, les mesures de discrimination positive prennent une énorme valeur symbolique. Elles sont considérées comme un des rares exemples d'un engagement authentique et de bonne foi des blancs en faveur de l'égalité. C'est aussi pour les noirs un des rares cas où les blancs ont fait coïncider leurs grands principes et un financement adéquat et ont allié leur profession de foi en faveur de l'égalité à une action concrète. Ces mesures démontrent que les blancs sont prêts à payer le prix — même s'il n'est pas très grand — pour favoriser l'égalité interraciale. Comme Stephen Lewis l'a affirmé, les mesures de discrimination positive « sont, pour les minorités visibles de partout, une sorte de "cause célèbre". Ces minorités considèrent ces mesures comme un parti pris exemplaire en faveur de l'égalité des chances et de l'accessibilité[36]. »

Mais la valeur de ces mesures n'est pas que symbolique. Des études démontrent qu'un des facteurs déterminants de l'émergence d'un prolétariat racial réside dans la présence, au Canada, d'un grand nombre de familles antillaises monoparentales. Un nombre disproportionné d'adolescentes originaires des Antilles deviennent enceintes, décrochent de l'école et restent célibataires. Ces familles sont habituellement très pauvres. Les causes précises à l'origine de ce phénomène sont complexes, mais il y a des raisons de croire que les mauvaises perspectives économiques des hommes noirs en sont une source importante[37]. Si une jeune femme pouvait raisonnablement s'attendre à ce que son partenaire fût un jour en mesure de l'aider à subvenir aux besoins familiaux, elle pourrait décider de repousser la grossesse jusqu'à ce qu'il obtienne un emploi stable. Ce délai permettrait aussi à la jeune femme d'améliorer sa formation et ses compétences. Il ne s'agit pas ici d'insinuer que les jeunes Antillaises choisissent de devenir enceintes. Les grossesses des adolescentes sont pour la plupart non planifiées et s'expliquent assez facilement par le manque d'éducation sexuelle et de moyens de contraception. En revanche, les piètres perspectives économiques des hommes noirs peuvent en partie expliquer pourquoi les grossesses chez les adolescentes non mariées sont devenues plus acceptables et considérées plus normales. Une telle acceptation influence assurément les jeunes filles qui décident de quitter l'école et de ne pas utiliser de contraceptifs. Cela signifie donc que la lutte contre la pauvreté dans la communauté antillaise passe par l'amélioration des perspectives d'emplois des hommes noirs. Et les mesures de discrimination positive constituent précisément un des rares moyens actuels qui permettent d'atteindre ce but. Les éliminer ne fera que raffermir les préjugés selon lesquels les noirs ont peu ou pas de perspectives économiques et perpétuer le cycle de la pauvreté et de la monoparentalité.

Par ailleurs, si, dans leur volonté de s'intégrer, les noirs se butent à des barrières que les autres minorités visibles n'ont pas à affronter, alors nous devrions envisager de redéfinir le groupe cible à qui s'adressent les mesures de discrimination positive. Il semble en effet qu'il n'y ait aucune nécessité ou raison valable d'inclure sans distinction toutes les « minorités visibles » dans ce type de programme. Si les Canadiens d'origine arabe, par exemple, ont un revenu annuel moyen par personne plus élevé que celui des Canadiens d'origine britannique, il n'est pas certain qu'ils aient besoin d'un programme d'accès préférentiel à l'emploi. On pourrait en dire autant à propos des immigrants récemment arrivés de Hong Kong. Ces groupes ne peuvent réclamer une compensation en raison d'une injustice passée. Ils n'ont pas non plus souffert du cercle vicieux de la pauvreté au Canada et il n'y a aucun risque que naisse en leur sein une sous-culture du refus systématique. Il semble en fait assez injuste qu'un enfant issu de l'immigration asiatique cultivée et fortunée de Vancouver se voit réserver un accès préférentiel à certains emplois en lieu et place d'un blanc pauvre et sans diplôme originaire de Terre-Neuve[38]. C'est là un cas où la logique du multiculturalisme a effectivement été poussée trop loin, au-delà d'une exigence d'intégration équitable, et a conduit à des situations où certains immigrants se sont vu conférer un privilège indu. Je ne voudrais pas ici avoir l'air de banaliser le fait que certains préjugés à l'endroit des Asiatiques et des Arabes persistent au Canada. C'est un de ces cas où il faut choisir de voir le verre à moitié vide ou à moitié plein. Les préjugés à l'endroit des Asiatiques et des Arabes existent bel et bien, mais ils ne sont pas si différents des préjugés dont les Irlandais, les juifs ou les Polonais ont été victimes lors de leur arrivée au Canada. Ceux que les noirs doivent subir semblent en revanche solidement ancrés.

De toute façon, même si les mesures de discrimination positive demeuraient destinées à toutes les minorités visibles, nous devrions nous assurer que les noirs constituent une catégorie à part, pour laquelle auraient été fixés des objectifs particuliers. Selon une anecdote assez répandue, lorsque le gouvernement fédéral a annoncé sa politique de discrimination positive, les banques ont tout de suite embauché un grand nombre d'Asiatiques afin d'atteindre leurs quotas de « minorités visibles ». Ainsi, elles n'ont pas eu besoin d'embaucher des noirs. Sans doute apocryphe, l'anecdote n'en soulève pas moins une question d'importance. Si on considère les mesures de discrimination positive comme une façon d'aider les membres les moins favorisés de notre société, si on les envisage comme une façon d'en finir avec l'exclusion raciale et les projets de séparatisme, on doit s'assurer qu'elles rendent effectivement service à ceux qui en ont le plus besoin. Or, de toutes les minorités visibles canadiennes, ce sont sans contredit les noirs qui en ont le plus besoin.

Nous ne devrions toutefois pas exagérer l'ampleur des avantages que les noirs pauvres du Canada peuvent retirer de telles mesures. Car, en bout de course, un nombre relativement peu élevé d'individus en profitent. Et nous savons que les bénéficiaires sont souvent, parmi les membres du groupe désigné (que ce soit les femmes ou les minorités visibles), ceux qui se trouvent déjà dans une situation relativement bonne[39]. Bref, ces mesures devraient seulement être considérées comme une petite partie d'une opération bien plus vaste visant à lutter contre les inégalités sociales, qui devrait comprendre des politiques de lutte contre la pauvreté qui ne soient pas liées à l'appartenance ethnique. Néanmoins, les mesures de discrimination positive, dans leur dimension symbolique, revêtent une grande importance. C'est une manifestation concrète de l'engagement des Canadiens à garantir aux noirs une véritable égalité des chances, qui permet en même temps d'apaiser les craintes de conspiration engendrant une sous-culture d'opposition systématique.

J'ai bien conscience que nombreux sont ceux qui demeureront toujours profondément sceptiques au sujet de la discrimination positive ou des écoles conçues pour les noirs. Mais si nous rejetons d'emblée ces projets, quelles sont les autres voies qui se présentent à nous pour contrer l'inquiétante possibilité d'une montée de la sous-culture du refus systématique au sein de la communauté antillaise du Canada ? Pointer les limites et les failles des mesures de discrimination positive est chose aisée. Mais que proposer d'autre ? Des solutions différentes peuvent être conçues et mises en place assez vite. Il n'en demeure pas moins que refuser de considérer les mesures de discrimination positive équivaut ni plus ni moins à jouer à l'autruche.

5. Conclusion

Dans ce chapitre, j'ai tenté de brosser un portrait quelque peu optimiste des rapports interraciaux au Canada. J'espère qu'il n'est pas illusoire de croire que les minorités visibles pourront emprunter le même parcours d'intégration que celui qu'ont suivi les groupes issus des premières vagues d'immigration. L'ampleur des préjugés et de la discrimination au Canada est prononcée, mais il n'y a aucune raison de penser qu'il en découle nécessairement d'insurmontables obstacles pour les minorités. Cependant, une intégration réussie n'est aucunement assurée et, afin d'améliorer les perspectives des noirs notamment, des efforts concertés seront nécessaires. Il y a également des raisons de croire que le temps commence à manquer. D'abord, l'ascendant des médias américains sur le Canada a pour conséquence que les rapports interraciaux chez nos voisins du sud exercent une influence énorme sur ces mêmes rapports au Canada, et ce, bien que ces deux pays aient eu des parcours historiques très différents. Les frustrations qu'expriment les Afro-Américains pourraient donc facilement se répandre au Canada et y aviver les tensions interraciales.

Sans compter que les immigrants contemporains sont moins patients que leurs prédécesseurs au début du XXe siècle. Ils ne sont donc pas prêts à s'accommoder de la discrimination et des préjugés pendant des décennies, dans l'espoir que les choses s'amélioreront lorsque leurs enfants et leurs petits-enfants seront plus vieux. Pour reprendre le titre d'un rapport officiel sur les minorités visibles, ils disent : *L'Égalité, ça presse !*[40]. Et cela est très légitime. L'idée que l'immigrant devrait demeurer coi et reconnaissant même lorsqu'il est victime de discrimination et de préjugés n'est pas conforme à l'esprit et à la lettre de nos propres principes d'égalité et droits fondamentaux.

Que les immigrants — qui peuvent eux-mêmes provenir de sociétés où les inégalités sont institutionnalisées et où prévaut une tradition de respect de l'autorité — aient rapidement adopté nos principes constitutionnels est en soi un indice de leur grande volonté de s'intégrer. Mais cela signifie aussi que les enjeux des rapports interraciaux sont plus élevés qu'auparavant. L'incapacité du gouvernement à s'attaquer à la discrimination n'est maintenant plus acceptée à contrecœur. Elle est immédiatement considérée comme une violation des principes de justice et des droits fondamentaux. En conséquence, nous disposons tout simplement de moins de temps pour mettre la discrimination en échec et pour démontrer notre bonne volonté aux immigrants.

Avec le temps, les rapports interraciaux sont devenus un des plus importants aspects de la politique fédérale de multiculturalisme. À cet égard, un tournant a été pris dans les années 1980 et l'état d'esprit qui y a présidé persiste encore aujourd'hui, comme l'illustre tout particulièrement la mise sur pied récente, en octobre 1996, de la Fondation canadienne des relations raciales. C'est là une autre preuve que la politique a évolué pour s'adapter à de nouvelles conditions, satisfaire de nouveaux besoins et circonscrire les domaines où les conditions d'une intégration équitable font le plus cruellement défaut. Les problèmes de racisme ne peuvent toutefois être résolus exclusivement avec les maigres ressources de la politique fédérale de multiculturalisme. Pour atteindre ce but, tous les gouvernements au Canada et tous les Canadiens, doivent s'y engager.

CHAPITRE 6

Le multiculturalisme peut-il convenir aux groupes non ethniques ?

Les pourfendeurs du multiculturalisme prétendent que, comme politique, il s'est soldé par un échec et qu'il devrait par conséquent être jeté à la poubelle. Mais étant donné que, dans les faits, les rapports ethnoculturels au Canada se sont améliorés depuis son adoption, il serait illogique de s'en débarrasser. La question qui mérite plutôt d'être explorée est la suivante : devrait-on élargir son champ d'application aux groupes dits non ethniques ?

Les exigences de multiculturalisme formulées par les groupes ethniques s'inscrivent dans le mouvement plus vaste d'une « politique de l'identité », laquelle découle d'une volonté présente chez un vaste éventail de groupes autrefois défavorisés qui cherchent à obtenir une reconnaissance publique de leurs besoins et de leurs identités propres. Parmi ces groupes, on retrouve les femmes, les gays et les lesbiennes, les minorités religieuses et les personnes handicapées. Tous ces groupes réclament non seulement l'égalité des droits en tant que citoyens canadiens, mais aussi certaines formes de droits collectifs spécifiques à chacun de ces groupes. Ce qu'ils désirent ne se résume pas à l'élimination de la discrimination dans l'exercice de leurs droits collectifs, mais comprend aussi des formes de reconnaissance, d'affirmation et de participation politiques exclusives à leur groupe.

Il y a une parenté évidente entre les luttes des groupes ethniques pour le multiculturalisme et celles que mènent ces autres groupes. En fait, aux États-Unis, le terme de « multiculturalisme » renvoie habituellement à toutes les formes de la politique de l'identité, incluant tout groupe social qui s'est autrefois trouvé marginalisé ou exclu de la société majoritaire. La question se pose donc : le modèle multiculturaliste d'intégration des immigrants peut-il être élargi à ces groupes non ethniques ?

Dans ce chapitre, je vais me pencher sur les similitudes entre les groupes ethnoculturels et les autres groupes identitaires, notamment les gays et lesbiennes et les personnes handicapées. Il y a d'importants caractères communs chez ces groupes dans la manière dont ils interprètent les aspects qui les distinguent de la société majoritaire. Les gays et lesbiennes autant que les sourds ont des conceptions « quasi culturelles » de leur identité de groupe et ont opté pour des schémas « quasi ethniques » d'organisation de leur groupe. Ils se comparent eux-mêmes souvent à des groupes ethniques et certains groupes gays ont même adopté le discours du séparatisme ethnique et du nationalisme minoritaire (section 1).

Les revendications des groupes identitaires suscitent donc bon nombre des mêmes inquiétudes déclenchées par les groupes ethnoculturels à propos de la division possible et de la « fragmentation » de la société canadienne. Toutefois, je vais ici développer la thèse selon laquelle, malgré leur utilisation occasionnelle de la rhétorique du nationalisme, ces groupes identitaires ressemblent en fait davantage à des groupes d'immigrants qu'à des minorités nationales dans leurs rapports avec la société majoritaire. Et tout comme dans le cas des groupes d'immigrants, l'option séparatiste n'est ni souhaitable ni réalisable pour les gays et lesbiennes et pour les personnes handicapées (section 2).

Le défi est donc de concevoir des formules d'inclusion et de tolérance qui reconnaissent et soutiennent ces diverses formes d'identité de groupe et ces différences culturelles. La pratique contemporaine du multiculturalisme au Canada, fondée sur les besoins et les aspirations des groupes d'immigrants, ne suffit pas aux groupes identitaires.

Cependant, un grand nombre des enseignements que nous avons tirés de notre expérience avec les groupes d'immigrants devraient nous aider à aborder ces questions plus vastes (section 3).

1. Les nouveaux mouvements sociaux en tant que groupes identitaires

Au Canada, le statut des groupes ethnoculturels est habituellement étudié indépendamment de celui des autres groupes identitaires, comme les gays et lesbiennes et les personnes handicapées. Par exemple, le langage du « multiculturalisme » — de même que les organismes gouvernementaux et les politiques en la matière — tient presque uniquement compte des groupes ethnoculturels. Bien qu'on parle souvent d'une « communauté » gay ou d'une « sous-culture » des sourds, ces groupes ne sont pas classés sous le chapeau du multiculturalisme et relèvent de politiques publiques et d'organismes gouvernementaux distincts.

Pourtant, ces groupes identitaires non ethniques partagent avec les groupes ethnoculturels un certain nombre de caractéristiques importantes. Dans leur façon de se représenter, ces deux types de groupes ont d'ailleurs eu tendance, ces dernières années, à aller dans le même sens et à se définir eux-mêmes de plus en plus comme des « cultures ». D'une part, des groupes comme les gays et lesbiennes et les sourds se voient de plus en plus comme « quasi ethniques » ou culturels, c'est-à-dire comme des groupes de gens ayant en commun non seulement une condition médicale ou une disposition biologique, mais aussi une identité, une communauté, une histoire et un mode de vie. D'autre part, les groupes ethniques en sont venus à se définir de plus en plus sur la base d'une culture distincte plutôt que d'une race ou d'une ascendance. L'appartenance à un groupe ethnique n'est pas un trait déterminé par les gènes dès la naissance : elle découle de la socialisation dans un mode de vie et d'une identification à celui-ci. C'est un sentiment d'appartenance à une communauté historique. Et dans ces deux cas, les gays et les sourds, les groupes exigent de plus en plus un certain type de reconnaissance pour leur identité culturelle et leur communauté.

Il vaut la peine d'explorer plus à fond cette convergence, en commençant par les groupes identitaires non ethniques comme les gays et les personnes handicapées. Ces groupes sont souvent présentés comme des « nouveaux mouvements sociaux » (tout comme les groupes pacifistes et écologistes, les organisations de défense des droits de la personne, etc.). Ce qui fait la « nouveauté » de ces mouvements sociaux — ce qui les distingue des mouvements politiques de la gauche traditionnelle ou des associations politiques de fermiers — c'est le fait qu'ils s'appuient non pas sur un « intérêt commun », mais bien sur une « identité commune[1] ». Les mouvements politiques traditionnels de classes émergent lorsque des individus qui ont un intérêt matériel en commun, fondé sur une même appartenance de classe ou une même situation économique régionale, se mobilisent pour défendre leurs intérêts. Ils se définissent donc sur la base d'un intérêt matériel commun, d'une idéologie sociale-démocrate commune et de l'impératif d'effectuer des percées électorales.

Les nouveaux mouvements sociaux, en revanche, ne se définissent pas à partir d'un intérêt préexistant. Ils voient plutôt le jour parce qu'ils représentent une voie que peuvent emprunter les individus pour définir leur sentiment d'appartenance et donner forme à un mode de vie et à une identité inédits. Ils se perçoivent principalement comme « des instances de praxis culturelle et politique grâce auxquelles de nouvelles identités prennent forme, de nouveaux modes de vie sont expérimentés et de nouvelles formes de communauté sont imaginées[2]. » Et bien que ces nouveaux mouvements sociaux présentent des revendications à l'État, ils ne visent pas, individuellement et collectivement, à s'ériger en parti cherchant à prendre le pouvoir.

Cet accent mis sur l'identité s'observe dans la plupart des « nouveaux mouvements sociaux », y compris les groupes pacifistes et écologistes, mais surtout chez les gays et lesbiennes et les personnes handicapées. Le cas des gays est intéressant, puisque les changements survenus ces dernières années ont été radicaux, autant sur le plan de la compréhension sociale de l'homosexualité que dans son auto-compréhension[3]. Aujourd'hui, l'existence d'une identité et d'une communauté homosexuelles est évidente pour nous, mais cela représente malgré tout une nouveauté sur le plan historique. Comme Michel Foucault l'a noté, bien que la sodomie ait toujours constitué un péché dans la tradition judéo-chrétienne, elle était aussi perçue comme une tentation, tout comme l'adultère, à laquelle tout le monde était soumis. Des actes homosexuels, il y en a eu de tout temps, mais ce n'est pas avant le XIXᵉ siècle qu'on a commencé à parler des « homosexuels » en tant que groupe distinct « axé » exclusivement sur les relations sexuelles entre personnes du même sexe. Comme Foucault le fait remarquer, « le sodomite était un relaps, l'homosexuel est maintenant une espèce[4] ».

Mais si les homosexuels étaient de plus en plus perçus comme un groupe, on ne les percevait toutefois pas comme une « communauté » et encore moins comme une « culture ». Ils étaient considérés simplement comme un groupe statistique — une proportion donnée d'individus affectés par la condition « médicale » ou l'orientation « biologique » de l'homosexualité. Cette condition elle-même était considérée comme une infirmité ou une maladie ; en fait, l'homosexualité est demeurée officiellement consacrée comme maladie jusqu'en 1972 par l'American Psychiatric Association et jusqu'en 1975 par l'American Psychological Association.

Toutefois, au fur et à mesure que des quartiers homosexuels apparaissaient dans des grandes villes, les gays commencèrent à se percevoir non seulement comme un groupe statistique, mais comme les membres d'une même communauté disposant de leurs propres institutions séparées et par conséquent d'une culture propre[5]. Et dans leur quête d'une métaphore pour décrire cette identité nouvellement définie de groupe culturel, ils se sont spontanément tournés vers les groupes ethniques. Comme Stephen Epstein l'affirme :

> Dans les années 1970, les gays se sont mis à se percevoir de plus en plus comme un groupe minoritaire légitime ayant une sorte de statut quasi ethnique et ayant droit aux mêmes protections contre la discrimination que celles que réclament les autres groupes. Être gay, par conséquent, c'était comme être Italien, noir ou juif [...] Cette autodéfinition ethnique effectuée par les gays et lesbiennes a une utilité politique claire puisqu'elle a rendu possible un type d'organisation collective convenant particulièrement à l'expérience

américaine, marquée par une histoire de luttes pour les droits civiques et par une rivalité entre des groupes d'intérêt fondés sur l'ethnicité[6].

Les premiers signes de l'émergence d'une identité de type « ethnique », attribuée par les gays eux-mêmes, peuvent être retracés dans les années 1950. Mais c'est seulement à la fin des années 1970 que cette identité commença vraiment à correspondre à la réalité avec l'apparition des communautés d'hommes gays. À partir de cette époque, dans les métropoles comme New York et San Francisco, les gays ont mis sur pied de plus en plus de « villes intérieures » autonomes ou « ghettos[7] ». À Toronto, le degré de concentration résidentielle et d'institutionnalisation de la communauté gay atteint ou dépasse celui de la plupart des groupes d'immigrants[8], et est même plus élevé à San Francisco[9]. Au surplus, les gays, comme les groupes ethniques, sont en train de s'éveiller à l'histoire de leur communauté et de jeter les bases d'une littérature distincte[10].

Bref, les gays affirment qu'ils sont un groupe « culturel » tout autant que bien des groupes ethniques. Ce passage d'une définition médicale à une définition « culturelle » s'illustre par le fait que les gays distinguent la « gaytude » (culturelle) de « l'homosexualité » (comportementale). Tous les individus qui s'adonnent à des actes homosexuels participent de la communauté et de la culture gays ; maints homosexuels et bisexuels considèrent que leurs comportements sexuels sont complètement distincts du reste de leur existence, sur le plan tant social que culturel. De multiples auteurs optent donc pour une distinction stricte entre « le comportement homosexuel » et « l'être gay[11] ». Comme Gilbert Herdt et Andrew Boxer l'affirment :

> Une centaine d'homosexuels ne font pas, disons-nous, un gay... En d'autres termes, la notion de « gay » évoque davantage qu'un acte sexuel, comme le faisait auparavant le mot « homosexuel »... elle renvoie à une identité et à un rôle, évidemment, mais aussi à un système particulier de règles, de normes, d'attitudes et, oui, de croyances dont est issue la culture des hommes gays, une culture qui étaye les rapports sociaux fondés sur le désir pour des individus du même sexe[12].

Une transformation analogue, d'une catégorie médicale en une identité culturelle, s'est opérée chez les sourds. Jusqu'à une époque récente, les gens, pour la plupart, estimaient que les sourds formaient une catégorie statistique, définie selon une condition médicale commune affectant au hasard une proportion donnée d'individus. Et cette condition, tout comme l'homosexualité, était considérée comme une infirmité ou une maladie. Aujourd'hui, toutefois, les observateurs définissent de plus en plus les sourds « dans une perspective "ethnique", comme des personnes ayant en commun un langage, une sensibilité et une culture propres et distincts[13] ». En fait, la prétention des sourds de former une culture distincte quasi ethnique est, d'une certaine façon, encore plus justifiée que celle des gays. Les sourds, en effet, ont leur propre langue ou, pour être plus précis, leurs propres langues (pensons à la famille des langues de signes, principalement l'American Sign Language, ASL)[14]. Le passage d'une définition « médicale » à une conception « culturelle » de la surdité s'illustre par la manière dont les auteurs distinguent « les Sourds », en tant que membres d'un groupe linguistique ou culturel, et « les sourds », en tant que personnes qui, en raison d'un handicap physique, ne peuvent entendre. Cette distinction, du reste, peut être mise en parallèle avec celle entre les « gays » et les « homosexuels[15] ».

De plus, le traitement réservé à la langue des signes dans l'histoire s'apparente passablement à celui accordé aux autres langues minoritaires. La langue des signes a d'abord été codifiée en France dans les années 1770 et fut utilisée comme langue d'enseignement pour les enfants sourds pendant un siècle en France et aux États-Unis. Pourtant, après la conférence des éducateurs professionnels tenue à Milan en 1880, des efforts concertés furent déployés pour éliminer l'utilisation des signes dans le but de forcer les enfants sourds à essayer de parler. Les enfants sourds ont été placés dans des écoles « à enseignement oral » où on les força à apprendre le plus possible à parler comme les autres enfants. On estimait que l'usage des signes nuisait à l'acquisition du langage et à la capacité de lire sur les lèvres, et par conséquent à l'intégration des sourds dans la société. Enseigner dans la langue des signes était donc considéré comme « une méthode néfaste contribuant à l'isolement et à la marginalisation des sourds[16] ». La langue des signes était elle-même tenue pour « primitive » et inapte à l'expression d'idées complexes ou de la créativité artistique.

Notons que cet argument était précisément le même que celui dont on usa pour interdire aux minorités nationales l'enseignement dans leur langue maternelle[17]. Comme Oliver Sacks le montre, la suppression des signes au XIXe siècle découlait d'une « oppression victorienne et d'un conformisme, d'une intolérance à l'endroit des minorités et de leurs mœurs, qu'elles soient religieuses, linguistiques, ethniques. Ainsi, ce fut à cette époque que les "petites nations" (les Gallois, par exemple) et les "petites langues" du monde entier firent l'objet de pressions pour se conformer et s'assimiler[18]. » Les conséquences pour les enfants sourds s'avérèrent généralement pernicieuses. Il est extrêmement difficile pour les enfants sourds d'apprendre à parler, et le taux de scolarisation moyen des sourds chuta donc de façon marquée à la suite de l'élimination de la langue des signes comme langue d'enseignement.

Mais si les éducateurs professionnels (et le public en général) dénigraient la langue des signes, les sourds eux-mêmes y sont restés profondément attachés. Comme la plupart des minorités nationales, ils s'offusquent lorsqu'on les force à parler une langue qui n'est pas la leur. Les signes sont demeurés un moyen de communication essentiel pour la population des sourds et ont permis de transmettre « le savoir, les croyances et les pratiques qui ont forgé la culture des sourds ». Les pensionnats ont eu un rôle crucial à jouer dans la transmission et l'amélioration de la langue et de la culture des sourds, puisqu'ils ont permis aux enfants sourds de se côtoyer et de rencontrer des adultes parlant la même langue qu'eux. Comme Padden et Humphries l'affirment, « le savoir des personnes sourdes ne représente pas qu'une simple camaraderie entre personnes qui partagent une condition physique particulière. C'est plutôt, comme de nombreuses autres cultures historiques, un savoir engendré par et dans l'histoire et transmis activement d'une génération à l'autre[19]. » Plus récemment, les sourds ont commencé à réclamer une reconnaissance plus ample de la langue des signes. Ils ont exigé que son usage soit davantage répandu dans les écoles et les organismes gouvernementaux. Des études récentes sont venues étayer leur prétention et confirmer que l'ASL est une langue à part entière, apte à exprimer une pensée abstraite ou concrète, poétique ou prosaïque, et ce, de façon aussi efficace et aussi grammaticale que la parole[20].

C'est pourquoi, comme dans le cas des gays, on est passé d'une conception médicale à une conception culturelle des sourds en tant que communauté possédant sa culture et sa langue propres[21]. Et, toujours comme dans le cas des gays, cette culture et cette communauté connurent une édification institutionnelle progressive. Il y a maintenant des écoles, des clubs, des troupes de théâtre et des services d'aide pour les sourds. On trouve les communautés de sourds principalement dans les grandes villes (comme pour les gays) ou près des pensionnats pour enfants sourds. Comme Sacks le note, l'expérience des pensionnats pour sourds a aidé à instiller le sentiment qu'ils « n'étaient plus seulement des individus, avec des crises et des réussites individuelles, mais qu'ils formaient désormais un peuple doté de sa propre culture, comme les juifs ou les Gallois[22] ».

Il serait toutefois erroné de dire que les sourds eux-mêmes sont passés d'une conception médicale à une conception culturelle de leur identité, puisqu'ils ne se sont jamais considérés comme des « handicapés ». Comme Padden et Humphries le disent, « étant pleinement conscients des avantages économiques et autres qu'on peut tirer à se qualifier d'handicapés, les sourds ont donc un passé, assez gênant par ailleurs, d'alignement sur les autres groupes d'handicapés ». Mais ce n'est pas là, disent ces auteurs, leur réflexe d'identification :

> Quand les personnes sourdes parlent de leur surdité, elles utilisent des termes profondément liés à leur langue, leur passé et leur communauté. Elles se sont toujours préoccupées de la préservation de leur langue, des mesures favorisant la scolarisation des enfants sourds et de leurs organisations sociales et politiques. Les leaders sourds ont repris le discours moderne de « l'accessibilité » et des « droits civiques », aussi peu connu qu'il fût chez les sourds tout simplement parce que la population dans son ensemble saisit ces notions plus aisément que celles qui sont plus spécifiques à la communauté des sourds[23].

Ce ne sont pas toutes les personnes malentendantes qui participent à la communauté et à la culture des sourds ou qui font usage de la langue des sourds (par signes). Cela est particulièrement vrai de ceux qui perdent l'ouïe à l'âge adulte en raison d'une maladie, d'un traumatisme ou de la vieillesse. Ayant été élevées et éduquées entièrement dans le monde des entendants, ces personnes se perçoivent en effet ellesmêmes comme des « handicapés ». Leur souci premier n'est pas d'apprendre la langue des signes ni de se joindre à la culture des sourds, mais plutôt de retisser leurs liens avec la société grâce à des traitements médicaux ou à un appareil auditif, ou encore en apprenant à lire sur les lèvres[24]. Pour les sourds en tant que groupe culturel, toutefois, la langue des signes n'est pas seulement leur langue maternelle, c'est aussi le facteur qui les unit au sein d'une même culture.

Dans les deux cas qui précèdent, un groupe non ethnique a donc adopté de plus en plus un modèle quasi ethnique d'identité et d'organisation de groupe. Il ne s'agit pas ici de simples « enclaves axées sur un mode de vie particulier » s'expliquant par un « narcissisme de la similitude » des loisirs et de la consommation[25]. Non, ce sont là de véritables sous-cultures dans lesquelles on observe un degré élevé de concentration résidentielle, une complexité institutionnelle et une spécificité culturelle autant qu'un sentiment de partager une histoire commune[26].

2. Le multiculturalisme devrait-il englober tous les groupes culturels ?

Jusqu'à maintenant, j'ai tenté de montrer que certains groupes identitaires sont, sur plusieurs plans importants, semblables aux groupes ethnoculturels. Ils ne sont pas « ethniques » à proprement parler, puisqu'ils n'ont pas une origine ethnique commune, mais ils sont assurément « culturels ». Nos idéaux et nos mesures multiculturalistes devraient-ils alors les englober ?

Cette question est devenue de plus en plus pressante en raison de la manière dont on défend généralement les politiques de multiculturalisme aujourd'hui. Comme Brian Walker l'affirme, un courant apparu dans la pensée libérale a voulu légitimer une prise en compte plus marquée des groupes ethnoculturels (Walker nomme cette tendance

« culturalisme libéral »). Mais le fondement de la défense des groupes ethnoculturels a presque invariablement été le suivant : les membres de ces groupes ont une *culture* en commun et non pas une *origine ethnique* commune. Selon les « culturalistes libéraux », les groupes ethnoculturels méritent une reconnaissance non pas parce que le sang et l'origine sont déterminants, mais parce que la culture offre aux individus des options signifiantes et un sentiment d'appartenance et d'identité qui leur permet d'affronter le monde moderne. Comme Walker le dit, cela représente un bouleversement considérable par rapport aux anciennes interprétations du nationalisme. Avant la Deuxième Guerre mondiale, les tenants du nationalisme faisaient souvent appel à une « image de social-darwinisme de lutte entre les races pour l'espace vital ». Depuis la guerre, toutefois, cette justification « racialiste » du nationalisme a cédé la place à un plaidoyer « culturaliste » fondé « sur le besoin de protéger des cultures fragiles[27] ».

Le degré avec lequel la culture s'est substituée à la race varie d'un groupe à l'autre. Dans le cas du Québec, par exemple, jusqu'à très récemment seuls les descendants des premiers colons français étaient considérés comme de « vrais Québécois ». Aujourd'hui, la très grande majorité de la population de cette province et tous ses principaux partis politiques adhèrent à une définition non ethnique des « Québécois » qui inclut les immigrants et ils les encouragent même, eux et leurs enfants, à s'intégrer à la société francophone et à se représenter eux-mêmes comme des Québécois[28]. Comme le révèlent les fameux propos de Jacques Parizeau à l'issue du référendum d'octobre 1995, les anciennes définitions ethniques de l'identité québécoise restent proches de la surface et émergent même parfois avec la colère ou la frustration. Néanmoins, la mutation culturelle, qui découle à la fois de la libéralisation de la société québécoise et du nombre croissant d'immigrants au sein de sa population, semble irréversible. Dans ce livre, du reste, j'ai utilisé le terme « Québécois » dans son sens culturel pour désigner toute personne qui participe à la société de langue française au Québec, sans égard à l'origine ethnique.

Chez les peuples autochtones, l'adoption par certaines bandes des critères d'appartenance au groupe fondés sur un « pourcentage minimal de sang » constitue une exception évidente à l'évolution générale vers une définition culturelle de la nation. En fait, de tels critères sont controversés au sein même des communautés autochtones et beaucoup les considèrent comme une atteinte à la façon dont les autochtones eux-mêmes se perçoivent, c'est-à-dire comme des peuples et des cultures et non des races. L'utilisation d'un critère de « pourcentage minimal de sang » a été fortement critiquée par la récente Commission royale sur les peuples autochtones, laquelle a déclaré que ce type de critère violait non seulement les droits de la personne, mais aussi les pratiques amérindiennes traditionnelles, qu'il était inefficace et qu'il n'aidait donc pas à garantir la survie culturelle[29].

Selon Walker, le passage du racialisme au culturalisme est un progrès moral évident et aide à comprendre pourquoi les revendications des groupes ethnoculturels ne contredisent pas nécessairement les principes libéraux et démocratiques. Mais il soulève une question : pourquoi les partisans du multiculturalisme continuent-ils à concentrer leur attention sur les groupes se définissant par leur origine ethnique commune ? Si les groupes ethnoculturels sont dignes de reconnaissance parce qu'ils procurent aux individus des pratiques culturelles valables et une identité de groupe et non parce qu'ils sont unis par le sang, alors pourquoi ne pourrions-nous pas inclure tous les groupes non ethniques qui ont engendré une culture commune, comme les gays ou les sourds[30] ?

C'est là une remarque tout à fait légitime. Toutefois, comme nous l'avons vu, il y a deux sortes de groupes ethnoculturels : les groupes d'immigrants et les minorités nationales. Étant donné que les groupes identitaires tendent de plus en plus à ressembler à des groupes ethnoculturels, sont-ils davantage semblables aux uns (les immigrants) ou aux autres (les minorités nationales) ?

Certains auteurs prétendent que les gays et lesbiennes sont en train d'adopter une identité « nationale » distincte. Ils ont adopté une étiquette nationaliste (« la nation queer ») et un programme d'action nationaliste propre à une autonomie séparatiste. Par exemple, Dennis Altman affirme que :

> la dernière quinzaine d'années a vu naître la nation des gays et des lesbiennes, comme l'Europe du XIXe siècle avait observé l'apparition des nations

tchèque et roumaine. Être gay a pris différents sens qui vont bien au-delà des préférences sexuelles et affectives et qui nous unissent à d'autres gays grâce à un ensemble d'activités communautaires, religieuses, politiques et sociales[31].

De plus, on a souvent pensé que cette nation avait une dimension territoriale centrée sur les ghettos gays, particulièrement à San Francisco. Comme Stephen Epstein l'a fait remarquer, même si la majorité des gays déclarés ne vivaient pas dans ces ghettos, dans les années 1970

> beaucoup d'entre eux firent leur pèlerinage à cette « Mecque gay » ou en ont entendu parler par le truchement des médias. De plus, pour utiliser une autre métaphore religieuse, San Francisco symbolise maintenant pour tous les gays des États-Unis ce qu'Israël représente pour les juifs du monde entier : un foyer d'identité culturelle qui compte même pour ceux qui ne sont pas fermement enracinés dans cette culture[32].

Ce programme d'action nationaliste est de plus en plus perçu comme n'étant ni réalisable ni attrayant. Selon Larry Kramer, « pendant une certaine période, San Francisco a été l'Israël des gays. Pendant des décennies, les gays ont déménagé ici et, en peu de temps, ils ont acquis un poids important dans la structure politique de la ville. » Mais l'option de déménager à San Francisco n'a été vraiment envisageable que pour une petite minorité des gays américains. Et l'idée de faire de San Francisco une nation gay a été grandement minée par le sida. Kramer conclut que, si le sionisme a représenté un « havre de protection contre la haine du monde », une telle échappatoire ne constitue toutefois pas une option réaliste pour les gays[33]. Les gays n'ont d'autre choix que de former une « communauté dispersée à travers la société qui lutte contre l'homophobie partout où elle se présente[34] ».

Le problème, ici, ne réside pas simplement dans l'absence d'un territoire commun ou d'une patrie historique pour la « nation gay », mais il est plus profond : c'est celui de la continuité intergénérationnelle. La plupart des gays sont nés de parents hétérosexuels et les parents gays ont habituellement des enfants hétérosexuels. Même s'il existait des mesures incitant les gays à déménager dans une communauté gay, on ne pourrait maintenir une majorité de gays qu'en expulsant les enfants hétérosexuels issus de parents gays. Un problème connexe que pose cette conception nationaliste est le fait que les gays n'entrent généralement pas dans la communauté gay avant la vingtaine ou la trentaine, soit après avoir été socialisés dans une communauté nationale. Comme Epstein l'écrit, l'identification nationale est une forme de « socialisation principale » qui est « conférée à la naissance et transmise par la famille », alors que l'entrée dans une communauté gay consiste en une « socialisation secondaire » qui survient plus tard dans la vie. La socialisation secondaire est habituellement moins formatrice que la primaire, parce qu'elle doit affronter un soi en partie déjà formé. Les individus socialisés au sein d'une communauté gay « posséderont déjà une variété d'identités croisées » — fondées sur l'ethnie, la race, la classe sociale, le sexe, la religion, le travail, etc. — qui « peuvent susciter une allégeance bien plus forte et empêcher le processus de socialisation secondaire[35] ». Pour ces raisons, l'identité gay ne peut pas vraiment être mise sur le même pied que le type d'appartenance culturelle et d'identité nationale que procure une culture nationale. Les francophones gays nés au Québec, par exemple, apprennent à se représenter comme des Québécois et à considérer que leurs perspectives de vie sont liées à leur participation aux institutions sociales québécoises. Leur intégration ultérieure à la communauté gay ne modifiera probablement pas leur sentiment d'identité nationale fermement enraciné ou leur désir de continuer à vivre et à travailler dans leur culture et leur langue nationales originales.

Pour cette raison, le but de la plupart des gays n'est pas de renoncer à leur appartenance nationale d'origine, mais plutôt de rendre leur communauté nationale plus ouverte aux gays. À cet égard, les gays ressemblent beaucoup aux groupes issus de l'immigration. Comme Epstein le fait remarquer, la mobilisation politique autour de « l'ethnicité gay », comme la mobilisation de l'ethnicité immigrante, n'aspire pas à un nationalisme séparatiste, mais vise plutôt à « influer sur les politiques gouvernementales et à préserver des acquis sociaux au nom du groupe » afin de favoriser son intégration et son acceptation sociales. L'adoption d'une identité et d'une organisation de type

« néo-éthnique » ainsi que d'une stratégie politique pour obtenir des droits civiques « signifie que les gays manifestent leurs différences en partie dans le but de s'insérer dans le système. En consolidant leur groupe, ils suivent essentiellement les règles du mythe pluraliste américain moderne, qui met de l'avant une harmonieuse rivalité entre différents groupes sociaux[36]. »

Comme les groupes d'immigrants, la plupart des groupes de gays veulent montrer que leurs membres sont de bons citoyens prêts à participer à la société majoritaire et qu'ils cherchent seulement à ce que les institutions majoritaires tiennent compte, dans un esprit d'équité, de leur identité et de leurs besoins distincts. Certains militants et théoriciens gays ont toutefois décidé que l'homophobie dans l'ensemble de la société est si répandue que le « modèle ethnique » d'intégration est irréaliste. Comme Cathy Cohen le rappelle, les sondages montrent de façon constante que

> malgré nos multiples tentatives de nous intégrer à la normalité sociale, de rendre service à notre pays et d'agir en honnêtes citoyens, les gays et lesbiennes demeurent, dans notre société, un des groupes les plus haïs et méprisés. Contrairement aux groupes ethniques blancs (les Irlandais, les Allemands), les gays et lesbiennes doivent affronter une attitude de haine et d'exclusion qui s'apparente davantage à ce que doivent subir les groupes raciaux, notamment les Afro-Américains[37].

Comme les Afro-Américains, les gays et lesbiennes sont aux prises avec des tentatives systématiques, de la part des individus et des groupes dominants, pour leur retirer « l'égalité informelle, même quand l'inclusion formelle a été gagnée ». Les droits peuvent être consacrés par des textes juridiques, mais les garanties formelles sont toujours « à reconquérir dans les rapports sociaux, politiques et économiques entre les individus ». Cela soulève la question suivante : l'intégration est-elle un but qui en vaut la peine, est-elle réaliste ou non ? Comme Cohen le dit, « si nous savons pertinemment que, même lorsqu'on nous octroie l'inclusion formelle, cela ne nous procure finalement qu'une protection minimale contre les décisions quotidiennes d'individus détenant un peu de pouvoir et ayant le loisir de respecter ou non nos droits, alors

pourquoi consacrer des ressources politiques à de telles revendications ? » Étant donné que l'égalité réelle semble difficile à atteindre, les
gays doivent peut-être reconnaître que, « peu importe les efforts qu'ils
déploient pour être des citoyens normaux, ils demeurent confinés à la
marginalité[38] ». Il y a du vrai dans cette critique du « modèle ethnique »
d'inclusion[39]. Comme nous l'avons vu au chapitre 5, il est loin d'être
évident que la voie de l'intégration empruntée par les groupes ethniques
blancs convienne aux Afro-Américains. Et puisque les gays et lesbiennes
se butent à des obstacles et à des préjugés comparables, le modèle
ethnique pourrait ne pas leur convenir non plus.

Mais quelle autre solution y a-t-il ? Le séparatisme gay n'est pas
viable. Il y a des ghettos gays dans la plupart des grandes villes, mais la
plupart des gays n'y habitent pas et, malgré le remarquable effort d'institutionnalisation des communautés gays au cours des dernières années,
la culture gay est loin d'être complète sur le plan institutionnel. Il
n'existe pas d'université ou de gouvernement gay, et il manque aux gays
la concentration territoriale nécessaire pour créer de telles institutions.
Les gays voulant devenir médecins, avocats, policiers, professeurs ou
politiciens, ne peuvent le faire qu'en s'intégrant aux institutions et aux
écoles de la société majoritaire. Aucune donnée ne nous indique que les
gays sont prêts à renoncer à ces possibilités afin de vivre dans un ghetto
gay[40]. À cet égard, l'institutionnalisation de la communauté gay est
beaucoup moindre que celle des Québécois, par exemple.

De plus, la plupart des gays ne souhaitent pas abandonner leur
droit, acquis à la naissance, de vivre au sein de la société. Pour eux, le
séparatisme n'est pas l'option primordiale. C'est simplement une
réponse défensive à l'hostilité et aux préjugés qu'ont à subir les gays
qui s'affirment ouvertement tels dans la société. Comme Mark Blasius
le dit :

> Toutes les lois, toutes les formes de culture (rituels, symboles) et les ambi-
> tions sociales les plus banales font [du gay] un étranger dans le monde. C'est
> pour cette raison qu'existe le ghetto gay. Les centres commerciaux, les insti-
> tutions sociales, les quartiers, les stations balnéaires, les lieux de drague [etc.]
> pour gays et lesbiennes représentent des « zones libérées » où les lesbiennes
> et les gays peuvent se sentir chez eux en paix avec le monde. [...] le ghetto

existe parce que les lesbiennes et les gays, dans la mesure où ils s'affirment, ont été forcés, par les attitudes d'exclusion sociale, de trouver d'autres modes d'existence, d'autres sources de nourriture émotionnelle et d'autres cadres institutionnels au sein desquels ils peuvent poursuivre leurs objectifs de vie. Le ghetto gay est un exemple très grave de ghettoïsation forcée[41].

Les gays qui s'affirment tels ne veulent pas mettre fin à leurs rapports avec leurs amis, leur famille et leurs collègues pour aller vivre dans un ghetto gay. En effet, la plupart des gays refusent de couper ces liens, et ceux qui optent pour cette solution le font en dernier recours, poussés par des préjugés intolérables. Ici encore, cette situation est très différente de celle des minorités nationales. Ce n'est pas parce qu'ils ont été rejetés par les anglophones que les Québécois désirent vivre et travailler en français. Ils chérissent leur culture distincte tout simplement parce que c'est celle dans laquelle ils sont nés et ont été élevés. Le séparatisme gay signifierait en revanche que tout individu gay se coupe de la culture dans laquelle il a été élevé, qu'il renonce à tout autre sentiment d'appartenance nationale et culturelle. Le nationalisme gay n'est donc ni réalisable ni désirable pour la plupart des gays. La tâche des gays et lesbiennes, en définitive, consiste à lutter, dans la société, contre l'homophobie afin d'obtenir la reconnaissance et d'être acceptés au sein des écoles, des médias, des tribunaux, etc.

Lorsqu'on réfléchit aux différents modèles d'inclusion des gays, il importe — tout comme pour les modèles d'inclusion des immigrants — d'opérer une distinction entre intégration et assimilation. Dans les années 1950, certains des premiers groupes de défense des droits des homosexuels avaient adopté un programme assimilationniste. Ils réclamaient la décriminalisation de l'homosexualité, la protection contre la discrimination au travail et dans le logement. En retour, ils étaient prêts à cacher leur homosexualité, à la traiter comme une question purement « privée ». En public, les homosexuels seraient invisibles et l'hétérosexualité demeurerait le seul type d'identité sexuelle reconnue.

Aujourd'hui, une telle position serait inacceptable pour la plupart des gays, qui non seulement réclament une protection contre la discrimination, mais revendiquent une consécration publique de leur identité au moyen, par exemple, de la reconnaissance des mariages gays et de la représentation positive de la vie des gays dans les manuels scolaires[42]. Comme les immigrants, les gays souhaitent aujourd'hui que l'attitude publique à leur égard se transforme afin de prendre en compte de nouvelles manières d'être de « bons Canadiens », d'appartenir et de participer à la société canadienne[43]. Dans le cas des gays comme dans celui des immigrants, toutefois, l'intégration mobilisera à la fois leur sentiment d'identité et un lien affectif avec leur sous-groupe, ainsi que des efforts concertés pour réformer les institutions et les perceptions publiques au sein de la société.

Le cas des sourds est assez différent. Après tout, de nombreux enfants sourds n'ont eu pour socialisation première que la culture des sourds et la langue des signes. Contrairement aux gays, beaucoup d'enfants sourds sont donc nés et ont été élevés dans la culture des sourds. Ainsi, ils font preuve du même type d'enracinement tenace, à l'égard de leur langue première, que celui observé chez les autres minorités nationales. Même ceux qui ont intégré la communauté des sourds plus tard dans leur vie, après avoir appris à parler (ceux que l'on nomme les « sourds postlinguisés »), ne peuvent interagir avec le monde des entendants que grâce à des traducteurs ou à des techniques de lecture sur les lèvres — lesquelles fonctionnent seulement dans un éventail limité de situations. Dans la mesure où les sourds souhaiteront participer à la vie sociale, c'est principalement par le truchement des signes qu'ils devront le faire. Pour cette raison, les sourds ont tenté de créer une culture complète sur le plan institutionnel, culture fondée sur les signes. Bien qu'ils aient rarement adopté la rhétorique du nationalisme, on sent que d'une certaine manière les sourds sont véritablement séparatistes. Comme le dit Oliver Sacks, « la communauté des sourds ne se sent pas isolée, mais indépendante. Elle n'a aucune envie de s'assimiler ou d'être assimilée ; au contraire, elle chérit sa langue et ses images propres et désire les protéger[44]. » Au XIXe siècle, ce sentiment de ne pas dépendre des autres groupes a même conduit à l'invention du « sionisme des sourds », bref à un rêve de création d'entités territoriales, de cantons ou d'États réservés aux sourds. On prétendit que les personnes sourdes avaient « besoin d'être non seulement des amis mutuels, mais aussi des voisins mutuels afin de créer non seulement une culture mais également une société[45] ». Mais ces projets n'étaient pas réalistes. Tout d'abord, les sourds sont trop peu nombreux et trop dispersés pour atteindre dans une région particulière la masse critique nécessaire à la réalisation de ce type d'ambition[46]. D'autre part, toute communauté de ce type se retrouverait très rapidement avec le même manque de continuité inter-générationnelle auquel les gays font face. En effet, la plupart des enfants sourds sont nés de parents entendants et les parents sourds ont habituellement des enfants qui ne le sont pas. Même s'il y avait des mesures incitatives en faveur du déménagement des enfants sourds dans la communauté, on ne pourrait maintenir une majorité de sourds qu'en expulsant les enfants non sourds nés de parents sourds.

La culture des sourds, pour survivre, aura néanmoins besoin d'un certain degré de concentration territoriale et de développement institutionnel. Par conséquent, des efforts concertés ont été faits pour ouvrir et soutenir des pensionnats qui maintiennent l'existence d'une authentique communauté de sourds. Au départ, ces pensionnats se limitaient à l'enseignement primaire et secondaire, mais, dans les années 1850, un collège pour sourds fut créé. Ce collège — qui se nomme aujourd'hui l'université Gallaudet — est un de ceux qui offrent des cours universitaires en langue des signes[47]. Et autour de ces pensionnats et de ces collèges, une communauté plus grande s'est installée, avec des cafés pour sourds, des clubs pour sourds, etc.

Malheureusement, aux États-Unis, de récentes lois « normalisatrices » encouragent les enfants sourds à fréquenter les écoles locales plutôt que les pensionnats qui leur sont destinés. De ce fait, les enfants sourds rencontrent peu d'autres enfants sourds et peu d'adultes parlant la langue des signes et ne peuvent donc acquérir qu'une maîtrise limitée de cette langue. Cela non seulement réduit leur accès à la culture des sourds, mais retarde en général leur développement intellectuel, puisqu'ils se trouvent ainsi éloignés à la fois de la culture des sourds et de celle des entendants. Comme Padden et Humphries l'écrivent, « le nouveau mot d'ordre social de 'normalisation', au lieu d'amener les enfants sourds à découvrir de nouveaux mondes, pourrait bien déboucher sur une nouvelle forme d'isolationnisme[48] ».

Cela révèle une différence profonde entre les sourds et les autres personnes handicapées quant à la perception de leur identité propre et à l'existence du groupe. Celles-ci, pour la plupart, cherchent à s'intégrer à la société majoritaire dans laquelle elles sont nées et ont été élevées. Elles n'acceptent pas que leur participation à la culture de société soit entravée par leur handicap. Le DisAbled Women's Network (DAWN), par exemple, s'est donné pour mission de parvenir à la « pleine égalité et à la totale intégration » dans la société canadienne, tout en cultivant « un sentiment d'identité et de fierté[49] ». De tels groupes militent pour l'intégration des jeunes handicapés dans les écoles — et avec raison — puisque cela leur permet de mettre fin à la marginalisation et à l'exclusion socioculturelles. Pour les sourds, toutefois, le « handicap » en cause n'est pas une source d'exclusion socioculturelle, mais bien un trait déterminant de leur propre culture de société distincte. Dans leur cas, donc, le but de la mobilisation politique n'est pas principalement d'avoir accès à la société majoritaire, mais de protéger et de renforcer leurs institutions séparées.

Il y a aussi d'importantes différences entre les gays et les sourds. Ces derniers se caractérisent davantage par une véritable « forme » nationale de séparation culturelle, alors que les premiers correspondent plus au modèle d'intégration propre aux immigrants. Le fondement de cette différence n'est pas que le nationalisme soit une option plus réalisable pour les sourds que pour les gays, au contraire, les sourds sont moins nombreux que les gays. Non, c'est plutôt que les sourds sont élevés dans une culture de sourds et que c'est là, en fait, la seule culture à laquelle ils peuvent véritablement participer. Par conséquent, pour eux, une intégration toujours plus poussée signifierait l'abandon de leur langue originale et de leur identité culturelle première. Pour les gays en revanche, c'est précisément le séparatisme qui entraînerait l'abandon de l'identité nationale et de l'appartenance culturelle, toutes deux acquises dans leur enfance.

Les sourds ne pourront jamais devenir une véritable minorité « nationale ». Ils demeureront toujours au mieux un groupe quasi national et auront du mal à édifier et à maintenir une culture de société achevée. Et pourtant, les aspirations nationalistes culturelles des sourds doivent être respectées, et prises en compte autant que possible, non seulement parce qu'elles découlent de la langue et de la culture qu'ils chérissent, mais aussi parce que les obstacles à leur intégration dans la société sont énormes — plus imposants en fait que pour les groupes d'immigrants ou même que pour les minorités « nationales » plus traditionnelles.

4. Conclusion

Dans ce chapitre, j'ai tenté de montrer que certains groupes ont créé des formes d'identité et des cultures similaires à celles des groupes ethnoculturels. Pour cette raison, ils ressentent un besoin de reconnaissance analogue. Et ils présentent au multiculturalisme bon nombre des mêmes défis, notamment celui de l'équilibre entre l'affirmation de la spécificité du groupe et la promotion de l'intégration sociale. S'il est vrai que la politique de multiculturalisme actuelle ne comporte pas de formule magique pour ces autres groupes, elle offre tout de même des suggestions et des enseignements utiles au sujet des exigences propres à l'intégration sociale et des obstacles qui se dressent devant celle-ci.

Les points communs aux revendications de ces groupes identitaires et à celles des groupes ethniques devraient aider à liquider le mythe selon lequel le multiculturalisme est simplement une mode passagère ou le produit artificiel d'« entrepreneurs ethniques » tentant de siphonner l'argent de l'État. La question fondamentale soulevée par le multiculturalisme — soit définir des conditions d'intégration équitables pour les nouveaux arrivants ou pour les groupes autrefois défavorisés — est, dans toutes les démocraties libérales, omniprésente autant que persistante.

Les politiques officielles de multiculturalisme devraient-elles par conséquent être modifiées pour pouvoir s'appliquer à ces groupes identitaires ? Pas nécessairement. Il peut exister de bonnes raisons administratives et juridiques pour que les gays et les sourds continuent de relever de politiques et d'organismes gouvernementaux distincts. De plus, élargir la notion de multiculturalisme à toutes les questions relatives à l'identité et à la différence culturelle pourrait semer la confusion. Le multiculturalisme au Canada a jusqu'à maintenant fourni un cadre plus ou moins cohérent pour débattre de ce que seraient des conditions d'intégration équitables pour les groupes d'immigrants. Étendre ce débat à toutes les questions liées à la diversité et au pluralisme pourrait simplement déboucher sur des malentendus et des analogies trompeuses. C'est d'ailleurs ce que nous pouvons observer dans la littérature américaine sur le « multiculturalisme ». Aux États-Unis, depuis que toutes les questions de pluralisme — non seulement en ce qui concerne les immigrants et les minorités nationales, mais aussi le féminisme et les droits des gays — sont débattues sous la grande rubrique « multiculturalisme », ce terme a tout simplement cessé d'avoir un sens cohérent. Il s'est mué en une vague étiquette recouvrant un large éventail de questions disparates, avec le résultat, plus souvent qu'autrement, que sont occultées ou minimisées d'importantes différences entre les groupes[50].

Même si, au Canada, le multiculturalisme demeure centré sur l'intégration des immigrants, il importe toutefois de nous assurer que le langage dont on use pour l'expliquer favorise aussi la reconnaissance d'un éventail plus large de groupes revendiquant de façon légitime une plus grande reconnaissance et une meilleure acceptation publiques de leur identité et de leurs pratiques culturelles. Le multiculturalisme devrait être envisagé comme un des nombreux fronts d'une lutte plus vaste visant à édifier une société plus tolérante et plus ouverte, un front sur lequel on travaille de concert dans le cadre de politiques qui favorisent l'intégration des gays et des personnes handicapées.

CHAPITRE 7

Vers une démocratie plus représentative

Le multiculturalisme est une politique en constante évolution qui comporte un réaménagement continuel des conditions d'intégration au Canada. Une certaine partie de ce débat se déroule au quotidien, en particulier dans les écoles et sur les lieux de travail. Mais, en définitive, il se trouve régi et encadré par le processus politique démocratique. Ce sont nos représentants élus qui déterminent le cadre législatif et politique au sein duquel sont arbitrés quotidiennement les problèmes particuliers relatifs au multiculturalisme. Au Canada, c'est donc dans la sphère politique que l'évolution continuelle du multiculturalisme doit être déterminée, dans le cadre de négociations menées de bonne foi et dans l'esprit de compromis propre à la politique démocratique. Pour que les décisions qui en résultent soient considérées équitables, le processus politique lui-même doit être perçu comme étant ouvert et inclusif. Cela requiert, entre autres choses, que les intérêts et les points de vue de tous les groupes soient pleinement pris en compte.

Pourtant, de nos jours, un nombre croissant de Canadiens estiment que le processus politique est « non représentatif » du fait qu'il n'arrive pas à refléter la diversité de la population. Le processus de négociation constitutionnelle ayant mené aux accords du lac Meech et de

Charlottetown en a offert une illustration éclatante, puisque les structures fondamentales de la vie politique canadienne ont alors été fixées par onze hommes blancs et non handicapés de la classe moyenne[1]. Beaucoup ont fait remarquer qu'un processus plus représentatif aurait forcément inclus la participation de femmes, de membres des minorités ethniques et raciales, de pauvres et de personnes handicapées.

Les négociations constitutionnelles constituaient un cas particulier et peut-être extrême, mais la sous-représentation des femmes, des minorités visibles et des autres groupes constitue un phénomène beaucoup plus généralisé. En 1991, la Commission royale sur la réforme électorale a scruté des statistiques compilées depuis la trente-quatrième législature (soit depuis 1988) et a fait remarquer que, même si les femmes représentent plus de 50 % de la population, seulement 13 % des députés fédéraux sont des femmes, ce qui signifie qu'elles n'occupaient que le quart des sièges qui leur seraient revenus si leur représentation parlementaire était proportionnelle à leur poids démographique. Les minorités visibles représentaient 6 % de la population, mais seulement 2 % des députés fédéraux (un tiers). Les autochtones constituaient 3,5 % de la population, mais seulement un pour cent des parlementaires fédéraux (moins d'un tiers). Les personnes handicapées et les démunis souffraient aussi d'une sous-représentation significative[2]. Des études portant sur deux législatures récentes (1993 et 1997) indiquent une même tendance générale, malgré une lente amélioration dans le cas des minorités visibles (elles composent aujourd'hui à peu près 10 % de la population canadienne et environ 6 % des députés fédéraux)[3].

En réponse à ces études, plusieurs formules ont été proposées pour résoudre le problème de la sous-représentation. Par exemple, on pourrait rendre les partis politiques plus ouverts en supprimant les barrières qui dissuadent les femmes, les minorités ethniques et les pauvres de se porter candidats à une élection ou à la direction d'un parti. C'était d'ailleurs l'optique centrale qu'avait retenue cette récente Commission royale, laquelle étudia différentes avenues : un plafond de dépenses lors des campagnes d'investiture, le financement public de ces mêmes campagnes, que ce soit directement ou par l'entremise d'une déduction d'impôt proportionnelle aux contributions versées à de telles campagnes ; la mise sur pied, au sein de chaque parti, de comités formels chargés de repérer et de nommer des candidats potentiels provenant de groupes défavorisés, voire des primes d'encouragement allouées aux partis qui nomment ou élisent des individus issus de ces mêmes groupes.

Une autre approche consisterait à adopter le mode de scrutin qu'on retrouve couramment en Europe, c'est-à-dire le système de « listes de parti ». Dans sa forme la plus simple, il se présente ainsi : chaque parti politique présente une liste de candidats, et le nombre de sièges remportés par chacun correspond au pourcentage du vote populaire obtenu. Un parti recueillant 25 % du vote populaire aurait donc 25 % des sièges à l'assemblée. Bref, dans une assemblée comportant 200 sièges, les cinquante premières personnes nommées sur la liste seraient élues[4].

Ce système a été conçu pour assurer une représentation plus équitable des petits partis politiques, mais il a aussi été historiquement associé à une plus grande diversité chez les candidats. Comme Lisa Young le fait remarquer[5], dans notre système uninominal à un tour, chaque association partisane dans une circonscription ne peut choisir qu'un seul candidat. Les campagnes d'investiture, par conséquent, constituent un jeu à somme nulle : choisir une femme (ou un membre d'une minorité visible) signifie rejeter un homme (ou un blanc). Un système de listes de parti, par contre, permet et encourage un « équilibrage des équipes électorales », c'est-à-dire que la liste électorale de chaque parti comprendra à la fois des hommes et des femmes, des blancs et des membres de minorités visibles. Cela rend aussi plus visibles les carences de représentation dans le processus d'investiture et contribue donc à rendre les partis plus responsables de leurs choix. Dans le système actuel, si un parti présente un homme blanc dans neuf circonscriptions sur dix, cela peut bien représenter le résultat involontaire de dix décisions indépendantes, dont aucune ne comportait de vélléité discriminatoire ou exclusive. Toutefois, dans un système proportionnel, si un parti présente une liste de dix personnes ne comprenant qu'une femme ou qu'un membre d'une minorité visible, son choix de ne pas présenter un éventail de candidats plus représentatif ne peut être que délibéré. Pour ces raisons, il est probable qu'un système de listes de parti permettrait d'obtenir une Chambre des communes plus représentative qu'elle ne l'est en vertu du système actuel.

Différentes variantes de ces propositions de réforme des campagnes de financement et du mode de scrutin ont été adoptées dans de nombreux pays. Bien qu'elles aient eu certains effets bénéfiques, elles n'ont toutefois pas réussi à éliminer les problèmes de sous-représentation[6]. Une troisième avenue, plus radicale, est donc proposée de plus en plus souvent : réserver spécifiquement un certain nombre de sièges du Parlement aux membres des groupes défavorisés ou marginalisés. Pendant les débats au sujet de l'accord de Charlottetown, par exemple, diverses recommandations de représentation garantie ont été soumises. Ainsi, le Comité canadien d'action sur le statut de la femme (CCA) a recommandé que 50 % des sièges du Sénat soient réservés aux femmes et qu'on garantisse une représentation proportionnelle des minorités ethniques ; l'Association canadienne-française de l'Alberta a recommandé qu'au moins un des six sénateurs élus dans chaque province représente la minorité linguistique de cette même province ; et différentes commissions d'enquête ont plaidé pour la création de circonscriptions réservées aux autochtones à la Chambre des communes ou au Sénat[7]. Plus récemment, lorsque la Constitution du nouveau territoire du Nunavut a été préparée, on a sérieusement envisagé la possibilité de réserver aux femmes 50 % des sièges de l'Assemblée territoriale[8]. Des propositions similaires de sièges réservés aux femmes, aux noirs ou à d'autres groupes ont été faites aux États-Unis et en Grande-Bretagne, et des mesures en ce sens sont déjà en vigueur dans certains autres pays.

Malheureusement, de nombreux Canadiens ont, dès qu'est évoquée l'idée de la représentation des groupes, un réflexe de rejet parce qu'ils considèrent que cette idée équivaut à une sorte « d'apartheid » et de « séparatisme ». Dans ce chapitre, je tenterai de montrer que, au contraire, les mesures proposées pour assurer la représentation des groupes traduisent de véritables efforts pour s'attaquer à un grave problème, et ce, d'une façon cohérente avec les principes de la démocratie libérale et de l'intégration sociale. Ici encore, mon but n'est pas de défendre ou de critiquer quelque formule particulière, mais plutôt de démontrer qu'il est important de garder l'esprit ouvert à l'idée même de représentation des groupes. À une époque où les Canadiens se montrent de plus en plus insatisfaits de leur rôle de citoyens — en tant que participants au processus démocratique d'un gouvernement autonome — des changements politiques majeurs semblent nécessaires, sans quoi la légitimité et la stabilité de nos institutions démocratiques pourraient bien s'en trouver minées.

2. Quoi de neuf à propos de la représentation des groupes ?

Certains considèrent que la notion de représentation des groupes marque une rupture radicale avec les conceptions qui prévalent dans une démocratie représentative et que cette rupture menacerait de miner les principes libéraux-démocratiques tant célébrés que sont les droits individuels et la responsabilité citoyenne. D'autres croient en revanche que la représentation des groupes découle en toute logique des principes et des mécanismes actuels de la représentation et même qu'elle coïncide parfaitement avec l'objectif séculaire de la politique et de la culture politiques canadiennes, soit l'instauration d'un équilibre entre les droits individuels et les droits collectifs. Il y a du vrai dans chacune de ces deux positions. D'une part, la représentation des groupes est en rupture complète avec le système établi de circonscriptions géographiquement définies et à représentant unique. De plus, elle remet profondément en question notre conception traditionnelle de la représentation et pourrait avoir des effets importants sur la politique canadienne. Je me pencherai sur certains de ces effets dans la prochaine section.

Mais il est également vrai que la représentation des groupes coïncide avec certains des aspects les plus anciens du processus électoral canadien. Par exemple, elle peut être considérée comme une extrapolation de la pratique courante qui consiste à redessiner les frontières des circonscriptions afin que celles-ci correspondent à des « communautés d'intérêt ». Si les circonscriptions au Canada sont censées être de taille relativement égale, elles ne sont toutefois pas conçues comme des regroupements aléatoires d'un nombre équivalent de citoyens. Les circonscriptions sont, autant que possible, délimitées de telle sorte que les citoyens qui y habitent aient en commun certains intérêts —

économiques, ethniques, religieux, écologiques, historiques ou autres —
qui peuvent ainsi être représentés au Parlement.

Tant au Canada qu'aux États-Unis, les limites de certaines circonscriptions ont été tracées afin de présenter une prédominance rurale.
Autrement, dans une société de plus en plus urbanisée, les voix en
milieu rural et agricole auraient du mal à se faire entendre. Cette pratique visant à favoriser la représentation de communautés d'intérêt est
non seulement largement accepté, mais imposée par la Loi sur la représentation électorale (1964) et la Loi sur la représentation (1985). Le
principe en fut confirmé dans le rapport de la Commission royale sur
la réforme électorale en 1991 :

> Quand une communauté d'intérêt est dispersée dans deux circonscriptions
> ou plus, la capacité des électeurs à faire valoir leurs intérêts collectifs se
> trouve en conséquence diminuée. Leur désir de participer est de même
> réduit, parce que le résultat ne reflète pas les intérêts de leur communauté.
> Lorsque cela se produit, tout particulièrement lorsqu'il aurait pu en être
> autrement, la légitimité du système électoral est mise à mal[9].

Dans ce passage, les commissaires avaient à l'esprit des communautés d'intérêt concentrées sur un même territoire, et il est évidemment pour de telles communautés que les modifications de la carte électorale peuvent être efficaces. L'argument que les commissaires invoquent
ici pourrait toutefois aussi bien valoir pour les communautés d'intérêt
qui ne sont pas concentrées territorialement. S'il est souhaitable que des
mesures particulières soient adoptées afin d'assurer la représentation de
communautés chevauchant deux circonscriptions, pourquoi ne pas
appliquer le même type de mesures afin d'assurer la représentation de
communautés d'intérêt éparpillées dans l'ensemble du pays, comme les
femmes, les handicapés, les minorités visibles ou les pauvres[10] ? De telles
mesures ne seraient-elles pas tout aussi justifiées à la lumière des objectifs de la représentation que sont l'efficacité et la légitimité ?

La volonté de représenter les communautés d'intérêt indique que
la politique au Canada n'a jamais été fondée sur une conception purement individualiste du droit de vote et de la représentation. Dans une
perspective individualiste, tout ce qui importe est que chaque individu

ait un vote équivalent, au sein de circonscriptions équivalentes. Voilà tout ce qui est nécessaire pour respecter le principe selon lequel chaque individu a le même droit de vote que les autres, et dans cette optique, tant que les circonscriptions sont de tailles similaire, on doit se montrer indifférent à la façon dont elles sont délimitées. Mais cette position fait fi de la réalité selon laquelle les Canadiens votent en tant que membres de communautés d'intérêt et souhaitent donc être représentés sur la base de ce principe. Comme l'affirme la Commission dans son rapport :

> le droit de vote et la représentation ne constituent pas des phénomènes pure-
> ment individualistes ; les deux s'expriment aussi à travers des fonctions
> collectives ou communautaires. L'approche individualiste repose sur une
> compréhension partielle et incomplète du processus électoral et de la repré-
> sentation. En invoquant l'idéal d'une égalité des suffrages, elle ne favorise
> pas un droit constitutionnel critique. Mais en faisant fi de la dimension de
> la communauté, cette perspective s'avère au mieux irréaliste et au pire, elle
> occulte les demandes légitimes des groupes minoritaires[11].

Même aux États-Unis, souvent considérés comme l'incarnation même du principe individualiste, on reconnaît la nécessité de s'écarter d'un suffrage strictement individuel afin que soient représentées les communautés d'intérêt. Et dans les deux pays, on peut exciper de la logique sous-jacente de ces pratiques pour justifier le principe de la représentation de groupes non territoriaux[12].

De même, les exigences de représentation que formulent des groupes défavorisés peuvent être considérées comme une extrapolation de celles qu'expriment depuis longtemps des régions plus petites sou-haitant une représentation accrue au Sénat. Nombreux sont ceux dans les provinces maritimes et dans l'Ouest qui ont réclamé une réforme du Sénat ainsi qu'une hausse de la représentation régionale au niveau fédé-ral. Ils ont exigé un Sénat de type américain, dans lequel chaque pro-vince élirait un même nombre de sénateurs, sans égard à la taille de sa population. L'objectif serait d'assurer une représentation effective des plus petites provinces qui risquent d'être négligées à la Chambre des communes car la majorité des députés représente les deux provinces les plus populeuses, soit l'Ontario et le Québec.

Certains Canadiens en sont venus à la conclusion que, si les régions marginalisées ont besoin d'une représentation spéciale, il en va de même pour des groupes défavorisés ou marginalisés comme les femmes et les pauvres. Des études historiques révèlent que ces groupes, encore plus que les petites provinces, sont généralement sous-représentés au Parlement et laissés de côté dans le processus de prise de décisions politiques. Même si des groupes comme le Comité canadien d'action sur le statut de la femme (CCA) ne se sont pas opposés à l'idée d'accroître la représentation des petites provinces, ils ont fait valoir que des mesures semblables sont nécessaires pour garantir aux groupes défavorisés et marginalisés, particulièrement les femmes et les minorités visibles[13], une représentation accrue au Sénat.

Certains des partisans de longue date d'une représentation régionale accrue ont été offusqués par cette tentative d'élargir à la représentation des groupes le débat sur la réforme du Sénat. Ils ont accusé le CCA et les autres partisans de la représentation des groupes de « prendre en otage » la conférence constitutionnelle de Calgary de janvier 1992 et d'évacuer le sujet initial du débat — c'est-à-dire l'amélioration de la représentativité régionale du Sénat[14]. Mais nous devons nous demander si les deux questions peuvent bel et bien être distinguées, ou si les partisans de la représentation régionale ne sont pas forcés, en vertu de leur propre logique, d'accepter la représentation des groupes.

L'argument traditionnel invoqué pour accroître la représentation régionale — qui fut constamment réutilisé par la Canada West Foundation — pose que les profondes différences économiques et culturelles entre les régions du Canada donnent naissance à des intérêts différents et parfois contradictoires, que les intérêts des régions plus petites ou plus pauvres ne peuvent pas être efficacement représentés dans un système fondé sur la stricte loi de la majorité et que la règle de la majorité est légitime uniquement « au sein de structures gouvernementales garantissant une sensibilité adéquate aux préoccupations des minorités[15] ». Mais chacune de ces affirmations peut aussi s'appliquer au cas des groupes non territoriaux : les diverses conditions et expériences des hommes et des femmes, des noirs et des blancs, des individus en bonne santé et des handicapés, des riches et des pauvres, donnent naissance à des intérêts différents et parfois contradictoires. Et les intérêts des groupes plus petits ou plus pauvres peuvent ne pas être bien représentés dans un système où règne la loi de la majorité.

D'importantes dimensions de la vie politique canadienne viennent donc étayer l'idée d'une représentation des groupes. Cela signifie que les revendications en faveur d'une telle représentation, qui ont émergé lors du dernier cycle de négociations constitutionnelles, ne devraient pas être rejetées sous prétexte qu'elles sont des aberrations momentanées.

En bout de course, la plupart des propositions qui visent à améliorer la représentation des femmes ou d'autres groupes sociaux furent éliminées de l'accord de Charlottetown. On opta plutôt pour une représentation régionale accrue, à l'exception de la proposition visant à garantir des sièges aux autochtones. L'accord permettait toutefois à chaque province de choisir son propre mode de sélection de ses sénateurs. D'ailleurs, trois des dix premiers ministres provinciaux déclarèrent immédiatement qu'ils adopteraient une loi provinciale exigeant que 50 % de leurs sièges au Sénat soient octroyés à des femmes. Même si l'accord fut défait, il semble probable que toute future proposition de réforme du Sénat devra tenir compte à la fois de la représentation des régions et de celle des groupes.

3. Pourquoi une représentation des groupes ?

L'opinion selon laquelle le système politique actuel souffrirait de « non-représentativité » est largement répandue. Mais qu'est-ce que cela signifie au juste ? S'il est vrai que les onze hommes blancs qui ont négocié l'accord de Charlottetown n'étaient pas *démographiquement* représentatifs de la population, ils étaient tout de même les représentants élus de la population et, dans de nombreux cas, jouissaient d'un fort appui électoral des minorités et des groupes défavorisés. La thèse selon laquelle les groupes minoritaires n'étaient donc aucunement représentés au moment des négociations constitutionnelles semble reposer sur la prémisse que l'on ne peut être vraiment « représenté » que par des individus qui sont du même sexe, de la même classe sociale, de la même profession, de la même ethnie, du même groupe linguistique, etc., que soi.

On qualifie parfois cette conception de « représentation miroir ». Selon cette école de pensée, une assemblée n'est représentative de la population en général que dans la mesure où elle en reflète parfaitement les caractéristiques ethniques, sexuelles et socioéconomiques. En d'autres termes, il faut qu'au moins un membre d'une assemblée législative partage les caractéristiques d'un groupe d'individus pour que ce dernier se trouve représenté[16]. Cette idée s'oppose au principe plus familier qui définit la représentation par rapport à la procédure employée pour l'élection des représentants, et non en fonction des attributs personnels des candidats. Selon ce principe traditionnel, un groupe de citoyens est représenté à une assemblée lorsque ses membres participent à l'élection d'un ou de plusieurs députés, même si les caractéristiques personnelles de ces derniers s'avèrent très différentes de celles du groupe.

Pourquoi les caractéristiques des représentants importent-elles autant ? Des commentateurs soutiennent que les individus doivent avoir en commun certaines expériences ou certaines caractéristiques s'ils veulent vraiment comprendre leurs besoins et leurs intérêts mutuels. Selon cette perspective, un homme ne peut simplement pas comprendre ce que sont les intérêts d'une femme : « nul effort de réflexion ou d'empathie, peu importe le sérieux ou la sincérité dont il est empreint, ne peut permettre de franchir les barrières de l'expérience[17] ». C'est là une thèse radicale quant aux limites de la représentation, et je la critiquerai plus loin. Néanmoins, il importe de comprendre les raisons pour lesquelles les questions relatives aux caractéristiques personnelles des représentants sont tellement plus présentes aujourd'hui que dans les courants de gauche antérieurs. Ces questions n'étaient pas soulevées dans les partis de gauche traditionnels, lesquels se concentraient sur les intérêts matériels ou sur l'idéologie sociale-démocrate. Aux yeux des militants de ces partis, il ne semblait pas très important que des membres de la classe ouvrière eux-mêmes soient les représentants attitrés du mouvement. La question vitale pour eux était la suivante : qui peut le mieux définir l'idéologie du mouvement et défendre ses intérêts ? Il n'est donc pas surprenant que des universitaires, des juristes, des membres du clergé et des travailleurs sociaux aient habituellement occupé les postes de direction des partis politiques représentant les travailleurs.

Les groupes identitaires, en revanche, ne se fondent pas sur des intérêts matériels ou une idéologie politique. Comme nous l'avons vu, ces groupes identitaires, qu'ils soient ethniques ou non, se définissent plutôt par rapport à la culture et mettent l'accent sur la communauté et l'identité. C'est ce qui permet de comprendre que, dans les mouvements sociaux de notre époque, les caractéristiques personnelles des représentants soient si importantes. Lorsqu'un groupe se définit lui-même par rapport à un sentiment commun d'« identité » ou de « communauté » et s'organise en fonction de la reconnaissance publique de cette même identité, il semble évidemment plus plausible de prétendre que seules les personnes faisant vraiment partie de ce groupe peuvent parler en son nom. Dans une telle optique, il ne suffit pas de comprendre les théories économiques ou les idéologies politiques pour saisir ce qui, pour un groupe, rend acceptables ou non certaines politiques ; on doit se tourner vers les expériences concrètes de la vie du groupe — les humiliations qu'il a subies et les espoirs auxquels il s'accroche. Ce besoin d'une représentation fondée sur le groupe mène à ce qu'Anne Phillips qualifie de « politique de présence », qu'il faut alors distinguer de la « politique des intérêts » ou la « politique des idées » de naguère[18].

L'insistance sur les caractéristiques personnelles des représentants découle également de l'argument suivant : même si un homme blanc peut comprendre les intérêts des noirs ou des femmes, on ne peut lui faire confiance lorsqu'il est question de travailler dans le sens de ces mêmes intérêts. Christine Boyle, par exemple, prétend que les intérêts des hommes étant différents de ceux des femmes en ce qui concerne les revenus, la discrimination, les droits et les soins aux enfants, « il semble raisonnable de déduire qu'il est impossible pour les hommes de représenter les femmes ». L'hypothèse ici n'est pas nécessairement que les hommes sont incapables de saisir les intérêts des femmes, mais plutôt que, à « un moment donné, les membres d'un groupe ont le sentiment qu'un individu issu d'un autre groupe se trouve en conflit d'intérêts tel que la représentation est impossible, ou à tout le moins improbable[19] ». Ce même argument a refait surface lorsque des blancs se sont trouvés en situation de représenter des Afro-Américains[20].

Il y a du vrai dans ces deux cas. Notre capacité d'empathie, c'est-à-dire l'aptitude à se mettre dans la peau des autres, est limitée, malgré toute la sincérité que nous pouvons y déployer — sans compter que la plupart d'entre nous ne sont pas tellement enclins à essayer. Néanmoins, l'idée d'une « représentation miroir » présente de sérieuses failles, et peu de partisans de la représentation des groupes l'ont reprise à leur compte en guise de théorie générale de la représentation.

Premièrement, poussée dans ses ultimes conséquences logiques, l'idée qu'une assemblée doive refléter la composition de la population nous force à abandonner les processus à caractère électoral et à nous tourner complètement vers un mode de sélection des représentants par tirage au sort ou échantillonnage aléatoire. Comme le constate Hanna Pitkin, « la sélection par tirage au sort ou par un échantillonnage aléatoire est le meilleur moyen d'obtenir un réel portrait à l'échelle qui reflète l'ensemble de la population[21] ». Il reste que, pour la plupart des partisans de la représentation des groupes, un tel système équivaudrait à l'abandon non seulement du principe démocratique de la légitimité des représentants du peuple, mais aussi de leur obligation à rendre des comptes à l'électorat.

Deuxièmement, affirmer que les hommes ne peuvent comprendre les besoins et les intérêts des femmes ou que les blancs ne peuvent comprendre les besoins des noirs peut facilement servir de prétexte aux hommes blancs ne voulant pas tenter de comprendre ou de représenter les besoins des autres. C'est précisément ainsi que les opposants à cette formule qualifient ce qui est arrivé au Parlement de la Nouvelle-Zélande, où on avait garanti certains sièges aux Maoris. Les non-Maoris ont interprété cette garantie comme un alibi pour se désintéresser des affaires des Maoris et n'accepter aucune responsabilité à leur égard[22].

Troisièmement, la thèse selon laquelle les hommes ne peuvent comprendre les intérêts des femmes est à double tranchant, car elle implique que les femmes ne sont pas aptes à comprendre et à représenter les hommes. Cette thèse (que certains hommes partagent sans doute) conduit logiquement à la conclusion peu agréable que les hommes eurent raison, historiquement, de se montrer réfractaires à être représentés par des femmes. Elle signifie plus généralement qu'un individu ne peut parler qu'au nom du groupe auquel il appartient. Certains partisans de la représentation des groupes sont prêts à accepter cette thèse. Ainsi, selon Beverley Baines, « si on doit tout dire, alors disons-le : les femmes [ne sont pas] particulièrement intéressées à représenter les hommes[23] ». La plupart des partisans de la représentation des groupes n'apprécient tout de même guère « un système politique dans lequel les individus [se trouvent] élus uniquement pour défendre les intérêts ou l'identité de leur propre groupe[24] ».

Ces objections ne prouvent nullement que toute personne peut comprendre, et donc représenter, les intérêts des membres appartenant à des groupes autres que le sien ou ayant une existence ou des caractéristiques considérablement différentes des siennes. Mais l'affirmation selon laquelle les membres d'un groupe ne peuvent représenter ceux d'un autre groupe est assurément excessive, puisqu'elle doit s'avérer au sein des groupes autant qu'entre les groupes. Tous les groupes ont des sous-groupes qui possèdent leurs expériences et leurs traits propres. Si les hommes ne sont pas aptes à représenter les femmes, alors les femmes blanches peuvent-elles représenter les femmes non blanches ? Et chez les femmes non blanches, les Asiatiques peuvent-elles représenter les Antillaises[25] ? De même, les femmes asiatiques hétérosexuelles de la classe moyenne et en bonne santé peuvent-elles représenter les femmes asiatiques pauvres, lesbiennes ou handicapées ? Poussé au bout de sa logique, le principe de la représentation miroir semble saper toute possibilité même de représentation. Si « aucun effort de réflexion ou d'empathie, quelle que soit la sensibilité ou l'honnêteté dont il est empreint, ne peut arriver à la cheville de l'expérience personnelle[26] », alors comment quiconque pourrait-il représenter autrui ? Ces problèmes nous font comprendre qu'il faut éviter d'ériger la représentation miroir au rang de théorie générale de la représentation. Nul doute qu'il y a des limites à la capacité et à la volonté de chacun de faire un « un effort de réflexion ou d'empathie ». Mais il ne s'agit pas d'accepter ces limites. Nous devons au contraire les repousser sans cesse afin de créer une culture politique dans laquelle les individus sont mieux disposés à se mettre dans la peau des autres et à saisir vraiment leurs besoins et leurs

intérêts afin d'être en mesure de les représenter. Cette tâche n'a rien
d'aisé. Pour être menée à bien, elle nécessiterait des modifications à
notre système d'éducation, à la façon dont les médias présentent les différents groupes et une transformation de notre processus politique. Et
même dans ce cas, il n'y aurait aucune garantie que les membres d'un
groupe comprendraient les besoins d'individus issus d'autres groupes.
Mais renoncer à la possibilité de la représentation entre groupes revient
à abandonner l'édification d'une société dans laquelle les citoyens s'engagent à répondre aux besoins des autres et à partager leur destin.

Ainsi donc, seul un nombre limité de partisans de la représentation
des groupes font de la représentation miroir leur théorie générale de la
représentation. Le plaidoyer en faveur de la représentation des groupes
se fait plutôt de façon contextuelle, comme un mécanisme approprié
pour représenter certains groupes à certaines conditions. Dans l'arène
canadienne, les arguments contextuels en faveur de la représentation
des groupes relèvent de deux catégories principales : la discrimination
systémique et l'autonomie politique.

On présente souvent les droits de représentation des groupes
comme un moyen d'éliminer certaines inégalités systémiques, inhérentes au processus politique, qui empêchent toute représentation effective des opinions et des intérêts d'un groupe. Iris Young, écrivant dans
un contexte américain, prétend que des droits de représentation spéciaux devraient être accordés à des « groupes opprimés » :

> Dans une société où certains groupes sont privilégiés alors que d'autres se
> trouvent opprimés, exiger que des personnes, en tant que citoyens, laissent
> de côté leurs affiliations et leurs expériences particulières pour adhérer à une
> perspective générale ne fait que renforcer la position des privilégiés. Puisque
> la perspective et les intérêts des privilégiés tendront toujours à prédominer
> dans ce groupe unifié, ceux des autres groupes seront alors marginalisés ou
> complètement négligés[27].

Selon Young, les groupes opprimés sont défavorisés dans le processus politique et « la solution consiste au moins en partie à fournir des
moyens institutionnels pour en assurer la reconnaissance et la représentation[28] ». Ces moyens incluraient un financement public des

groupes de pression, une représentation garantie dans les assemblées et un droit de veto sur les mesures ponctuelles affectant un groupe en particulier. Il ne s'agit pas ici de dire que le pouvoir législatif doit refléter parfaitement la composition de la société, mais plutôt de reconnaître que la domination historique de certains groupes sur d'autres a laissé un héritage d'obstacles qui rendent difficile toute participation effective des groupes historiquement défavorisés au processus politique[29].

Une variante de cette position prônant une meilleure représentation politique des femmes au Canada a été présentée par Christine Boyle en 1983. Selon elle, les 65 années écoulées depuis que les femmes ont acquis le droit de vote ont démontré que « l'inclusion des femmes dans un système qui a été conçu par les hommes et à l'usage des hommes » ne procure pas une représentation adéquate des intérêts des femmes[30]. Puisque le système a été conçu « par les hommes et à l'usage des hommes », les femmes sont défavorisées : d'abord, quant à leur capacité d'y participer (en raison de leurs responsabilités familiales), ensuite, parce que leurs opinions ne sont pas souvent prises au sérieux (en raison des préjugés et des stéréotypes sexistes). Réserver des sièges aux femmes susciterait un véritable partage du pouvoir entre les hommes et les femmes et mènerait à diverses réformes systémiques, si bien qu'un jour on pourrait dire que le système a été conçu par les hommes et les femmes et à l'usage des hommes et des femmes.

Dans la mesure où les formules de représentation des groupes seront adoptées en réponse à l'oppression ou aux inégalités systémiques, on les considérera alors comme des mesures temporaires devant conduire à une société où la nécessité d'une représentation spéciale n'existera plus, du moins sous forme de « discrimination positive » politique. La société devrait chercher à éliminer l'oppression et les inégalités, car il ne serait alors plus nécessaire d'adopter de telles formules. Au Canada, toutefois, la question s'avère plus complexe parce que le principe de la représentation spéciale des groupes est parfois invoqué non pas en vue d'éliminer une discrimination systémique, mais en tant qu'élément essentiel du droit à l'autonomie politique. Comme je le faisais remarquer dans l'introduction, la notion de « droit à l'autonomie politique » renvoie aux revendications des peuples

autochtones et des Québécois à l'exercice de pouvoirs autonomes dans
certains domaines cruciaux afin d'assurer la pleine et libre croissance de
leur culture respective, dans le meilleur intérêt de leurs peuples. Dans
ces cas, l'autonomie permettrait de limiter l'autorité du gouvernement
central sur le Québec ou sur les réserves amérindiennes. Et comme
nous allons le constater dans la deuxième partie du livre, ces limites
peuvent bien être asymétriques, c'est-à-dire que la pleine reconnaissance du droit à l'autonomie politique pourrait signifier que certaines
lois fédérales en vigueur au Canada ne s'appliqueraient plus sur le territoire du Québec ou sur les territoires autochtones. Ces limites imposées à l'autorité fédérale ne sont considérées ni comme des mesures
temporaires, ni comme la réparation d'une forme d'oppression que
nous pourrions (et devrions) un jour éliminer. Au contraire, le droit à
l'autonomie politique est souvent qualifié d'« intrinsèque » et donc de
permanent (c'est pourquoi les partisans de l'autonomie cherchent à lui
conférer une reconnaissance constitutionnelle).

J'analyserai la cohérence et la dynamique des revendications d'autonomie politique dans les chapitres 9 à 13. Est plutôt en jeu ici le
rapport entre l'autonomie politique et la représentation des groupes,
rapport complexe qui donne une nouvelle dimension au débat qui
nous est plus familier : celui qui porte sur la représentation collective
envisagée comme un antidote à la discrimination. D'une part, dans la
mesure où elle réduirait le rôle du gouvernement fédéral au Québec
ou dans les réserves autochtones, l'autonomie politique semble
entraîner une diminution de l'influence du groupe autonome — au
moins dans certains domaines — au niveau fédéral. Par exemple, si
l'autonomie politique entraîne un transfert asymétrique de compétences d'Ottawa vers le Québec et qu'il s'ensuit que le gouvernement
fédéral fait adopter des lois qui ne seraient pas en vigueur dans cette
province, il semble parfaitement équitable que les Québécois, au
Parlement, n'aient pas le droit de se prononcer sur ces mêmes lois
(surtout si leurs votes pouvaient faire la différence). Il semblerait ainsi
injuste que les élus fédéraux du Québec élaborent une loi fédérale sur
l'immigration qui ne s'appliquerait pas sur le territoire du Québec. Le
même principe vaudrait pour tout député autochtone qui aurait été
élu dans des circonscriptions spécifiquement autochtones et qui

devrait prendre position sur des lois auxquelles échapperaient les peuples autochtones.

D'autre part, le droit à l'autonomie politique dans certains domaines entraîne le droit à une représentation de groupe dans toute institution susceptible d'interpréter ou de modifier les pouvoirs liés à ces domaines. Que l'on garantisse au Québec une représentation à la Cour suprême semble être le prolongement logique du principe d'autonomie politique, puisque la Cour suprême doit résoudre les conflits concernant le partage des pouvoirs entre le fédéral et le gouvernement du Québec. C'est pourquoi le Québec s'est vu garantir trois des neuf sièges à la Cour. De même, les peuples autochtones exigent d'être représentés dans tous les organismes judiciaires (comme les tribunaux traitant des revendications territoriales) chargés de régler les différends relatifs à leurs droits en matière d'autonomie politique[31].

En simplifiant beaucoup les choses, on peut dire que l'autonomie politique implique une représentation garantie dans les institutions et organismes *judiciaires* ou *intergouvernementaux* où se négocie, s'interprète ou se modifie le partage des pouvoirs, mais une représentation limitée au sein des institutions et organismes fédéraux qui légifèrent dans les champs de compétences purement fédérales[32]. Il est donc erroné de prétendre (à l'instar de la Commission Beaudoin-Dobbie) qu'une « représentation autochtone garantie au Sénat canadien sera une conséquence logique de l'autonomie politique autochtone[33] ». Au contraire, la conséquence logique de l'autonomie politique est un amoindrissement de la représentation. Le droit à l'autonomie politique est exercé contre l'autorité du gouvernement fédéral, mais ne confère aucune influence particulière sur l'exercice de cette autorité. C'est pour cette raison que certains autochtones qui appuient l'autonomie politique s'opposent par ailleurs à toute représentation garantie aux Communes, car, dans le cas contraire, le gouvernement central pourrait en conclure qu'il a le droit de gouverner les communautés amérindiennes[34].

Évidemment, les autochtones peuvent aussi revendiquer une représentation spéciale au Parlement fédéral en arguant de l'inégalité systémique dont ils ont souffert. La revendication d'un droit inhérent à l'autonomie politique n'exclut pas les revendications fondées sur des inégalités temporaires. Toutefois, il importe de savoir de quel type de

revendications il est question, puisqu'elles concernent différents organismes gouvernementaux de différentes façons et selon différentes
durées et qu'elles s'appliquent à différents sous-groupes au sein des
communautés autochtones[35]. Puisque le droit à l'autonomie politique
est considéré intrinsèque et permanent, il en va de même des garanties
de représentation qui découlent de cette autonomie, alors que les droits
procédant d'inégalités sont, en principe, temporaires.

4. Évaluer la représentation des groupes

J'ai tenté de montrer que le principe de la représentation des
groupes ne peut être simplement rejeté sans autre forme de procès. Ce
principe s'inscrit dans la lignée de plusieurs précédents importants dans
les pratiques de la représentation au Canada et, bien que le principe
général de la représentation miroir demeure intenable, deux arguments
contextuels peuvent justifier certaines formes modérées de représentation des groupes dans certaines circonstances, à savoir l'élimination des
inégalités systémiques et la consolidation de l'autonomie politique. Ces
arguments permettent d'étayer la position selon laquelle la représentation des groupes peut jouer un rôle important, quoique limité, au sein
du système canadien de démocratie représentative. Toutefois, toute proposition de représentation des groupes doit élucider un certain nombre
de questions difficiles. Dans la dernière partie du présent chapitre, je
vais simplement effleurer certaines de ces questions et présenter le type
de problèmes qui doivent être considérés dans l'élaboration ou l'évaluation de toute proposition visant la représentation des groupes.

Quels groupes devraient être représentés ?

Comment déterminer les groupes pouvant se prévaloir du principe
de la représentation des groupes ? De nombreux adversaires de ce principe prétendent qu'il est impossible de répondre à cette question ou,
plutôt, que toute réponse sera arbitraire et non fondée. Mais les critères
mentionnés plus haut démontrent cependant qu'il existe des façons

d'établir des distinctions raisonnables entre différents groupes. Un groupe a droit à la représentation s'il satisfait à l'un des deux critères suivants : soit ses membres sont en position d'inégalité systémique dans le processus politique, soit ils peuvent légitimement prétendre à l'autonomie politique.

De ces deux critères, le principe de l'autonomie gouvernementale est le plus facile à appliquer. Au Canada, seuls les peuples autochtones et les Québécois constituaient des nations autonomes avant leur intégration au Canada. Le critère de l'inégalité systémique est plus complexe. Beaucoup de groupes prétendent être en position d'inégalité sur certains plans, même s'ils peuvent être privilégiés sur d'autres, et la façon dont nous pouvons mesurer les degrés d'inégalité n'a rien de clair. Selon Iris Young, « une fois que nous aurons clairement établi que le principe de représentation des groupes ne vaut que pour les groupes sociaux opprimés, alors la crainte d'une prolifération insoutenable de cette représentation se dissipera sans doute[36] ». Cependant, sa liste de « groupes opprimés » aux États-Unis semble inclure les quatre cinquièmes de la population. Comme elle l'explique ailleurs, « aujourd'hui, aux États-Unis, au moins les groupes suivants sont opprimés d'une façon ou d'une autre : les femmes, les noirs, les Amérindiens, les chicanos, les Portoricains et les autres hispanophones, les Américains d'origine asiatique, les gays et les lesbiennes, les ouvriers, les pauvres, les vieux et les handicapés mentaux et physiques[37] », en somme, tout le monde sauf les hommes blancs, hétérosexuels, relativement nantis, plutôt jeunes et non handicapés.

Même si la liste des groupes opprimés était plus courte, il est difficile de voir comment les critères de Young empêcheraient « la prolifération insoutenable » qu'elle évoquait, puisque chacun de ces groupes comporte des sous-groupes qui pourraient revendiquer leurs propres droits. En Angleterre, par exemple, la catégorie des personnes « noires » occulte les profondes divisions entre les communautés asiatiques et afro-antillaises, chacune d'entre elles pouvant ensuite être subdivisée plus finement en d'autres groupes ethniques. Étant donné la propension à la fragmentation, nous pouvons nous interroger, à l'instar de Phillips : « Qu'est-ce qui, dans ce contexte, constitue alors une représentation ethnique adéquate[38] ? »

D'autre part, comme Young le fait remarquer, maints partis politiques et syndicats ont adhéré au moins en partie au principe de la représentation des groupes sans pour autant s'engager dans une folle spirale d'exigences croissantes et de plus en plus fragmentées[39]. En outre, nous avons déjà acquis une certaine expérience concrète dans l'application de ce principe grâce aux mesures de discrimination positive[40]. De même, la Cour suprême a déjà entrepris de définir des critères d'identification pour les groupes historiquement défavorisés dans le cadre de l'interprétation de l'article 15(2) de la Charte des droits et libertés[41]. C'est un problème de taille — et aucune des formules de représentation des groupes élaborées jusqu'à maintenant ne l'a encore réglé de façon satisfaisante — mais il ne se limite pas au domaine de la représentation politique, et il est probablement inévitable dans un pays comme le Canada, habité par une volonté politique et juridique de réparer les injustices.

Règle générale, les groupes ethniques blancs ont manifesté peu d'intérêt pour la représentation des groupes. Ils préfèrent travailler au sein des partis politiques existants pour les rendre plus inclusifs, au lieu de tenter d'obtenir des sièges garantis par la loi[42]. Cela n'est pas surprenant, puisque les statistiques indiquent qu'ils ne sont pas défavorisés par le processus politique. Les minorité visibles, toutefois, qui sont nettement sous-représentées au Parlement, ont manifesté de l'intérêt pour le principe de la représentation des groupes.

Combien de sièges un groupe devrait-il obtenir ?

S'il est vrai que certains groupes ont effectivement besoin d'une représentation spéciale, combien de sièges devraient-ils obtenir ? Il y a deux façons de répondre à cette question, que l'on confond souvent, alors qu'il faudrait au contraire les distinguer puisqu'elles prennent deux orientations différentes. Une première réponse laisse entendre qu'un groupe devrait être représenté en proportion de son poids démographique. Par exemple, le Comité canadien d'action sur le statut de la femme (CCA) a déjà proposé que 50 % des sièges du Sénat soient réservés aux femmes (lesquelles représentent 50,7 % de la population, selon le recensement de 1991). L'autre réponse consiste à établir un nombre minimal de représentants qui garantirait que les opinions et les intérêts du groupe soient effectivement représentés.

La première solution découle directement du principe de la « représentation miroir ». Mais, comme nous l'avons vu, la plupart des défenseurs de la représentation des groupes n'adhèrent pas à ce type de solution. Et une fois que nous abandonnons cette conception de type miroir, il semble ne plus exister de motifs pour exiger une représentation exactement proportionnelle plutôt qu'un nombre minimal de représentants. Anne Phillips, par exemple, rejette la prémisse qui soustend la représentation miroir, selon laquelle il faut appartenir à un groupe donné pour être en mesure de comprendre ou de représenter ses intérêts. Toutefois, elle ajoute que, « au lieu de mettre en doute l'idée que seuls les membres de groupes défavorisés donnés peuvent comprendre ou représenter les intérêts de ces groupes, on pourrait retourner la question et se demander si une telle compréhension ou une telle représentation serait possible en l'absence totale d'individus issus de ces mêmes groupes[43] ». Son propos revient à dire que sans un nombre minimal de sièges, les autres ne seront pas en mesure de comprendre et ainsi de représenter les intérêts des groupes défavorisés.

En pratique, le critère du nombre minimal de sièges peut produire des résultats sensiblement différents de ceux que donne une représentation électorale parfaitement proportionnelle. Dans le cas des femmes, on peut soutenir que le nombre minimal de sièges permettant à l'expression effective des opinions des femmes est probablement moindre que la représentation électorale proportionnelle. La présidente du CCA défendait l'idée des 50 % de sièges au Sénat réservés aux femmes en arguant que cela garantirait aux femmes une « place à la table de discussion[44] ». Elle réclamait donc la représentation proportionnelle, mais en la défendant avec les arguments propres à la logique du seuil de représentation. Mais pour avoir sa « place à la table de discussion », faut-il vraiment détenir la moitié de tous les sièges?

Dans d'autres cas, cependant, le nombre minimal de sièges permettant une représentation effective peut être plus élevé que le nombre imposé par la représentation proportionnelle. Des recherches démontrent que si seulement un ou deux membres d'un groupe marginalisé ou défavorisé siègent à une assemblée législative ou à un comité, il est probable qu'ils seront laissés à l'écart et que leurs points de vue seront négligés[45]. La représentation proportionnelle pour certains groupes défavorisés, comme les peuples autochtones ou les minorités visibles, est susceptible d'aboutir à ce type de représentation symbolique. Le nombre de sièges nécessaires pour permettre l'expression adéquate de leurs opinions peut donc même excéder celui qui correspondrait à leur représentation proportionnelle. Étant donné les écarts possibles entre les conséquences respectives de ces deux approches, les tenants du principe de la représentation des groupes doivent donc déterminer la plus importante des deux[46].

Comment les représentants d'un groupe lui rendront-ils des comptes?

Quels mécanismes d'imputabilité devraient être mis en place afin de s'assurer que les députés et les sénateurs qui occupent des sièges réservés servent réellement les intérêts du groupe qu'ils sont censés représenter? En fait, comment pouvons-nous nous assurer que les représentants d'un groupe rendent vraiment des comptes à leur groupe? Ici encore, nous avons besoin de distinguer deux approches très différentes. De récentes formules visant à garantir la représentation autochtone, basées sur le modèle maori en Nouvelle-Zélande, imposent l'établissement de listes électorales distinctes pour les électeurs autochtones, de sorte que certains députés ou sénateurs ne sont élus que par des autochtones[47]. Ce modèle de représentation des groupes ne vise pas à spécifier les caractéristiques d'un candidat; il est donc possible, bien qu'improbable, que les électeurs autochtones élisent un représentant blanc. Ce qui compte ici n'est pas l'identité de la personne élue, mais la manière dont elle sera élue: un député élu par des autochtones aurait donc à rendre des comptes à ces derniers.

De telles approches rappellent la pratique sur laquelle nous nous sommes penchés précédemment, du découpage des limites des circonscriptions de manière à ce qu'elles coïncident en grande partie avec l'emplacement d'une « communauté d'intérêt ». On peut présumer qu'une telle communauté tendra à utiliser son poids électoral pour élire « un des siens ». Mais elle peut très bien, et cela se produit parfois, élire un individu qui n'en fait pas partie. Cela ne vient pas compromettre l'aspect essentiel de la prise en compte des communautés d'intérêt, puisqu'on ne justifie pas cette pratique selon la logique de la représentation miroir (laquelle pourrait être assurée par une loterie ou un tirage au sort). La justification consiste plutôt à favoriser la représentation des intérêts d'un groupe en amenant le député à lui rendre des comptes. Aux États-Unis, certains partisans du « redécoupage électoral » — une méthode utilisée pour créer des circonscriptions à majorité noire ou hispanique — soulignent qu'ils s'intéressent davantage à l'imputabilité qu'à la représentation miroir :

> On se trompe sur la valeur du redécoupage électoral si on le considère comme un mécanisme destiné à assurer que les noirs seront représentés par des noirs, les Hispanos-Américains par des Hispanos-Américains et les blancs par des blancs. Le but légitime du redécoupage électoral est de garantir que les principaux groupes au sein de la population conserveront leur capacité d'élire des représentants de *leur choix*[48].

Le modèle maori tente de fournir le même type d'imputabilité pour les groupes moins nombreux ou se trouvant davantage dispersés sur un territoire donné.

La plupart des formules de représentation des groupes n'imposent toutefois pas l'utilisation de listes électorales séparées et se concentrent presque toutes sur les caractéristiques des candidats plutôt que sur celles de l'électorat. Si la formule du CCA propose que 50 % des sénateurs soient des femmes, ces dernières seraient néanmoins choisies par l'électorat dans son ensemble, lequel comprend autant d'hommes que de femmes. De même, si la formule du CCA garantit l'octroi d'un nombre proportionnel de sièges de sénateur aux minorités visibles, ces sénateurs aussi seraient élus par l'électorat dans son ensemble, qui se compose en majorité de blancs.

Dans ce modèle, la représentation des groupes signifie que des députés ou des sénateurs appartiennent à un groupe donné, même s'ils ne sont pas élus par ce même groupe. Il n'est pas certain, toutefois, que cela constitue une forme de *représentation*, puisqu'il n'existe pas de mécanismes dans ce modèle pour établir ce que chaque groupe souhaite ou pour faire en sorte que les représentants de ce groupe agissent en conformité avec la volonté que celui-ci a exprimée. Le représentant n'a pas de comptes à rendre au groupe et il peut alors simplement faire fi de son opinion. En fait, étant donné que les représentants d'un groupe sont élus par l'électorat dans son ensemble, il serait peut-être imprudent pour eux d'agir d'une manière qui pourrait déplaire aux groupes dominants. Comme Phillips le dit : « l'imputabilité est toujours accolée à la représentation et, en l'absence de mécanismes pour établir ce qu'un groupe veut ou pense, nous ne pouvons parler véritablement de sa représentation politique[49] ».

En d'autres termes, les sièges garantis n'assureraient pas que les intérêts ou les besoins des femmes soient bel et bien « représentés ». L'idée que la présence de sénatrices serait *en soi* une garantie de la représentation des intérêts des femmes, même en l'absence de toute imputabilité envers l'électorat féminin, n'a de sens que si l'on croit qu'il existe « une unité fondamentale entre les femmes, un certain ensemble d'expériences et d'intérêts essentiels qui peut être représenté par quelque groupe de femmes que ce soit[50] ». Cela est peu vraisemblable, non seulement dans le cas des femmes, mais aussi dans celui des minorités ethniques, nationales ou raciales, étant donné l'hétérogénéité des intérêts et des perspectives propres à chacun de ces groupes.

Nous nous retrouvons ici encore devant des modèles concurrents, fondés sur des idéaux divergents. Le modèle autochtone garantit bien que certains représentants n'auront de comptes à rendre qu'aux électeurs autochtones, mais pas que les représentants seront eux-mêmes des autochtones. Bref, les représentants ne seront pas le « miroir » de leur électorat. L'approche proposée par le CCA assure, elle, que les représentants refléteront d'importants groupes de l'électorat, mais pas que les représentants auront des comptes à rendre au groupe qu'ils représentent. Évidemment, de nombreux tenants de la représentation garantie pour les femmes croient fermement à la nécessité de l'imputabilité et aimeraient définir des moyens d'assurer que les représentantes rendent des comptes aux femmes. À ce jour, toutefois, ces idéaux de représentation miroir et d'imputabilité démocratique n'ont pas encore été correctement intégrés dans les différentes approches existantes.

Même si ces problèmes étaient résolus, les adversaires de la représentation des groupes rétorqueront que l'institutionnalisation et la mise

en valeur politique des différences pourraient avoir de graves conséquences pour l'unité canadienne. Ils estiment que l'adoption de ce principe favoriserait l'émergence d'une « politique de la doléance » ou d'un
« délire de la mosaïque » et qu'elle nuirait donc à la création et à l'enracinement d'un sentiment commun de citoyenneté et de cohésion nationale. Ils ont affirmé que la représentation des groupes serait source
d'une tendance à la désunion qui pourrait même mener à l'éclatement
du pays ou, du moins, à l'affaiblissement chez les citoyens de la volonté
de faire les sacrifices mutuels et les compromis qui sont nécessaires au
bon fonctionnement de toute démocratie.

Toutefois, nous devons garder à l'esprit la distinction entre les deux
piliers de la représentation spéciale : l'inégalité systémique et l'autonomie politique. Généralement, la revendication de droits de représentation par les groupes défavorisés vise à favoriser leur *inclusion*. Les
groupes qui se sentent exclus veulent être inclus dans le processus politique global, et la représentation des groupes est conçue pour faciliter
cette même inclusion. Comme nous l'avons vu, une telle représentation
spéciale peut être considérée comme une extension de la pratique séculaire qui délimite les circonscriptions de façon à assurer la représentation de « communautés d'intérêt », ainsi que de la tradition qui fait que
l'on confère aux régions moins populeuses des sièges supplémentaires
au Sénat. Or, de telles pratiques ne sont pas considérées comme des
menaces à l'unité nationale. Au contraire, on estime à juste titre qu'elles
favorisent la participation civique et la légitimité politique et qu'elles
atténuent le « sentiment d'injustice » qui naît lorsque des communautés et des régions ne disposent pas d'une représentation effective[51].
Pourquoi alors le principe de représentation garantie pour les communautés d'intérêt non territoriales devrait-il être considéré comme une
menace à l'unité plutôt que comme la manifestation d'une volonté d'intégration ?

Les revendications fondées sur l'autonomie politique, en revanche,
ne visent pas l'intégration, mais plutôt la préservation d'une société
séparée et culturellement distincte. Alors que les revendications des
groupes défavorisés visent l'inclusion à la communauté politique dans
son ensemble, les revendications d'autonomie politique reflètent une
volonté d'affaiblir les liens avec la communauté dans son ensemble et

d'affirmer la primauté et le caractère intrinsèque des droits nationaux de la minorité.

Mais bien que les revendications d'autonomie politique fassent planer de grands dangers sur l'unité sociale — ce dont je vais traiter en détail dans la deuxième partie de ce livre — il semble que l'aspect particulier de l'autonomie politique que nous examinerons ici — une représentation garantie aux niveaux fédéral ou intergouvernemental — a une fonction clairement unificatrice. L'existence d'un tel principe de représentation des groupes aide à apaiser la menace de l'autonomie politique, en rétablissant les liens entre la communauté autonome et l'ensemble de la fédération. C'est une façon de rebâtir des ponts qui demeure utile et sur laquelle nous pouvons compter, lorsque d'autres liens se trouvent affaiblis. C'est le cas, me semble-t-il, de la représentation du Québec à la Cour suprême et des propositions concernant la représentation autochtone au Sénat.

5. Conclusion

Toute approche visant la représentation des groupes doit tenter de répondre aux difficiles questions suivantes : comment identifier les groupes véritablement défavorisés ? Comment faire en sorte que leurs « représentants » rendent des comptes au groupe qu'ils représentent ? Dans le débat sur ces questions au Canada, on a à peine commencé à aborder ces problèmes, mais ceux-ci doivent être étudiés sérieusement parce que les revendications de représentation des groupes ne sont pas près de disparaître. Pour défendre leurs propositions, les partisans de la représentation des groupes invoquent certains des principes et des pratiques les plus importants de la démocratie représentative canadienne. Et certaines formes de représentation des groupes peuvent être en mesure de jouer un rôle important, bien que limité, au sein du système politique canadien.

Évidemment, les questions de représentation ne se réduisent pas au problème de la composition d'une assemblée législative. Il faut replacer la question de la représentation à la Chambre des communes ou au

Sénat dans le contexte plus vaste des autres mécanismes de représentation des opinions ou des intérêts d'un groupe, comme la contestation judiciaire de certaines mesures législatives défavorables ou encore la mobilisation des groupes d'intérêts. Toute évaluation de la nécessité d'une représentation des groupes doit prendre en compte ces autres mécanismes de représentation. Toutefois, bon nombre des obstacles qui, dans le cadre du processus électoral, se dressent devant les femmes, les minorités visibles et les autres groupes défavorisés entravent également leur accès à ces autres mécanismes de représentation. De plus, le Parlement a un rôle symbolique particulier à jouer dans la représentation des citoyens de ce pays. Avec le temps, les citoyens qui ne se sentent pas représentés au Parlement peuvent finir par rejeter le processus politique et en remettre en question la légitimité[52]. Si elle n'est certes pas la seule et unique voie de la représentation, l'assemblée législative demeure toutefois extrêmement importante.

C'est là, j'en ai bien peur, une conclusion assez vague. Je n'ai pas tenté de définir ou de défendre quelque modèle particulier de représentation des groupes. En fait, il peut ne pas être possible de s'exprimer de façon générale sur un tel sujet. La démocratie s'accompagne d'un engagement en faveur du principe de l'égalité politique, mais il n'est pas possible de définir le meilleur système de représentation à partir d'un principe aussi abstrait[53]. Il existe de nombreuses façons de réaliser l'égalité politique, et les résultats issus de mécanismes électoraux particuliers dépendent éminemment du contexte de leur application. Tout ce que j'ai tenté de montrer dans ce chapitre est que la représentation des groupes n'est pas intrinsèquement antilibérale ni antidémocratique. Il s'agit au contraire d'un prolongement envisageable de nos traditions démocratiques et il peut y avoir des circonstances dans lesquelles ce sera le moyen le plus approprié de nous assurer que les minorités obtiendront la voix dont elles ont besoin pour faire entendre leurs intérêts et leurs points de vue. Puisqu'il est vital que les minorités se fassent entendre de façon équitable dans le processus politique, les propositions en faveur de la représentation des groupes méritent elles-mêmes de se faire entendre de façon équitable.

CHAPITRE 8

Pour une trêve dans la guerre du multiculturalisme

Les chapitres précédents ont traité d'un grand nombre de questions. S'il y a toutefois un thème qui les traverse tous, c'est bien qu'aucun des deux camps dans le débat actuel sur le multiculturalisme ne nous a aidés à saisir les véritables enjeux.

D'une part, un nombre croissant d'adversaires du multiculturalisme prétendent que le multiculturalisme officiel pousse les groupes ethniques du Canada vers la ghettoïsation et menace de créer une situation d'apartheid, bref, qu'il fait échouer leur intégration à la société majoritaire. Comme nous l'avons vu, aucune preuve n'a été apportée pour étayer ces prétentions. Et une fois le multiculturalisme replacé dans le contexte plus large des politiques gouvernementales qui influencent les rapports ethnoculturels, nous pouvons constater que cette thèse est erronée non seulement sur le plan des faits, mais aussi sur celui des principes.

Pourquoi alors les opposants au multiculturalisme ont-ils si promptement rejeté ces politiques sans consulter les données empiriques ? Il semble bien que cela s'explique par le fait que, d'emblée, ils ont supposé que les défenseurs du multiculturalisme sont motivés par ce que Neil Bissoondath qualifie de « psychologie de la division sans limites[1] » ou ce que Richard Gwyn dénomme « les nouvelles croyances culturelles » de « l'absolutisme moral et de l'apartheid culturel[2] ». Quand on postule qu'un tel objectif de division constitue la véritable motivation de la politique de multiculturalisme, il devient alors inutile de consulter quelque donnée que ce soit sur ses effets réels. Et on peut alors tout simplement présumer qu'une telle politique, en raison de sa nature, n'est pas à même d'encourager l'intégration.

Ces deux thèses, évidemment, ne sont pas fondées. Il n'y a aucune donnée indiquant que les Canadiens soient aujourd'hui motivés par une psychologie de la division sans limites ou qu'ils croient en l'apartheid culturel. Mais il y a des preuves réelles que les groupes ethniques sont aujourd'hui intégrés à la société canadienne davantage qu'ils ne l'étaient avant l'adoption de la politique de multiculturalisme en 1971, tant sur le plan de la participation aux institutions sociales communes que sur celui de l'adhésion aux valeurs politiques communes de la démocratie et des droits individuels. Les exigences de prise en compte des différences ou les propositions de nouvelles mesures de multiculturalisme ne sont pas des symptômes liés à quelque virus irrationnel d'une « politique de l'identité » ou encore de ce que Gwynn appelle « la colère identitaire[3] ». Ce sont de sincères efforts pour résoudre des questions importantes : que sont des conditions d'intégration dites « équitables » ? Comment pouvons-nous inverser la tendance conduisant les noirs à la création d'une sous-culture d'opposition systématique ? Comment pouvons-nous rendre notre démocratie plus représentative ? Les idées et projets que j'ai présentés ne sont ni tous réalisables ni tous souhaitables. J'ai tenté de mettre en relief leurs limites et leurs zones d'ombre. Mais ils méritent une attention véritable car ils représentent des tentatives de s'attaquer à des problèmes réels d'une manière qui s'harmonise avec l'objectif d'intégration sociale, mais aussi avec les droits individuels et la justice démocratique.

D'autre part, les partisans du multiculturalisme ont été assez peu éloquents dans leurs explications ou dans leur justification de cette politique. Ils n'ont pas expliqué les limites du multiculturalisme, tant en ce qui a trait à l'intégration sociale que par rapport aux droits individuels. Pis encore, ils ont répondu aux adversaires du multiculturalisme en les accusant d'intolérance, voire de racisme. De telles accusations sont également non fondées. En fait, affirmer que les opposants au multiculturalisme sont motivés par l'intolérance est aussi absurde que de prétendre que les tenants du multiculturalisme sont motivés par une psychologie de la division. Il s'avère plutôt que la plupart des Canadiens, y compris la plupart des opposants au multiculturalisme, croient à la tolérance et à l'égalité raciale. Mais, comme les citoyens canadiens, ils ont le droit — et la responsabilité — de poser des questions exigeantes au sujet des limites de la diversité et de l'incidence du multiculturalisme sur les institutions et les valeurs communes. Et trop souvent, ces questions légitimes ont été négligées ou rejetées du revers de la main.

Alors, nous sommes en présence d'un débat qui met en scène des opposants mal informés et des partisans peu éloquents, tous s'échangeant des accusations gratuites. Nul besoin de dire qu'il est impossible de faire quelque progrès que ce soit lorsque le débat demeure à ce niveau et qu'on ne peut rien en conclure — à l'exception bien sûr de ce constat : les Canadiens ont du mal à s'écouter les uns les autres.

Ce que je voudrais donc proposer, c'est une trêve dans la guerre du multiculturalisme. Nous avons besoin d'un nouveau débat reposant sur de nouvelles bases. Je proposerai en particulier ce qui suit. D'abord, nous devons présumer (jusqu'à preuve du contraire) que les participants au débat, des deux côtés, sont raisonnables. Nous devons aussi présumer que les Canadiens ont en commun une volonté ferme de défendre le principe de l'intégration sociale et les valeurs démocratiques libérales. C'est dans cette optique que nous devons interpréter toute revendication et toute question qu'ils soulèvent à propos du multiculturalisme. Enfin, nous devons présumer que les débats à propos du multiculturalisme découlent de la question suivante : comment pouvons-nous, le mieux possible, comprendre et interpréter ces objectifs communs d'intégration, de respect des droits de la personne et de démocratie ?

Par conséquent, si certaines personnes exigent, par exemple, de nouvelles réglementations pour contrer les stéréotypes ethniques dans les médias, nous ne devons pas sauter à la conclusion qu'elles sont, au fond, des idéologues croyant à l'apartheid culturel. D'autre part, si d'autres personnes osent se demander si le multiculturalisme ne conduit pas, en définitive, à la légitimation de l'excision, par exemple, nous devons de même éviter de sauter à la conclusion qu'elles sont racistes et intolérantes. Nul doute qu'il existe des deux côtés quelques individus foncièrement intolérants ou intégristes. Mais nous ne devons pas, d'emblée, le présumer. Nous devons d'abord postuler que nos concitoyens, dans les deux camps, ont des préoccupations légitimes qui méritent d'être entendues dans un esprit d'équité.

Ensuite, nous devons être plus précis quant aux fondements des politiques. Le « multiculturalisme » est un terme générique qui recouvre un éventail d'approches, de mesures et de politiques, et nous devons toujours prendre soin de préciser quelle mesure particulière nous critiquons ou, au contraire, quelle autre nous défendons. Accepter certaines de ces mesures n'implique pas qu'on les soutient toutes. Chacune d'elles devrait être évaluée selon ses propres mérites. Nous avons aussi besoin d'en savoir davantage sur ce que les adversaires du multiculturalisme proposent comme option de rechange. De quelle autre façon pouvons-nous nous assurer que les conditions d'intégration soient équitables ? De quelle autre façon pouvons-nous faire face aux inquiétants phénomènes qui marquent les rapports interraciaux actuels ? Comment pouvons-nous rendre notre système démocratique plus représentatif ? On aborde ces questions de façons assez différentes en Allemagne, en France et aux États-Unis. Les adversaires du multiculturalisme n'aiment pas l'approche canadienne, mais quel autre modèle ont-ils à proposer ? Sans un certain espoir que de telles options de rechange existent, il est impossible de prendre véritablement la mesure des critiques faites à l'égard du multiculturalisme.

Finalement, nous devons faire l'inventaire des données disponibles sur l'effet de ces différentes politiques. Or, il se trouve que, sur le sujet, il existe une grande quantité de données disponibles. Une des conséquences de la politique fédérale de multiculturalisme a été d'offrir, pour reprendre les mots de Freda Hawkins, un « trésor d'occasions exceptionnelles » aux sociologues travaillant dans ce champ d'étude au Canada[4]. Depuis les années 1970, le financement public a contribué à faire des rapports ethniques une des dimensions les plus étudiées de la vie canadienne, et il y a aujourd'hui au Canada une très importante littérature sur le multiculturalisme et l'intégration[5]. De plus, Statistique

Canada, qui est généralement considéré comme le meilleur organisme gouvernemental de statistiques publiques au monde, dispose d'excellentes données de recensement en rapport avec un grand nombre de ces questions, données qui sont facilement consultables dans les bibliothèques publiques et via Internet[6].

Nous avons aussi de multiples données sur les succès d'autres types de mesures ayant été adoptées par différents gouvernements et nous en savons donc beaucoup sur ce qui fonctionne et ce qui ne fonctionne pas. Évidemment, l'analyse de données exige un plus grand travail que toute polémique facile. Mais un jour ou l'autre, il faut bien que la polémique soit confrontée aux faits.

Du reste, il semble que, dans leur traitement du multiculturalisme, les médias ne respectent pas les critères d'objectivité et de rigueur habituels. Par exemple, au moment où je terminais le premier jet de ce livre, *The Globe and Mail* publiait un article de deux pages sur le multiculturalisme qui reprenait sur cette question presque tous les mythes et les erreurs courantes que nous avons présentés dans les chapitres précédents. On y suggérait, sans preuve à l'appui, que la politique de multiculturalisme avait été un échec[7]. Si cet article avait porté sur quelque autre politique gouvernementale, on se serait assurément attendu à ce que l'auteur étaye ses affirmations. Les mêmes critères ne s'appliquent-ils pas aussi au débat sur le multiculturalisme ? Je ne cherche pas à pousser les journalistes à l'autocensure dans leur traitement de ces questions. Non, nous avons déjà eu trop d'autocensure sur cette question. Je ne veux pas non plus laisser entendre que nous devons éviter de débattre des objections au multiculturalisme. Au contraire, nous devons les examiner en détail. Bref, nous devons vérifier les données.

Si le débat sur le multiculturalisme se tenait dans ces conditions, je crois que celui-ci serait de plus en plus perçu comme une politique adéquate pour gérer les rapports ethnoculturels. D'autre part, il se peut que ce débat permette à terme de déceler d'autres approches qui ont déjà prouvé leur efficacité. Si c'est le cas, tant mieux. Ma préoccupation relève moins d'une volonté de défendre coûte que coûte le multiculturalisme que du désir de susciter un débat fructueux grâce auquel les Canadiens pourront débattre des vrais enjeux d'une façon éclairée.

DEUXIÈME PARTIE

Le mariage malheureux du fédéralisme et du nationalisme

CHAPITRE 9

Prologue : prendre le nationalisme au sérieux

Des quantités phénoménales d'encre ont été gaspillées à propos des prétendues effets délétères de la politique canadienne de multiculturalisme, laquelle porterait en elle des germes de désintégration et de division. Pourtant, la vraie menace à la stabilité à long terme du Canada est l'incapacité chronique de conclure une entente satisfaisante avec les minorités nationales non immigrantes du Canada, soit les Québécois et les peuples autochtones. Pour saisir le sens des aspirations de ces groupes, nous devons comprendre l'une des plus importantes forces du monde moderne, à savoir le nationalisme. Contrairement aux groupes d'immigrants, ces minorités nationales ont lutté pour se constituer (ou plutôt pour se maintenir) en tant que sociétés séparées et autonomes et elles ont adopté le langage de la « nationalité » pour à la fois exprimer et justifier leur lutte pour l'autonomie. Par conséquent, ce n'est pas par hasard que le corps législatif dans la province de Québec se dénomme « Assemblée nationale » et que la principale organisation des bandes autochtones porte le nom d'« Assemblée des premières nations ». Ces groupes se sont eux-mêmes définis comme des nations et, à ce titre, ils revendiquent le même droit inhérent à l'autonomie que les autres nations colonisées ou conquises dans le monde.

Puisque le Canada a en son sein ces nationalismes minoritaires, il devrait être considéré non pas comme un État-nation traditionnel, mais comme un État multinational. En fait, nous ne sommes guère les seuls dans ce cas, même parmi les démocraties occidentales. Les autres États occidentaux contenant de puissants nationalismes minoritaires sont notamment la Belgique (avec les Flamands), la Suisse (avec les Romands et les Italiens) et l'Espagne (avec les Catalans et les Basques). La question centrale avec laquelle le Canada est aux prises, comme tout autre État multinational, est la suivante : comment concilier ces nationalismes rivaux au sein d'un seul et même État ?

Dans de tels pays, la menace que les mouvements nationalistes représentent pour l'unité sociale est évidente. Une des caractéristiques principales du nationalisme, dans l'histoire, fut la quête d'un État indépendant. En fait, le nationalisme est souvent défini comme la doctrine selon laquelle les frontières des États devraient coïncider avec les frontières des nations[1]. Même lorsqu'ils ne sont pas ouvertement sécessionnistes, les nationalistes affirment habituellement que la nation doit être l'objet premier de la loyauté et de l'allégeance politiques, si bien que leur participation à toute entité politique supranationale est toujours conditionnelle, puisqu'elle dépend principalement de la façon dont cette participation peut servir les intérêts de la communauté nationale principale. Par conséquent, une fois que les Québécois ou les Cris se sont définis eux-mêmes comme une nation, il semble que leur allégeance au Canada ne puisse seulement être qu'approximative et conditionnelle.

Des questions de sécurité militaire ou économique peuvent empêcher ces groupes nationaux de faire sécession. Une fois qu'un groupe ethnoculturel se définit lui-même comme une nation, toutefois, toute la dynamique du débat politique semble changer. Même si l'indépendance n'est pas son option préférée, elle devient l'aune à laquelle toutes les autres solutions sont jugées. Dans cette optique, la question centrale n'est pas « pourquoi devrions-nous réclamer plus d'autonomie ? », mais plutôt « pourquoi devrions-nous encore accepter que notre droit inhérent à l'autonomie politique demeure limité ? ». En ce sens, la menace de sécession semble consubstantielle aux États multinationaux.

Les États multinationaux ne semblent cependant pas condamnés à la désintégration. Beaucoup ont survécu et ont même prospéré. Des pays comme la Suisse, la Belgique et le Canada ont non seulement géré leurs conflits de manière pacifique et démocratique — jusqu'à maintenant, du moins — mais ils ont assuré la sécurité économique et la liberté individuelle de leurs citoyens. Qu'est-ce qui a permis à ces pays de prendre en compte leur nationalisme minoritaire respectif? Le facteur déterminant réside dans la nature fédérale de leur système politique. Tout au long du siècle où le nationalisme a disloqué des empires coloniaux et des dictatures communistes et a retracé les frontières à travers le monde, le fédéralisme démocratique, lui, a réussi à conserver en un morceau les États multinationaux. Aucune autre structure politique ne peut prétendre à un tel succès. Mais le fédéralisme n'est pas une panacée. Au contraire, les rapports entre le fédéralisme et le nationalisme sont empreints d'ambiguïté et de conflits. Même si le fédéralisme est une condition *sine qua non* de toute prise en compte du nationalisme d'une minorité, il peut aisément devenir une source supplémentaire de conflits, lesquels se trouvent alors à alimenter les sentiments séparatistes.

Si les fédérations multinationales peuvent survivre et prospérer, l'existence de nationalismes minoritaires détermine et limite radicalement les voies qu'elles peuvent emprunter. Les institutions et les principes susceptibles de fonctionner dans un État mononational ne fonctionneront tout simplement pas dans un pays contenant de puissants nationalismes minoritaires. Même les formes de fédéralisme qui fonctionnent dans un État mononational comme les États-Unis et l'Allemagne ne conviendront pas à des États multinationaux comme la Suisse et le Canada.

Un grand nombre de participants au débat canadien, cependant, n'ont pas encore pleinement pris conscience des contraintes qui sont les nôtres. Bref, si le Canada veut survivre, nous devons prendre le nationalisme beaucoup plus au sérieux. Nous devons comprendre sa nature et sa dynamique interne, ainsi que les craintes et les aspirations qu'il engendre. Nous ne pourrons faire face à nos nationalismes rivaux que si nous en prenons acte de façon honnête et si nous acceptons de relever les défis que l'histoire nous a légués en tant qu'État multinational.

Nombreux sont ceux au Canada — y compris les dirigeants du gouvernement fédéral — qui ont toutefois adopté l'attitude opposée, consistant à négliger ou à minimiser la réalité du nationalisme des minorités au Canada et à occulter les vrais défis à l'aide de vagues discours sur la diversité, le pluralisme et les valeurs communes.

Cette partie du livre est une tentative de résoudre la question des rapports tendus entre le fédéralisme et le nationalisme des minorités. Je chercherai à faire ressortir le plus clairement possible certaines des contraintes que le nationalisme des minorités impose à notre pays, puis à concevoir un modèle de « fédéralisme multinational » qui pourrait en arriver à atténuer ces mêmes contraintes.

Premièrement, au chapitre 10, je tenterai de démontrer que le nationalisme des minorités n'est pas un phénomène passager, mais bien une caractéristique durable du Canada qui doit être explicitement reconnue si nous souhaitons obtenir l'accord enthousiaste des minorités nationales pour qu'elles continuent de participer à l'édification du pays.

Malheureusement, les revendications de reconnaissance nationale ont révélé la présence d'un fossé toujours plus grand entre deux modèles de fédéralisme au Canada : le modèle territorial et symétrique qui domine dans le Canada anglais et le modèle multinational et asymétrique, prédominant au Québec et chez les nations autochtones. La stratégie « d'unité nationale » pour laquelle le gouvernement fédéral a opté dans les dix dernières années peut être considérée comme une tentative d'occulter ces différences. Le gouvernement a tenté de faire adopter une vague et ambiguë reconnaissance du Québec tout en mettant l'accent simultanément sur l'égalité des provinces et les valeurs communes — un compromis, espérait-il, qui allait rallier les partisans des deux modèles de fédéralisme. Cette stratégie, qui se dégageait des accords du lac Meech et de Charlottetown, n'a pas fonctionné — c'est le moins qu'on puisse dire — et, au chapitre 11, j'exposerai pourquoi cette stratégie demeure condamnée à l'échec.

Si les minorités nationales ne renient pas leurs revendications nationalistes et que les différences ne peuvent être dissimulées, la seule manière possible de préserver le Canada de l'éclatement consiste à convaincre les Canadiens anglophones d'accepter une conception multinationale du fédéralisme. Au chapitre 12, j'indiquerai comment et pourquoi les Canadiens anglophones pourraient en venir à accepter une telle conception du Canada et du fédéralisme canadien. Enfin, au chapitre 13, j'examinerai les perspectives d'avenir d'un tel fédéralisme multinational, s'il en venait à être accepté par les Canadiens anglophones. Serait-il stable ou ne représenterait-il qu'une antichambre menant à l'inéluctable dissolution de ce pays ?

CHAPITRE 10

Les deux conceptions du fédéralisme au Canada

La réalité fondamentale de la vie politique au Canada, depuis le XVIIᵉ siècle, est la coexistence de groupes nationaux distincts sur un même territoire : les autochtones, les Français et les Anglais. De nombreux épisodes déterminants dans l'histoire politique canadienne ont été axés sur une tentative de renégocier les rapports entre ces groupes nationaux. Or ces rapports recèlent actuellement les plus graves menaces à la stabilité du pays.

Pourquoi avons-nous eu tant de difficulté à apprendre à vivre avec nos « nations intérieures » ? Une part de cette difficulté tient peut-être au fait qu'une foule de Canadiens se sont montrés réticents à accepter véritablement que ces groupes étaient bel et bien des nations — c'est-à-dire des sociétés complètes et fonctionnelles qui possèdent leur territoire, leur langue, leurs institutions et leur culture propres. Même ceux qui acceptent de les considérer comme des nations n'arrivent pourtant pas à saisir toutes les conséquences de ce fait pour le fédéralisme canadien.

Dans le présent chapitre, j'exposerai les raisons pour lesquelles la reconnaissance nationale est si importante (section 1) et en quoi elle est liée à l'autonomie territoriale (section 2). Alors que les conditions d'une reconnaissance nationale territorialisée peuvent être réunies dans un système fédéral (section 3), elles ne peuvent l'être dans la conception particulière du fédéralisme « territorial » que la plupart des Canadiens anglophones préfèrent (section 4). Il n'est possible de réunir ces conditions que par une conception du fédéralisme ouvertement multi-nationale (section 5). Je conclurai en traitant de l'aspect crucial de la différence entre ces deux modèles de fédéralisme, c'est-à-dire la question de « l'asymétrie » (section 6).

1. La reconnaissance nationale

Pourquoi les Québécois et les autochtones au Canada sont-ils si résolus à être reconnus comme des « nations » ? Leur recours insistant à la rhétorique de la nationalité s'est avéré troublant pour certains observateurs, qui considèrent que cette position conduit inévitablement à la sécession. Même ceux qui appuient une certaine conception de l'autonomie pour l'un ou l'autre de ces groupes cherchent à évacuer du débat la rhétorique de la nationalité et du nationalisme.

Jeremy Webber prétend que nous devrions remplacer le mot « nation » par « communauté politique », parce que le premier terme « repose sur la prémisse selon laquelle un individu ne peut appartenir qu'à une nation[1] ». Accepter cette conception exclusive de l'appartenance nationale signifierait que les Québécois doivent décider s'ils sont « Québécois d'abord », auquel cas ils n'ont aucune véritable loyauté à l'égard du Canada et pourraient bien faire sécession, ou alors « Canadiens d'abord », auquel cas ils devraient abandonner la prétention selon laquelle le Québec possède un statut particulier en tant que lieu où s'exercerait l'autonomie nationale de son peuple. Webber prétend qu'il s'agit ici d'un faux choix et que la plupart des Québécois ont un double sentiment de loyauté, à l'égard du Québec et du Canada simultanément. C'est donc une allégeance multiple dont on ne peut rendre compte ni avec la rhétorique du « nationalisme québécois » ni avec celle du « nationalisme canadien ». Il soutient que, dans un pays comme le Canada, tout espoir d'unité sociale repose en grande partie sur la sauvegarde et l'entretien de cette allégeance multiple, ce qui n'est possible que si l'on résiste à la tentation de qualifier le Canada ou le Québec de « nation ».

Je suis d'accord avec Webber pour dire que la plupart des Québécois et des autochtones éprouvent un authentique sentiment de loyauté à l'égard du Canada en tant que communauté politique, et je conviens aussi que la rhétorique de la nationalité occulte souvent ce fait. Pourtant, nous nous devons de prendre conscience de l'aspect déterminant de la reconnaissance nationale. Il faut comprendre que la rhétorique de la nationalité remplit de nombreuses fonctions précieuses pour ces groupes[2]. Elle leur confère une certaine importance (et peut-être des droits) en vertu du droit international. En outre, celui-ci apporte aux nations et aux peuples la légitimité nécessaire aux revendications d'autonomie politique, à laquelle ne peuvent aspirer les sous-entités politiques. Et tant les peuples autochtones que les Québécois ont invoqué le droit international pour asseoir leurs revendications.

La véritable portée de ces prétentions est loin d'être claire. Le droit des groupes nationaux à l'autodétermination est reconnu en droit international. Selon la Charte des Nations Unies, « tous les peuples disposent du droit à l'autodétermination ». Toutefois, l'ONU n'a pas défini le concept de « peuple » et elle a généralement appliqué le principe d'autodétermination aux seules colonies outre-mer et non aux minorités nationales, même lorsque ces dernières ont subi le même type de colonisation et de conquête que les premières. Limiter l'application du concept d'autodétermination aux colonies outre-mer (la « thèse de l'eau salée ») est généralement jugé arbitraire, en particulier par les minorités nationales au Canada et ailleurs, lesquelles insistent pour se présenter elles aussi comme des « peuples » ou des « nations » et pour faire valoir qu'elles disposent ainsi du droit à l'autodétermination.

En plus, la rhétorique de la nationalité ajoute une dimension historique aux revendications de ces groupes, pour signifier que les exigences actuelles ne constituent pas seulement des leviers que manœuvre l'élite actuelle pour acquérir des pouvoirs politiques, mais qu'elles s'inscrivent dans une histoire cohérente de luttes et de négociations qui ont défini les conditions dans lesquelles le groupe a été incorporé au pays. Se replacer ainsi dans l'histoire ne permet pas seulement de justifier les revendications actuelles, mais aussi de renforcer le sentiment d'identité collective nécessaire pour nourrir la mobilisation nationaliste.

La rhétorique de la nationalité sert aussi aux minorités nationales à distinguer leurs revendications de celles d'autres groupes. Il importe pour les peuples autochtones et les Québécois de distinguer leurs revendications, d'une part, de celles des groupes issus de l'immigration et, d'autre part, de celles des autres provinces. Car, contrairement aux immigrants, les groupes nationaux aspirent à des formes vigoureuses d'autonomie politique et ils peuvent tenter de les obtenir par l'intermédiaire de certains types de fédéralisme. À la différence des neuf autres provinces, ces groupes nationaux n'estiment pas que le fédéralisme « symétrique » soit approprié, puisqu'il met toutes les sous-unités fédérales sur un pied d'égalité quant à leurs droits et à leur compétences. Comme nous le verrons à la section 4, il y a de fortes raisons de penser qu'un État multinational comporterait presque nécessairement un certain degré d'asymétrie. Ce qui distingue les peuples autochtones et la province de Québec des groupes issus de l'immigration et des autres provinces est précisément le fait qu'ils sont des « unités politiques fondées sur la nationalité » : chacune de ces unités constitue le lieu au sein duquel un groupe national exerce son droit à l'autonomie politique.

Une autre fonction très importante de la rhétorique de la nationalité consiste à égaliser les pouvoirs de négociation d'une majorité et des minorités nationales. Tant que les questions politiques sont envisagées selon la façon dont la majorité traite sa minorité, la présomption, dans toute société démocratique, sera toujours que la majorité doit l'emporter. La rhétorique de la nationalité remet justement en question ces notions de majorité et de minorité. Lorsque la minorité se définit comme une nation, le rapport quantitatif de supériorité à infériorité se mue en un partenariat à égalité. Il est difficile d'exagérer l'importance qu'accordent les minorités nationales au fait de ne pas être simplement considérées comme des minorités, et c'est précisément ce que la rhétorique de la nationalité permet.

Par conséquent, il y a plusieurs raisons stratégiques d'adopter la rhétorique de la nationalité. Mais sa valeur n'est pas simplement stratégique. Il faut reconnaître que ces groupes sont des nations au sens sociologique du terme et constituent des sociétés historiques, plus ou moins complètes institutionnellement, qui occupent un territoire donné ou un « foyer traditionnel » et qui ont en commun une langue et une culture de société distinctes[3].

Enfin, il est bon de se rappeler que la capacité de se définir soi-même est un des pouvoirs les plus déterminants que cherchent à exercer tous les groupes dans la société, et que le respect de ce pouvoir par la majorité est considéré comme un baromètre du respect général que celle-ci manifeste pour le groupe dans son entier[4]. Nous en constatons l'importance dans les efforts déployés pour remplacer le terme de « nègre » d'abord par « noir » et ensuite par « Afro-Américain » et le terme d'« infirme » par « handicapé » puis par « personne handicapée ». On le constate aussi dans les luttes des féministes pour éliminer le langage sexiste. Si les peuples autochtones ont opté pour la dénomination de « Premières Nations », pouvons-nous ensuite exiger qu'ils s'abstiennent de l'utiliser parce que le mot « nation » irrite certains non-autochtones? En fait, toute tentative de nier aux minorités nationales leurs revendications à la nationalité ne fera qu'aviver celles-ci, puisqu'elle sera considéré comme une insulte, une manifestation de mépris supplémentaire à l'égard de leur statut de cultures et de peuples distincts.

Si l'on souhaite conjurer les effets morcelants du nationalisme des minorités au Canada, notre but ne devrait donc pas être d'empêcher à tout prix les groupes de se concevoir comme des nations, mais plutôt de séparer la nation et l'État — de remettre en question la présomption qu'un État indépendant est le seul ou le meilleur moyen d'exercer son autonomie politique nationale.

2. Les nations et les territoires

Une stratégie ambitieuse pour séparer la nation et l'État consiste à redéfinir le sentiment de la minorité nationale à l'égard de son territoire ou de son foyer traditionnel pour que ce sentiment embrasse le pays entier et pas seulement une de ses régions. La stratégie du « bilinguisme d'un océan à l'autre » que Pierre Trudeau a mise de l'avant en est une bonne illustration. Elle devait encourager les Canadiens français à rejeter l'idée selon laquelle ils n'étaient « chez eux » qu'au Québec seulement. En redéfinissant les frontières de la nation francophone pour inclure l'ensemble du Canada, le bilinguisme officiel aurait pour effet de « transposer de Québec à Ottawa l'identification nationale des Québécois » et minerait ainsi l'idée selon laquelle les aspirations nationales des Canadiens français ne pourraient être réalisées que par la sécession du Québec[5].

Cette stratégie ne pouvait absolument pas être fructueuse. Le bilinguisme aurait bien pu s'instaurer véritablement « d'un océan à l'autre » si le demi-million ou plus de francophones ayant déménagé aux États-Unis (aux XIXe et XXe siècles) s'étaient plutôt établis dans l'Ouest canadien. Mais les Canadiens français n'ont manifesté à l'époque que peu d'intérêt pour l'Ouest, sans compter que tout penchant de leur part pour cette région est définitivement disparu avec l'exécution de Louis Riel, le premier d'une longue suite d'événements (comme la crise scolaire au Manitoba) et de mesures cherchant à consolider le caractère massivement anglophone de l'Ouest[6].

Il était juste et adéquat que Trudeau dénonce ce passé d'exclusion et exige que les Canadiens français puissent se sentir chez eux partout au Canada ; la politique de bilinguisme officiel est une confirmation symbolique acceptable de ce principe. Mais il est impossible aujourd'hui que cette politique arrive à inverser la réalité selon laquelle il n'y a qu'au Québec et dans certaines régions du Nouveau-Brunswick et de l'Ontario que les francophones peuvent véritablement vivre et travailler dans une culture de société francophone[7]. Il existe bien en Alberta des églises et des écoles publiques francophones ainsi qu'un accès à des médias francophones, mais il n'y a aucune possibilité pour les francophones de participer significativement à la vie politique, économique ou intellectuelle de la province autrement qu'en anglais. Et les données montrent que, en dépit de tous les efforts déployés dans le cadre de la politique fédérale de bilinguisme, les communautés francophones dans l'Ouest sont à la fois marginalisées sur le plan économique et déclinantes sur le plan démographique[8].

Le Québec demeurera par conséquent le cœur de la nation franco-phone au Canada[9]. Le principal effet du bilinguisme d'un océan à l'autre n'a, du reste, pas été de rendre plus réaliste, pour les Québécois, la possibilité de vivre à l'extérieur du Québec, mais plutôt de garantir aux anglophones que vivre au Québec demeure une option viable. Le bilinguisme d'un océan à l'autre peut bien avoir eu pour objectif d'améliorer les perspectives de vie des francophones hors Québec, mais il est généralement perçu au Québec comme un moyen de protéger les droits des anglophones dans cette province, qu'il s'agisse des anglophones de souche ou des immigrants allophones.

Pour cette raison, sauf lorsqu'elle s'accompagne de la reconnaissance d'un statut particulier pour le Québec, l'idéologie du bilinguisme d'un océan à l'autre est souvent considérée par les Québécois comme une menace à leur existence. La plupart d'entre eux croient qu'une culture francophone vigoureuse ne peut survivre au Canada à moins qu'elle ne subsiste au Québec. Ils estiment aussi que le dynamisme de la culture française au Québec repose également sur l'intégration des immigrants à la société francophone, qu'ils proviennent des autres provinces ou de pays étrangers. Le gouvernement provincial du Québec, par conséquent, a un rôle crucial à jouer dans le maintien de la viabilité de la société française au Canada, et pour remplir ce rôle, il doit pouvoir légiférer en matière linguistique. Toute conception du bilinguisme d'un océan à l'autre qui nie ce fait est condamnée à être dénoncée au Québec. Les efforts pour encourager les Québécois à se percevoir comme des membres de la « nation canadienne-française » s'étendant d'un océan à l'autre peuvent bien être motivés par un idéal noble — faire en sorte que les francophones se sentent chez eux partout au Canada — mais ils seront probablement perçus au Québec comme un désir d'affaiblissement de la primauté du français, sans qu'ils améliorent véritablement les possibilités de vivre et de travailler en français ailleurs au pays.

En somme, il ne semble y avoir aucune possibilité d'inverser la territorialisation de la nation française au Canada. C'était peut-être réaliste en 1870, mais pas en 1990. D'ailleurs ce n'est pas un problème unique au Canada. Les données sur des pays comme la Belgique et la Suisse indiquent une évolution marquée vers une territorialisation

accrue des communautés linguistiques[10]. La nécessité d'une territorialisation est même plus évidente dans le cas des autochtones (et, bien sûr,
Trudeau ne proposa jamais que les langues autochtones deviennent des
langues officielles d'un océan à l'autre). Si les Nisga'as, par exemple,
veulent continuer à se développer comme nation, ils ne pourront le faire
que sur leur territoire en Colombie-Britannique, certainement pas au
Nouveau-Brunswick.

Nous devons par conséquent reconnaître que les nationalismes de
minorités continueront d'exister au Canada et que ces loyautés nationales seront définies territorialement. En d'autres termes, nous devons
accepter que le Canada est et restera un *multinational* — une fédération de peuples — État dans lequel l'identité nationale des individus
peut être différente de leur identité de citoyens canadiens, voire entrer
en conflit avec cette dernière.

La question suivante s'impose alors : qu'est-ce qui peut cimenter un
tel État multinational ? Comme je l'ai souligné plus tôt, l'adoption de la
rhétorique de la nation pose un défi de taille à l'unité politique, puisqu'elle modifie les fondements du débat politique et fait de l'idée d'indépendance l'aune à laquelle toutes les autres solutions sont jugées. Si
nous acceptons que les peuples autochtones et les Québécois sont des
minorités nationales, nous devons aussi admettre que leur communauté nationale demeurera un puissant foyer d'allégeance politique et
que la loyauté au Canada sera proportionnelle au respect accordé à leurs
aspirations à l'identité nationale et à l'autonomie politique.

Je ne prétends pas que la loyauté des Québécois ou des peuples
autochtones au Canada est purement instrumentale et que leur attachement à son égard dépend entièrement de la façon dont le pays sert
leurs intérêts nationaux. Il est évident que les membres de ces communautés éprouvent effectivement un attachement indépendant et non
instrumental au Canada, attachement dont j'étudierai les fondements
dans le prochain chapitre. Mais cet attachement, même s'il n'est pas
exclusivement instrumental, peut bien être conditionnel et ne durera
que si ces communautés se sentent en mesure de réaliser leurs aspirations nationales au sein du Canada.

3. La promesse du fédéralisme

La condition *sine qua non* pour que soient prises en compte les aspirations nationales du Québec et des Premières Nations consiste à définir un système qui permette de partager les pouvoirs afin de rendre possible une véritable autonomie politique. Pour le Québec, une telle prise en compte a jusqu'à maintenant été réalisée dans le cadre du système fédéral. De nombreux observateurs prétendent que le fédéralisme peut aussi prendre en compte les communautés autochtones, soit comme un « troisième ordre de gouvernement » au sein du système fédéral actuel — ce qui l'amènerait à exercer un ensemble de pouvoirs prélevés sur les compétences fédérales et provinciales — soit au moyen d'une forme de « fédéralisme de traité » antérieure et extérieure à la Confédération de 1867[11].

En fait, le fédéralisme semble être le mécanisme idéal pour prendre en compte les minorités nationales définies territorialement au sein d'un État multinational[12]. Là où une telle minorité est concentrée régionalement, les limites des sous-unités fédérales peuvent être tracées de façon à ce qu'elle constitue une majorité dans une de ces sous-unités. Le cas échéant, le fédéralisme peut offrir une véritable autonomie politique à une minorité nationale et garantir ainsi sa capacité à prendre des décisions dans certains domaines sans en être empêchée par la majorité de la société.

Le Québec en est un exemple paradigmatique. Selon le partage des compétences en vigueur au Canada, la province de Québec exerce son emprise sur les enjeux cruciaux pour sa survie comme société francophone, notamment l'enseignement, la langue et la culture, en plus de jouer un rôle important dans la définition de la politique d'immigration. Les neuf autres provinces possèdent aussi ces compétences, mais la raison d'être du partage des pouvoirs actuel, et aussi bien sûr du système fédéral, c'était lui-même la nécessité de prendre en compte la réalité du Québec. Quand le Canada a été créé en 1867, de nombreux dirigeants Canadiens anglais désiraient un État unitaire, à l'instar de l'Angleterre. Si le Québec ne s'était pas vu garantir des pouvoirs substantiels — s'il n'avait pas été ainsi protégé contre le risque d'être supplanté sur des questions essentielles par la population anglophone majoritaire — alors la province ne se serait pas jointe au Canada en 1867 ou elle se serait sûrement séparée quelque temps après.

Le fédéralisme offre donc à la minorité nationale un champ d'autonomie politique constitutionnellement protégé, tout en continuant d'apporter les avantages économiques, militaires et socioculturels d'une participation à un État plus vaste. Historiquement, les exemples les plus connus parmi les systèmes fédéraux établis pour prendre en compte les minorités nationales sont ceux du Canada et de la Suisse. La stabilité et la prospérité apparentes de ces pays ont conduit d'autres pays multinationaux (comme l'Inde, la Malaisie et le Nigeria) à adopter un système fédéral après la décolonisation. Même si bon nombre de ces fédérations sont aux prises avec des difficultés graves, il y a actuellement un regain d'intérêt pour le fédéralisme dans les pays multinationaux; certains d'entre eux sont en voie d'adopter des dispositions fédérales (la Belgique, l'Espagne et la Russie) et d'autres se demandent collectivement si le fédéralisme peut offrir une solution à leurs conflits ethniques (l'Afrique du Sud)[13].

Cet intérêt largement répandu pour le fédéralisme découle de la reconnaissance — réjouissante, bien que tardive — que la volonté des minorités nationales de se maintenir en tant que sociétés culturellement distinctes et politiquement autonomes doit être prise en compte. Le fédéralisme est un des quelques mécanismes disponibles permettant d'atteindre cet objectif. Malheureusement, il n'amoindrit toutefois pas les divisions nationales au sein d'un État multinational. En fait, le fédéralisme est devenu une source de division au Canada. Le problème résulte du fait que les Canadiens francophones et les Canadiens anglophones ont adopté deux conceptions du fédéralisme très différentes, que je qualifierais (pour reprendre les mots de Philip Resnick) de fédéralisme « multinational » et de fédéralisme « territorial[14] ». Alors que le premier met l'accent sur le lien entre le fédéralisme et l'autonomie politique des minorités nationales, le deuxième néglige ou minimise ce lien. Les débats publics à propos des accords du lac Meech et de Charlottetown ont clairement révélé qu'un grand nombre de nos dilemmes constitutionnels découlent de ces conceptions opposées du fédéralisme.

Je tenterai de déceler les sources de ces deux conceptions du fédéralisme, en commençant par le modèle territorial, qui est dominant au

Canada anglophone (section 4). J'analyserai ensuite le modèle multi-national, dominant au Québec (section 5), avant de me concentrer sur le cœur de la différence entre ces deux conceptions : les droits asymétriques et la reconnaissance nationale (section 6).

4. Le fédéralisme territorial

Les États-Unis présentent un exemple clair d'une conception territoriale du fédéralisme. Les colons anglo-saxons ont dominé les treize colonies initiales qui ont formé les États-Unis. Comme John Jay le dit dans *Le Fédéraliste*, la « providence s'est fait plaisir en donnant à ce pays uni un peuple uni — un peuple issu des mêmes ancêtres, parlant la même langue, pratiquant la même religion, tenant aux mêmes principes de gouvernement, très homogène dans ses us et coutumes ». Même si Jay exagère l'homogénéité ethnique de la population coloniale[15], il est vrai qu'aucune des treize colonies n'était contrôlée par une minorité nationale. Par conséquent, il n'était aucunement nécessaire que le partage initial des pouvoirs, au sein du système fédéral prenne en compte des divisions ethnoculturelles.

Le statut des minorités nationales devint une question plus délicate lorsque les États-Unis amorcèrent leur expansion territoriale au sud et à l'ouest, puis dans le Pacifique. À chacun des stades d'expansion, le gouvernement américain intégrait les territoires de peuples qui y vivaient depuis longtemps et qui étaient distincts sur le plan ethnoculturel, notamment les Amérindiens, les chicanos, les Inuits d'Alaska, les Hawaiiens de souche, les Portoricains et les Chamoros de Guam. À chacune de ces étapes, on s'est demandé si le système fédéral américain devait prendre en compte ou non la volonté d'autonomie politique de ces groupes.

Au XIXᵉ siècle, il aurait été possible de créer des États où les Navajos, les chicanos, les Portoricains ou les Hawaiiens de souche auraient formé la majorité. À l'époque où ces groupes ont été rattachés aux États-Unis, ils constituaient des majorités sur leur territoire traditionnel. Cependant, on a refusé d'invoquer le fédéralisme pour faire droit aux exigences d'autonomie des minorités nationales. Il fut plutôt décidé qu'aucun territoire ne formerait un État si les groupes nationaux ne s'y trouvaient pas en minorité. Dans certains cas, on a simplement tracé les frontières de façon à ce que les bandes autochtones ou les groupes hispanophones soient minoritaires (la Floride). Dans d'autres, on a reporté l'octroi du statut d'État jusqu'à ce que le nombre de colons anglophones soit plus élevé (Hawaii, le sud-ouest). Résultat : aucun des cinquante États américains ne représente pour une minorité nationale un foyer d'autonomie politique analogue à celui que le Québec offre aux Québécois.

Loin de favoriser les minorités nationales, le fédéralisme territorial américain leur a été préjudiciable. Tout au long de l'histoire des États-Unis, les chicanos, les bandes amérindiennes et les Hawaiiens de souche ont été mieux traités par le gouvernement fédéral que par les gouvernements des États. Sous l'emprise des colons, ces gouvernements ont souvent considéré les minorités nationales comme des obstacles à leur implantation et à l'exploitation des ressources. Ils ont donc fait pression pour qu'on dépouille les minorités de leurs institutions politiques traditionnelles, qu'on mine leurs droits découlant des traités et, enfin, qu'on les dépossède de leurs territoires historiques. Si le gouvernement fédéral a été complice dans la plupart des cas de mauvais traitements infligés, dans certaines situations, il a au moins tenté de prévenir les pires abus. Nous pouvons observer la même dynamique à l'œuvre aujourd'hui au Brésil, où le gouvernement fédéral tente de protéger les droits des Amérindiens en Amazonie contre la rapacité des gouvernements locaux.

Bref, les fondateurs du fédéralisme américain n'avaient aucun intérêt à prendre en compte les minorités nationales. En fixant les bases de leur système fédéral — du tracé des frontières au partage des pouvoirs et au rôle de l'appareil judiciaire —, ils avaient pour but de consolider et de faire croître un nouveau pays, puis de protéger l'égalité des droits des individus d'une même communauté nationale, et non de reconnaître le droit des minorités nationales à l'autonomie politique. Lorsque les minorités nationales aux États-Unis ont réussi à obtenir un certain degré d'autonomie, ce fut à l'extérieur du système fédéral — d'une certaine façon, malgré celui-ci — et au moyen de diverses formes de

« statut particulier » dont bénéficient l'« État libre associé » de Porto Rico, le « protectorat » de Guam et les « nations dépendantes intérieures » des autochtones.

Si le fédéralisme américain n'a pas été conçu pour prendre en compte les groupes ethnoculturels, pourquoi alors a-t-il été adopté ? D'abord, comme tout autre mécanisme de partage des pouvoirs, il réduit les risques de tyrannie[16]. Ensuite, il laisse plus de place à l'expérimentation et à l'innovation politiques. Confronté à de nouveaux problèmes et de nouvelles questions, chaque État a le choix d'adopter des mesures distinctes, et celles qui s'avèrent les plus efficaces peuvent alors être adoptées par d'autres et ainsi se répandre. De plus, à mesure que les États-Unis prenaient de l'expansion vers l'ouest et incorporaient de vastes territoires renfermant diverses ressources naturelles et se caractérisant par différents modèles de développement économique, il devint de plus en plus difficile à imaginer qu'un État central et unitaire pourrait arriver à gérer l'ensemble. Une certaine forme de dévolution territoriale était clairement nécessaire et le système fédéral adopté par les treize colonies originales pouvait très bien servir à cette fin.

En fait, toute démocratie libérale possédant un grand territoire diversifié sera assurément poussée à adopter une certaine forme de fédéralisme, peu importe sa composition ethnoculturelle. Les vertus du fédéralisme pour les démocraties de grande taille ont été confirmées non seulement aux États-Unis, mais aussi en Australie, au Brésil et en Allemagne. Dans chacun de ces cas, le fédéralisme est fermement implanté et bénéficie d'un large soutien populaire, même si aucune des unités n'y est conçue pour permettre aux groupes ethnoculturels d'exercer leur autonomie. Dans certains pays, alors, le fédéralisme est tout simplement adopté parce qu'il représente un moyen par lequel une seule communauté nationale peut partager et distribuer les pouvoirs. Il s'agit du modèle « territorial » du fédéralisme, lequel est très différent du fédéralisme « multinational ».

Au Canada anglophone, la conception territoriale du fédéralisme est celle qui domine dans l'opinion, ce qui explique qu'on y insiste tant pour que toutes les provinces disposent de pouvoirs législatifs égaux et que le Sénat adopte le modèle américain. Cette conception ne satisfait toutefois pas les Québécois et les peuples autochtones puisqu'elle ne propose pas de prendre en compte les minorités nationales. Le transfert de compétences aux sous-unités territoriales ne favorise pas nécessairement les intérêts des minorités nationales. Tout dépend d'abord de la façon dont ont été tracées les frontières des sous-unités en question, puis de la nature des pouvoirs confiés à chaque niveau de gouvernement. Si les décisions à propos des frontières et des pouvoirs ne sont pas prises avec l'intention d'octroyer une certaine autonomie aux minorités nationales, alors le fédéralisme pourrait bien empirer la condition de ces minorités. C'est ce qui s'est produit aux États-Unis, au Brésil et dans d'autres États ayant adopté le « fédéralisme territorial ».

5. Le fédéralisme multinational

À quoi ressemblerait un système fédéral véritablement multinational ? Le fédéralisme y serait considéré non seulement comme un moyen permettant à une seule communauté nationale de partager et distribuer ses pouvoirs, mais aussi comme un instrument servant à prendre en compte la volonté d'autonomie des minorités nationales. Ici, tout dépend si la structure du système fédéral en question est telle que les dispositions constitutionnelles relatives aux frontières et aux compétences des sous-unités fédérales correspondent vraiment aux besoins et aux aspirations des groupes minoritaires, et si le système de valeurs qui sous-tend la culture politique a donné naissance à un attachement général à l'esprit et à la lettre de la constitution fédérale. Une fédération authentiquement multinationale abordera les nouveaux défis non pas dans un esprit de « majorité contre minorité » ou de « supérieur contre subordonné », mais en se fondant sur le consentement et la souveraineté partagée.

La fédération canadienne possède un grand nombre des caractéristiques d'une fédération authentiquement multinationale en ce qui concerne les Québécois, ou peut-être aussi pour les autochtones. Avant la Confédération, l'Ouest du Canada anglophone et l'Est du Canada francophone formaient une seule et même entité : la province du Canada. La Constitution de 1867 a divisé la province en deux unités politiques distinctes — l'Ontario anglophone et le Québec francophone — pour atténuer les divisions ethnoculturelles. Le choix de créer (ou, plus précisément, de rétablir) une province séparée au sein de laquelle les francophones formeraient une majorité claire constitua la première étape cruciale dans la mise sur pied de gouvernements autonomes dans le fédéralisme canadien. En fait, c'était probablement la première fois dans l'histoire moderne que le fédéralisme était ainsi utilisé[17].

De nombreux Canadiens n'ont toutefois pas pleinement accepté la conception multinationale du fédéralisme, comme on le constate dans les débats actuels sur l'autonomie des autochtones et du Québec (même si je me concentrerai davantage ici sur le Québec, je reviendrai à l'autonomie des autochtones à la fin de ce chapitre). L'opposition à cette conception multinationale du fédéralisme s'est exprimée de façon explicite dans les débats sur un « statut particulier » pour le Québec, que ce statut ait pris la forme de pouvoirs asymétriques ou d'une clause de type « société distincte ». Du point de vue du fédéralisme multinational, le statut particulier du Québec est indéniable. C'est la seule entité provinciale qui constitue réellement un outil aux mains d'une minorité nationale autonome ; les neuf autres provinces ne correspondent qu'à des divisions régionales au sein du Canada anglophone. Le Québec, en d'autres termes, constitue une « unité fondée sur la nationalité » qui incarne la volonté d'une minorité nationale de demeurer une société culturellement distincte et politiquement autonome, alors que les autres provinces sont autant d'« unités fondées sur la région » qui incarnent la volonté d'une même communauté nationale de répartir les pouvoirs selon un principe régional.

Puisque les unités fondées sur la nationalité et celles fondées sur la région ont des fonctions si différentes au sein du fédéralisme multinational, il n'y a aucune raison de supposer qu'elles devraient avoir exactement les mêmes compétences ou formes de reconnaissance. En fait, nous avons toutes les raisons de croire qu'elles exigeraient des traitements différents. Il est presque inévitable que les unités fondées sur la nationalité chercheront à obtenir des pouvoirs toujours plus larges et plus nombreux que ne le feront les unités fondées sur la région ; celles-ci pourraient même accepter un affaiblissement progressif de leurs compétences.

Cela s'observe dans la façon dont les systèmes fédéraux américain et canadien ont évolué. On a souvent souligné que les États-Unis, à l'origine, étaient une fédération fortement décentralisée où tous les pouvoirs résiduels avaient été confiés aux États, mais que cette fédération était progressivement devenue une des plus centralisées. En revanche, le Canada était à ses débuts une fédération fortement centralisée où tous les pouvoirs résiduels avaient été attribués au gouvernement fédéral, mais cette fédération est progressivement devenue une des plus décentralisées qui soient. Bien qu'on entende souvent dire que ce phénomène d'évolutions croisées est paradoxal, il est au fond peu surprenant lorsqu'on se rappelle le caractère territorial du fédéralisme américain, lequel regroupe exclusivement des unités fondées sur la région. Par conséquent, la centralisation aux États-Unis n'a pas été perçue comme une menace aux droits ou à l'identité de quelque nation que ce soit. Au Canada, cependant, la centralisation représente une menace pour les aspirations nationales du Québec.

Cet aspect, différent dans chacun des régimes, a profondément déterminé la manière dont les États-Unis et le Canada ont respectivement réagi aux poussées centralisatrices qui se sont présentées au XXᵉ siècle. Les deux pays ont connu maintes périodes — dont les plus évidentes ont été la Grande Dépression et les deux guerres mondiales — où ont été exercées de fortes pressions pour renforcer le gouvernement fédéral, au moins de façon temporaire. Au Canada, ces pressions ont été contrebalancées par les Canadiens français qui réclamèrent sans cesse que les compétences du Québec soient protégées et que toute centralisation ne soit véritablement que temporaire. Aux États-Unis, toutefois, il n'y avait aucun contrepoids de ce type, et les diverses forces en faveur d'une plus grande centralisation l'ont progressivement emporté.

Que les unités fondées sur la région et celles fondées sur la nationalité réclament habituellement des types de pouvoirs différents s'illustre à la fois dans le cas du Canada et dans celui des États-Unis. Par exemple, alors que la plupart des Québécois souhaitent un partage des pouvoirs encore plus favorable à la décentralisation, la majeure partie des Canadiens anglophones favorisent le maintien d'un gouvernement central fort[18]. En fait, il est probable que, si ce n'avait été du Québec, le fédéralisme canadien aurait succombé aux mêmes forces de centralisation que celles ayant triomphé aux États-Unis.

Si les États fondés sur la région qui composent les États-Unis ont progressivement perdu des pouvoirs, l'histoire est bien différente, dans ce même pays, pour les unités quasi fédérales à statut spécial qui abritent des minorités nationales, comme l'État libre associé de Porto Rico, les tribus amérindiennes ou le protectorat de Guam. Dans ces unités fondées sur la nationalité, l'évolution historique va clairement vers une plus large autonomie afin de maintenir leurs sociétés culturellement distinctes[19]. On retrouve le même type de modèle en Europe. En Espagne, les trois unités fondées sur la nationalité (la Catalogne, les Provinces basques et la Galice) ont réclamé une autonomie plus grande que les quatorze autres unités fédérales ou « Communautés autonomes », telle la Castilla-La-Mancha ou l'Estrémadure, ce qui reflète simplement les divisions régionales au sein du groupe national majoritaire en Espagne[20]. De même, en France, la Corse est en quête d'une autonomie plus prononcée que les autres unités fondées sur la région. Le même phénomène s'observe dans la nouvelle Fédération de Russie mise sur pied après la chute de l'Union soviétique : il y a une considérable asymétrie entre les 32 unités fondées sur la nationalité (comme le Tatarstan, l'Ossétie du Nord) et les 56 autres unités fédérales, ce qui illustre simplement les divisions régionales au sein du groupe national russe majoritaire. Les unités fondées sur la nationalité ont exigé (et obtenu) non seulement une reconnaissance constitutionnelle directe en tant que « nation », mais aussi des compétences plus importantes que celles accordées aux unités fondées sur la région[21].

Si de nombreux pays européens se sont engagés dans diverses formes de décentralisation régionale, particulièrement lorsqu'ils formaient auparavant des États très centralisés, ce processus va encore plus loin dans les pays où les unités de base sont fondées sur la nationalité (comme la Belgique) que dans les pays où ces unités sont fondées sur la région (comme l'Italie). Notons que l'affirmation la plus extrême de l'autonomie politique — la sécession — n'a été effectuée que par des unités fondées sur la nationalité, comme dans les anciennes Tchécoslovaquie, Yougoslavie et Union soviétique.

Dans un système fédéral qui contient à la fois des unités fondées sur la région et des unités fondées sur la nationalité, il semble donc probable que seront formulées des revendications en faveur d'un *fédéralisme asymétrique*, c'est-à-dire un fédéralisme dans lequel certaines unités possèdent une autonomie plus grande que les autres. Ce phénomène s'illustre non seulement dans les revendications québécoises, mais aussi dans celles des autochtones. Leur « troisième ordre de gouvernement » sera nécessairement et éminemment asymétrique.

6. Le débat sur l'asymétrie

Nous sommes ici au cœur de la question. Nous avons là deux conceptions du fédéralisme qui s'avèrent non seulement distinctes, mais carrément incompatibles. Animée d'une conception du fédéralisme purement territoriale, la très grande majorité des Canadiens anglais rejette l'idée de « statut particulier » pour le Québec. Accorder des droits particuliers à une province sous prétexte qu'elle est distincte, prétendent-ils, revient en quelque sorte à dénigrer les autres provinces et à créer deux classes de citoyens[22].

Plusieurs observateurs ont montré de façon convaincante qu'une telle opinion révèle une pensée morale confuse[23]. Les démocraties libérales tiennent profondément au principe de l'égalité morale des personnes et du respect égal à accorder à leurs intérêts. Mais l'égalité des citoyens ne requiert pas que toutes les unités fédérales aient des pouvoirs égaux. Au contraire, le statut asymétrique des unités fondées sur la nationalité peut être considéré comme un moyen de favoriser ce principe d'égalité morale sous-jacente, puisqu'il garantit que l'identité nationale des minorités recevra autant d'attention et de respect que la nation majoritaire. Tant que les Canadiens anglophones considéreront le gouvernement fédéral comme leur gouvernement « national », le respect de leur identité nationale passera par le maintien d'un gouvernement fort à Ottawa. Tant que les Québécois considéreront le gouvernement du Québec comme leur gouvernement national, le respect de leur identité nationale passera par le maintien d'un gouvernement provincial fort.

L'harmonisation de ces identités divergentes au moyen d'un fédéralisme asymétrique n'entraîne ni manque de respect ni discrimination marquante[24].

Pourtant, cette défense de l'asymétrie postule précisément ce que la plupart des Canadiens anglophones nient, c'est-à-dire que le Canada est une fédération multinationale. Ils estiment que leur « nation » comprend les Québécois et les peuples autochtones. Les Canadiens anglophones ne définissent pas leur identité nationale à partir d'un sous-ensemble du Canada tel qu'une province ou un groupe ethnolinguistique particuliers. Ils se considèrent simplement comme les membres d'une « nation » canadienne qui comprend tous les citoyens, d'un océan à l'autre, sans égard à leur langue ou à leur culture. Et leur loyauté au Canada se fonde donc, en partie, sur l'opinion que tous les Canadiens forment une seule nation et que le gouvernement fédéral doit agir pour exprimer et promouvoir cette identité commune nationale. Dans cette optique, les différences entre les Canadiens, qu'elles découlent de la langue, de l'ethnicité ou de la région d'appartenance, devraient certes être respectées, mais pas au point de diviser les Canadiens en groupes nationaux séparés. Toujours dans cette optique, bien que les groupes sous-étatiques — ou provinces — puissent acquérir une certaine autonomie, on ne devrait pas considérer qu'ils possèdent un droit à l'autonomie nationale.

Voilà pourquoi le fameux débat sur l'asymétrie n'a pas progressé. Les partisans et les adversaires de l'asymétrie s'entendent pour dire que l'idéal d'« égalité » est au cœur du débat. Les Canadiens anglophones optent pour l'attribution d'un statut égal à toutes les provinces parce qu'ils croient que c'est ce qu'exige le principe moral de l'égalité et ils rejettent par conséquent toute conception multinationale du Canada parce qu'ils la jugent incompatible avec ce principe. Les défenseurs de l'asymétrie tentent pour leur part de neutraliser cette opposition en affirmant que les droits asymétriques concordent avec ce principe d'égalité plus profond.

En réalité, cependant, la question de l'égalité découle d'une querelle plus profonde quant à la nationalité. Les Canadiens anglophones considèrent que l'égalité impose que toutes les provinces aient un statut identique, parce que toute autre conception de l'égalité saperait leur sentiment national canadien. Comme Webber le dit, la plupart des objections à l'inclusion d'une clause de société distincte dans l'accord de Charlottetown reposaient sur des prémisses relatives à « ce qui est nécessaire pour avoir un pays, au nationalisme. Pour avoir un vrai pays, selon ce raisonnement, les mêmes règles doivent s'appliquer à tous ; tous doivent être traités de façon identique. » Et il poursuit ainsi :

> Ces arguments représentent le triomphe d'une conception unitaire de la citoyenneté canadienne. [...] Les Canadiens sont des Canadiens. Ils ne devraient pas être traités comme des Canadiens français ou des Canadiens anglais, ni même comme des Canadiens autochtones ou des Canadiens non autochtones. [...] Ils doivent être Canadiens d'abord, chacun devant être traité, selon la Constitution, simplement comme un Canadien. La pierre de touche de cette conception des choses a été la Charte des droits. Les efforts qu'a déployés Trudeau pour faire de la Charte le fondement même de la nationalité canadienne ont été fructueux auprès des Canadiens anglophones. Toute tentative de modifier l'application de ces droits, de prendre en compte le caractère unique du Québec, équivalait à altérer les véritables origines de la citoyenneté canadienne[25].

Il est certain que les Canadiens anglophones ont affirmé que l'asymétrie pour le Québec violerait le principe de l'égalité des droits. Mais l'affirmation selon laquelle l'égalité exige un traitement symétrique pour toutes les provinces découle d'un attachement antérieur à l'idéal d'une nationalité commune, et non l'inverse. Le principe de l'asymétrie a été rejeté non parce qu'il contrevient à l'idée d'égalité en général, mais plutôt parce qu'il viole le type particulier d'égalité que requiert et comporte une nationalité commune.

Le rôle indirect que l'égalité a joué dans le débat au sujet de Charlottetown est illustré par le fait suivant : si tous les critiques s'entendaient pour dire que l'asymétrie contrevient au principe de l'égalité, certains prétendirent que l'asymétrie donnerait plus de droits aux Québécois qu'aux autres Canadiens, d'autres prétendirent inversement qu'elle accorderait moins de droits aux Québécois qu'aux autres, alors que quelques-uns hésitèrent entre les deux opinions[26]. Si la principale source d'inquiétude avait été l'égalité, on se serait attendu à ce que les adversaires de l'asymétrie cherchent à déterminer la nature de l'inégalité, c'est-à-dire à identifier ceux qui tirent de l'asymétrie un avantage indu ou alors ceux qui en subissent un inconvénient inéquitable. En fait, toutefois, la plupart des opposants à l'asymétrie se contentaient de souligner que l'asymétrie créait un statut *différent* pour le Québec et donc minait leur attachement à une nationalité canadienne unitaire. Que ce statut différent confère aux Québécois plus ou moins de droits était, pour la plupart des Canadiens anglophones, un problème secondaire.

Tant que les Canadiens anglophones vont s'accrocher à cet idéal d'une nationalité canadienne unitaire, ils n'accepteront jamais l'asymétrie qui découle d'une conception multinationale du fédéralisme canadien. Le problème ne réside pas dans le seul fait que les provinces anglophones ne réclament pas les mêmes pouvoirs que le Québec, mais aussi et surtout dans la profonde différence entre les deux conceptions de la nature et des objectifs d'une fédération politique qui s'affrontent ici. Pour les minorités nationales comme les Québécois, le fédéralisme signifie d'abord et avant tout une fédération de *peuples*, et les décisions concernant les pouvoirs des sous-unités fédérales doivent respecter et confirmer le statut égal des peuples fondateurs. Dans cette optique, accorder des pouvoirs égaux aux unités fondées sur la région et aux unités fondées sur la nationalité revient en fait à nier l'égalité de la nation minoritaire en ne lui conférant plus qu'un statut d'une instance régionale au sein de la nation majoritaire. Par contraste, pour les Canadiens anglophones, le fédéralisme renvoie par-dessus tout à une fédération d'*unités territoriales*, et les choix concernant le partage des pouvoirs devraient refléter et confirmer l'égalité des unités constitutives. Dans cette optique, accorder des pouvoirs inégaux aux unités fondées sur la nationalité revient à donner une importance moindre à certaines unités fédérales.

Cette divergence dans les deux conceptions du fédéralisme peut engendrer des conflits, même lorsqu'il y a peu de différence entre les pouvoirs réels qu'exigent les unités fondées sur la région et ceux que revendiquent les unités fondées sur la nationalité. Par exemple, certaines personnes ont proposé une décentralisation radicale et intégrale afin que toutes les provinces disposent des pouvoirs que réclame généralement le Québec, ce qui éviterait ainsi d'accorder un statut particulier au

Québec. Pour beaucoup de nationalistes québécois, toutefois, cette solution rate le coche. L'exigence d'un statut particulier ne porte pas seulement sur telle ou telle compétence supplémentaire, mais aussi sur l'obtention d'une *reconnaissance nationale*. Comme Resnick le dit, « ils veulent que le Québec soit reconnu en tant que nation et non en tant que simple province ; on ne peut pas noyer en douce cette revendication très symbolique dans quelque formule de décentralisation appliquée à toutes les provinces[27] ». Les nationalistes québécois font de l'asymétrie une fin en soi, à titre de reconnaissance symbolique du fait que seul le Québec est une unité fondée sur la nationalité au Canada[28]. Même si cela peut sembler relever d'un simple souci des symboles plutôt que de la teneur du pouvoir politique, nous trouvons pourtant le même type de revendication dans d'autres fédérations multinationales[29].

C'est en partie pour cette raison que les négociations au sujet de l'asymétrie ont été si difficiles au Canada (et dans d'autres fédérations multinationales). Aussi, je ne vois aucune possibilité de débloquer l'impasse à moins que les Canadiens anglophones en arrivent à accepter une conception véritablement multinationale du Canada. Et puisque la notion de fédéralisme asymétrique découle presque nécessairement de l'idée que le Canada est un État multinational, les Canadiens anglophones n'accepteront celle-là qu'après avoir adhéré à celle-ci.

7. L'autonomie politique autochtone

La revendication des peuples autochtones en faveur de la reconnaissance de leur droit intrinsèque à l'autonomie politique soulève le même type de questions que les exigences du Québec pour un statut particulier. Dans les deux cas, on exige une reconnaissance nationale, une autonomie collective, des droits et pouvoirs distincts et l'égalité des peuples. Mais la situation des peuples autochtones est beaucoup plus complexe.

D'abord, les peuples autochtones n'ont pas été partie prenante aux négociations qui furent à l'origine de la fédération canadienne. Le tracé des frontières et le partage des pouvoirs au sein du fédéralisme canadien n'ont nullement pris en compte les besoins et les aspirations des autochtones. Alors que les Québécois peuvent espérer bâtir leur État à partir des pouvoirs actuels de leur province, les autochtones, dans le système fédéral actuel, n'ont aucun point d'appui sur lequel ils pourraient établir une authentique fédération multinationale.

Qui plus est, une minorité nationale ne peut se servir des formes traditionnelles de fédéralisme pour instaurer une certaine autonomie que si elle représente une majorité dans une des sous-unités fédérales ; c'est évidemment le cas des Québécois au Québec. On ne peut en dire autant de la plupart des peuples autochtones au Canada, qui sont moins nombreux et dont les communautés sont souvent dispersées par-delà les frontières provinciales. De plus, à l'exception du Nord (voir ci-dessous à propos du Nunavut), aucune redéfinition des frontières de quelque sous-unité fédérale ne pourrait permettre de créer aujourd'hui une province ou un territoire renfermant une majorité d'autochtones. Il aurait été possible de le faire au XIXᵉ siècle, mais depuis, l'afflux massif de colons a rendu ce projet à peu près irréalisable.

Pour ces raisons, de nombreux peuples autochtones ont proposé que leur autonomie politique soit envisagée comme une forme de « fédéralisme de traités » antérieur à la Confédération de 1867, plutôt que comme un « troisième ordre de gouvernement » dans le cadre de cette Confédération. Leur but n'est pas tellement de créer un autre niveau de gouvernement autochtone dans le cadre du système fédéral actuel, mais de redéfinir (sur la base des traités existants et relativement à la signature de nouveaux traités) un statut politique distinct qui serait complètement extérieur au système fédéral en vigueur. Comme les tribus amérindiennes aux États-Unis, les communautés autochtones seraient « fédérées » au Canada par le biais de traités, mais elles ne feraient pas partie intégrante du système fédéral.

Bien entendu, il y a une exception au Nord. En 1999, les territoires du Nord-Ouest seront séparés en deux afin que les Inuits forment la majorité dans la partie est (le Nunavut). Une telle modification des frontières fédérales visait à permettre aux Inuits d'exercer leur droit à l'autonomie politique au sein du système fédéral actuel, et le gouvernement du Nunavut dispose maintenant de pouvoirs « asymétriques » par rapport aux autres territoires et provinces.

Pour les autres peuples autochtones au Canada, toutefois, l'autonomie politique a été principalement liée au système des réserves. Le gouvernement fédéral a délégué des pouvoirs substantiels aux conseils de bandes qui dirigent chaque réserve. Les bandes autochtones ont, avec les années, accru leurs pouvoirs en matière de santé, d'éducation, de droit familial, de police, de justice pénale et d'exploitation des ressources. Les Amérindiens veulent que ces droits soient consacrés par des traités à caractère constitutionnel et reconnus en tant que droits intrinsèques à l'autonomie politique, et non comme des pouvoirs leur ayant été délégués par le gouvernement fédéral. En fait, les revendications d'autonomie politique que formulent les autochtones sont sûrement plus urgentes et plus fortes que les demandes d'un statut particulier par les Québécois. Comme la Commission canadienne des droits de la personne le répète chaque année dans son rapport annuel, le statut des peuples autochtones constitue la plus impérieuse de toutes les questions relatives aux droits de la personne auxquelles nous avons à faire face au Canada.

La complexité de la question de l'autonomie politique est telle qu'il faudrait y consacrer un livre entier pour en traiter convenablement. Les bandes amérindiennes divergent d'opinion quant au type de pouvoirs qu'elles veulent. Certaines disposent d'un territoire et d'une population de taille trop faible — et sont trop pauvres — pour exercer l'éventail complet des pouvoirs politiques autonomes qu'elles réclament à titre de droit intrinsèque. Pour d'autres, leur capacité d'autonomie politique dépend de la façon dont seront réglées les revendications territoriales en suspens. La récente Commission royale sur les peuples autochtones a proposé un tableau détaillé des différents modèles d'autonomie politique que les peuples autochtones pourraient adopter, ainsi que les étapes requises pour l'exercer. Une partie du problème, comme la Commission le souligne, est que l'on ne sait pas exactement ce que seraient les unités adéquates sur lesquelles se fonderait l'autonomie politique autochtone. La Commission elle-même affirme que, en général, les bandes autochtones existantes sont tout simplement de taille trop faible pour exercer une véritable autonomie politique. Elle suggère que les quelque 600 bandes autochtones s'associent en une soixantaine de « nations » sur la base de leurs affinités culturelles et linguistiques préexistantes et que ce sont ces nations élargies qui détiendraient alors un droit intrinsèque à l'autonomie politique.

C'est là une proposition réfléchie visant à s'attaquer à un problème urgent. Le caractère éclaté de la population autochtone actuelle, disséminée en 600 « bandes », est presque entièrement attribuable au caractère arbitraire de la loi fédérale sur les Amérindiens, qui a encouragé et parfois même contraint les autochtones à s'établir sur de petites parcelles de territoire, souvent situées très loin des autres membres de leur communauté d'origine. Regrouper les bandes au sein de nations plus grandes équivaudrait, en un sens, à renouer avec d'anciennes formes de communauté et d'organisation sociale autochtones en les adaptant à de nouvelles situations.

Est-ce là un bon plan pour les Amérindiens? C'est évidemment à eux de le déterminer. Chose certaine, il fait l'objet d'un débat constant dans la communauté autochtone. Et jusqu'à ce que soit identifiée l'entité appropriée pour asseoir l'autonomie politique, il est difficile d'établir un projet plus détaillé pour y arriver. Entre-temps, il importe que nous, les Canadiens, montrions notre volonté de reconnaître le principe du droit intrinsèque à l'autonomie politique et de négocier de bonne foi sa mise en œuvre appropriée.

Dans le reste de ce livre, je me concentrerai principalement sur les façons de prendre en compte le nationalisme québécois. Même si les enjeux sont pour la plupart assez différents, une meilleure compréhension du nationalisme québécois peut conduire, indirectement, à une meilleure compréhension de nos autres « nations intérieures ».

Les Canadiens ont en quelque sorte démontré une plus grande ouverture d'esprit à l'égard d'un « statut particulier » pour les peuples autochtones que pour le Québec. Cela n'est pas surprenant, puisque tout effort pour inscrire les gouvernements amérindiens et inuits dans le cadre du modèle territorial et symétrique de fédéralisme est clairement voué à l'échec. De plus, nombreux sont les Canadiens qui éprouvent un fort sentiment de culpabilité en rapport avec les mauvais traitements longtemps infligés aux peuples autochtones. Pourtant, la prémisse selon laquelle aucune unité politique ne doit posséder de droits ou de pouvoirs différents est encore invoquée aujourd'hui pour miner l'appui à l'autonomie politique des autochtones. Et il est possible que le durcissement des attitudes à l'endroit d'un statut particulier pour le Québec ait contribué à émousser l'appui donné aux revendications autochtones. Travailler à rendre plus patent, à la lumière du cas du Québec, la nécessité d'un fédéralisme multinational, peut donc indirectement stimuler l'appui apporté aux revendications légitimes des peuples autochtones.

8. Conclusion

L'impasse au Canada est apparemment insurmontable. Les Québécois et les peuples autochtones exigent que le Canada soit considéré comme une fédération multinationale, ce qui entraînerait la reconnaissance des différences entre les provinces du Canada anglophone, exclusivement fondées sur le territoire, et les unités fondées sur la nationalité que sont le Québec et les nations autochtones. Leurs exigences de reconnaissance nationale se sont peut-être même raffermies au cours des deux dernières décennies.

Néanmoins, nous savons que cette conception multinationale du Canada est fermement rejetée par la majorité non autochtone et non francophone. La plupart des Canadiens anglophones considère le Canada comme une seule communauté nationale — englobant tous les citoyens, sans égard pour la langue, l'ethnicité ou la région d'origine — unie par les liens d'une citoyenneté égale pour tous. Les sondages révèlent une opposition très répandue dans le Canada anglophone à toute forme de « statut particulier » pour le Québec, et cette opposition semble s'être durcie dans les deux dernières décennies. De récents sondages révèlent aussi une chute de l'appui donné aux revendications des peuples autochtones au Canada.

Peut-on faire quelque chose pour combler ce fossé croissant ? J'ai dit plus tôt qu'il est impensable de convaincre nos « nations intérieures » d'abandonner leurs revendications nationales. Il nous reste donc deux options. Nous pouvons tenter de dissimuler nos différences et de concocter une formule constitutionnelle si imprécise ou ambiguë que les deux camps pourront l'interpréter de façon diamétralement opposée, conformément à leur conception respective du fédéralisme canadien. On peut d'ailleurs expliquer ainsi la récente stratégie du gouvernement fédéral à l'endroit du Québec, stratégie qui, comme je l'expliquerai dans le prochain chapitre, est condamnée à l'échec. L'autre option est de tenter de convaincre les Canadiens anglophones d'accepter une conception multinationale du fédéralisme. J'aborderai cette option au chapitre 12.

CHAPITRE 11

Dissimuler les différences

Pouvons-nous trouver une formule constitutionnelle suffisamment vague pour donner l'impression à chacun des deux camps qu'elle concorde avec sa propre conception du fédéralisme canadien? En d'autres termes, pouvons-nous si bien dissimuler les différences que personne ne verra plus le fossé grandissant entre le Canada anglais et le Québec? Il semble parfois que cela a été, ces dernières années, le trait essentiel de la stratégie d'« unité nationale » du gouvernement fédéral. Telle que je la perçois, cette stratégie a comporté deux éléments constitutifs : l'affirmation d'une clause de société distincte et la mise en évidence de valeurs communes à la base de l'unité canadienne. Or, ni l'un ni l'autre n'ont donné de résultat fructueux.

1. « La société distincte »

À l'origine, l'exigence d'une clause de « société distincte » par le Québec avait pour objectif de confirmer son statut de nation distincte au sein du Canada. Toutefois, la clause offerte au Québec par le gouvernement fédéral était suffisamment vague pour que les Canadiens anglophones n'y voient qu'un geste simplement symbolique, qui laisserait intacte l'essentielle égalité des provinces. Le gouvernement fédéral a, me semble-t-il, encouragé les Québécois et les Canadiens anglophones à adopter ces interprétations différentes de la clause de la société distincte — ou, du moins, il n'a rien fait pour les en dissuader. Il n'a ni proclamé ni nié que le Canada soit un État multinational et il a plutôt cherché à éviter d'aborder directement cette question. Il a tenté d'élaborer des propositions constitutionnelles que les Canadiens anglophones pouvaient interpréter comme une confirmation de leur conception « territoriale » du fédéralisme canadien (un Sénat de type américain et une décentralisation symétrique des pouvoirs) et que les Québécois et les peuples autochtones, pour leur part, pouvaient inter-préter comme une confirmation de leur conception « multinationale » du fédéralisme (clause de société distincte, règle de la double majorité au Sénat et autonomie politique autochtone).

L'échec des accords du lac Meech et de Charlottetown a prouvé que cette stratégie ne fonctionnera pas. Les enjeux sont trop importants et les sensibilités trop vives pour que les Canadiens se satisfassent de telles propositions vagues et ambiguës. J'ai déjà examiné l'aspect crucial que revêt une reconnaissance nationale explicite aux yeux des Québécois et des peuples autochtones. Mais les enjeux sont également considérables pour les Canadiens anglophones. Car, aux yeux de quiconque se repré-sentent le Canada comme une nation unique et divisée en 10 provinces égales fondées sur la région, toute revendication d'un statut particulier paraîtra toujours entraîner la création de deux classes inégales de citoyens.

Qui plus est, que les Québécois rendent leur allégeance au Canada conditionnelle à une telle reconnaissance semble révéler une absence de loyauté à l'égard du Canada. Si les Québécois avaient opté pour l'indé-pendance en raison de l'échec des accords du lac Meech ou de Charlottetown, cela aurait démontré qu'au départ ils ne tenaient pas tellement au Canada (c'est là du moins l'interprétation de nombreux Canadiens anglophones). C'est une chose d'accepter un accord constitutionnel inéquitable au nom de l'unité canadienne ; c'en est une autre de le faire parce qu'on est victime d'un « chantage » exercé par un peuple n'ayant de toute façon aucune véritable volonté d'être canadien. Comme Jeremy Webber l'a fait remarquer, « les Canadiens anglophones n'ont pas fait que rejeter fermement les revendications de pouvoirs asymétriques des Québécois, mais ils ont aussi été profondément indisposés par leur loyauté asymétrique — leur réticence apparente à "placer le Canada d'abord[1]" ».

Il m'est impossible d'imaginer comment on pourrait dissimuler les différences énormes entre la conception multinationale du Canada — à laquelle adhèrent la plupart des Québécois et des peuples autochtones — et la conception mononationale — à laquelle adhèrent la plupart des Canadiens anglophones. Avant 1982, il aurait sans doute été possible de mettre au point un accord constitutionnel sans aborder la question des identités et des loyautés nationales. Après tout, l'Acte de l'Amérique du Nord britannique de 1867 ne faisait pas état des valeurs ou des identités des Canadiens, et on n'attendait pas cela d'un tel document. Il contenait pour l'essentiel une description des rapports entre les différents niveaux et organes gouvernementaux et ne traitait pratiquement pas des identités et des valeurs — voire des droits — des citoyens canadiens.

Une foule de Canadiens ont aujourd'hui de la Constitution une idée plus ambitieuse et la considèrent comme le moyen idéal de définir et consacrer les identités et les valeurs des Canadiens. Le gouvernement fédéral a explicitement adopté une telle conception de la Constitution lors du débat au sujet de l'accord de Charlottetown. Comme un texte fédéral le signalait : « la Constitution doit être un cadre qui reflète nos valeurs, nos aspirations et ce qu'il y a de meilleur chez les Canadiens[2] ». Un autre texte fédéral énonçait ce qui suit :

> Une constitution obéit à deux fonctions essentielles. L'une est juridique, l'autre est symbolique. Elle fixe les règles d'après lesquelles un peuple se gouverne. Mais elle ne sera vraiment complète que si elle fait comprendre aussi le bien-fondé de ces règles, les valeurs qui les sous-tendent, les grands objectifs et les traits dominants du peuple auquel s'adresse le document. Les Canadiens devraient donc pouvoir se reconnaître dans la constitution du pays où ils sont nés ou qu'ils ont choisi. Ce second élément, symbolique, est particulièrement faible dans la Constitution du Canada[3].

Nous pouvons qualifier « d'aspirationnelle » cette représentation de la Constitution, qui commença à se répandre après le rapatriement de la Constitution en 1982. Trudeau espérait que, si un document unique exprimait les aspirations des Canadiens, l'allégeance de la population irait au Canada dans son ensemble plutôt qu'à une province ou à une région. Ce fut, en partie, un exercice d'« édification de la nation » (pancanadienne). Et dans une large mesure, cette stratégie a été couronnée de succès, particulièrement au Canada anglophone. La plupart des Canadiens anglophones acceptent maintenant l'idée que la Constitution doive refléter et favoriser une identité pancanadienne fondée sur des droits de citoyenneté égaux[4].

Mais il devenait alors inévitable que les défenseurs des nationalismes minoritaires exigeraient que *leurs* aspirations se reflètent désormais dans la Constitution. Auparavant, ils auraient pu être enclins à accepter un texte qui, sur ces questions, fût silencieux ou ambigu, mais après que Trudeau eut apposé un sceau d'approbation constitutionnelle sur son nationalisme pancanadien, ils se devaient d'obtenir une reconnaissance équivalente pour leurs nationalismes de minorité.

Janet Ajzenstat voit dans ce processus une érosion graduelle de l'idéal d'une « constitution procédurale », qui fait d'une Constitution un simple répertoire des règles de base du débat politique, plutôt que l'assise juridique d'un programme politique ou d'une idéologie quelconques[5]. L'exigence, de la part des nationalistes québécois, d'une reconnaissance de leur « société distincte » illustre bien cette érosion, puisqu'il s'agit d'une tentative de consacrer une certaine idéologie nationaliste fondamentale — et controversée — en l'inscrivant dans la Constitution. Mais c'était une réplique prévisible aux efforts déployés par Trudeau pour consigner son idéologie pancanadienne et antinationaliste dans la Constitution de 1982.

Comme Ajzenstat le fait remarquer, le différend entre les nationalistes du Québec, privilégiant le bilinguisme territorial, et les antinationalistes du Québec, acquis au bilinguisme d'un océan à l'autre, était autrefois considéré comme une question relevant du débat démocratique courant. Or, en 1982, la vision antinationaliste de Trudeau a reçu « l'imprimatur constitutionnel ». En fait, de nombreux partisans de la Constitution de 1982 l'ont défendue précisément parce qu'elle avait pour vertu symbolique de placer l'idéologie pancanadienne au-dessus de la mêlée politique. Une fois la porte ouverte à l'utilisation de la Constitution comme moyen de faire progresser des opinions idéologiques, une multitude d'autres groupes — y compris les nationalistes québécois — ont exigé que leur vision aussi acquière une telle légitimation constitutionnelle. La notion de « société distincte » s'ensuivit logiquement, puis celle d'une « clause Canada[6] ». S'engagèrent alors des débats interminables sur les rapports entre ces deux clauses ainsi que sur leurs liens avec la Charte des droits initiale.

Selon Ajzenstat, cela a eu pour conséquence de miner la confiance que les Canadiens pouvaient avoir dans une conception neutre de la Constitution, conception qui permet à divers intérêts et idéologies politiques de rivaliser équitablement et ouvertement pour obtenir l'adhésion de la population. Au lieu de se maintenir au-dessus des querelles politiques, la Constitution est maintenant considérée comme le plus important moyen de les poursuivre. Et puisque nous n'avons pas encore trouvé une façon de reconnaître ces idéologies opposées au sein d'une même Constitution, bon nombre de nationalistes du Québec estiment que la sécession est la seule façon de s'assurer que les règles du jeu constitutionnel ne seront pas injustes à leur égard.

Avec le recul, les Canadiens pourraient bien regretter d'avoir adopté cet idéal d'une Constitution « aspirationnelle ». Même si nous n'avons pas encore pris la mesure des nombreuses conséquences graves de cet idéal, il est d'ores et déjà assez clair que les tactiques employées avant 1982, qui consistaient à « éviter la question » ou à « s'en sortir tant bien que mal », ne fonctionneront plus. Les Canadiens exigent maintenant que leurs identités soient reconnues dans la Constitution. De plus, les membres de tous les groupes identitaires sont au fait des succès qu'ont obtenus d'autres groupes dont la vision du Canada a reçu « l'imprimatur constitutionnel » et ils sont extrêmement sensibles à toute apparence d'inégalité dans l'ampleur ou la forme de la reconnaissance constitutionnelle. Alors, les groupes ne se contentent plus de constater que certaines parties de la Constitution accueillent favorablement leur vision du Canada (la clause de « société distincte » pour les Québécois, la « clause Canada » pour les Canadiens anglophones ou la clause d'autonomie politique pour les autochtones). Ils veulent désormais s'assurer qu'au sein de la Constitution leur vision ne sera pas subordonnée à celle d'un autre groupe. Les débats subséquents sur le libellé ou la place de différentes dispositions ont souvent ressemblé à des querelles de clocher, mais il s'agit de la conséquence inévitable de l'adoption d'une conception « aspirationnelle » de la Constitution. Après avoir dit aux groupes que leurs valeurs et leur identité devaient être reconnues dans la Constitution, nous ne pouvons guère nous attendre à ce qu'ils se montrent indifférents à la façon dont celles-ci sont agencées entre elles. Dans cette optique, l'effort d'occulter les différences entre les conceptions multinationale et territoriale du fédéralisme au moyen d'une clause vague et ambiguë comme celle de la « société distincte » était condamné à l'échec.

2. Le mirage des valeurs communes

Si la proposition d'une clause de « société distincte » visait à brouiller les différences entre ces deux conceptions du fédéralisme, l'autre pan de la stratégie du gouvernement fédéral avait pour but de faire en sorte que notre attention ne soit plus axée sur nos différences, mais plutôt sur ce que nous avons en commun. Les Canadiens, d'après ce que nous dit le gouvernement, ont plus en commun que nous ne le croyons. Il existe notamment de nombreuses « valeurs communes » que tous les Canadiens, autochtones et Québécois inclus, ont à cœur et, parce que l'attachement commun à ces valeurs transcende les frontières nationales et linguistiques, elles représentent un fondement pour l'établissement d'une solidarité et d'une allégeance communes. Si seulement les Canadiens étaient plus au fait de ces valeurs communes, prétend encore le gouvernement, nous éprouverions un sentiment d'unité canadienne plus vif, et le risque de division le long des frontières nationales diminuerait.

La rhétorique des valeurs communes est si répandue dans les textes du gouvernement fédéral que Wayne Norman la considère comme la « position officielle » en matière d'unité nationale[7]. Par exemple, la Commission Spicer affirmait en 1991 que les Canadiens sont unis par leur attachement commun à sept valeurs : l'égalité et l'équité, la consultation et le dialogue, l'importance de la conciliation et de la tolérance, le respect de la diversité, la compassion et la générosité, la protection de l'environnement et l'attachement à la liberté, à la paix, et aux changements non violents[8]. Une liste semblable a aussi été dressée dans un texte du gouvernement fédéral intitulé *Identité canadienne : des valeurs communes*, publié en annexe à ses propositions constitutionnelles de 1991[9]. Dans les deux cas (ainsi que dans plusieurs autres textes et rapports gouvernementaux), on met l'accent sur les valeurs politiques communes à tous les groupes nationaux au Canada.

L'idée que les valeurs communes cimentent les États démocratiques est fréquente en théorie de la démocratie. Selon le philosophe américain John Rawls, la source de l'unité des sociétés modernes est une conception partagée de la justice. Comme il l'écrit : « quoiqu'une société bien ordonnée reste divisée et pluraliste [...] l'accord public sur des questions de justice politique et sociale renforce les liens de fraternité et garantit la force de l'association[10] ». En dépit de son ascendance intellectuelle impressionnante, cette idée, me semble-t-il, sous-tend une opinion profondément erronée au sujet des fondements de la stabilité politique, du moins dans les États multinationaux comme le Canada. Comme je l'ai fait ressortir dans la première partie du présent ouvrage, il y a assurément des principes politiques communs au Canada. En fait, il existe un remarquable consensus sur les normes fondamentales libérales-démocratiques, que partagent non seulement les Français et les Anglais, mais aussi les groupes d'immigrants, lesquels intériorisent d'ailleurs ces valeurs après une période étonnamment courte. Dans quelle mesure les peuples autochtones adhèrent-ils à ces valeurs ? La réponse varie d'un groupe à un autre. Mais c'est là une question distincte[11].

Il n'est toutefois pas certain que ces principes, à eux seuls, offrent à plusieurs groupes nationaux une raison suffisante de rester unis dans le même pays. Par exemple, les principes politiques des citoyens de la Norvège et de la Suède convergent de façon remarquable, mais est-ce là une raison de regretter leur séparation survenue en 1905 ? Le fait qu'ils partagent les mêmes principes ne signifie pas qu'ils doivent vouloir vivre ensemble dans un même État.

De la même manière, les trente dernières années ont vu naître une convergence prononcée dans les principes politiques entre les Canadiens anglophones et les Canadiens francophones, si bien qu'il devrait maintenant être « difficile d'établir des différences conséquentes dans les attitudes sur des questions telles que les valeurs morales, le prestige des professions, le rôle de l'État, les droits des travailleurs, les droits des autochtones, l'égalité des sexes et des races et les conceptions de l'autorité[12] ». Si l'approche fondée sur les « valeurs communes » était exacte, nous aurions normalement dû observer, durant cette période, un déclin dans l'appui à la sécession du Québec ; or, le sentiment nationaliste a crû de façon soutenue. Ici encore, le fait que les anglophones et les francophones partagent les mêmes principes politiques n'est en lui-même pas une raison suffisante pour qu'ils veuillent demeurer unis. Décider de faire sécession n'imposerait pas aux Québécois d'abandonner les principes politiques auxquels ils croient, puisqu'ils pourraient mettre en œuvre ces mêmes principes dans leur propre État national.

Cela nous porte à conclure que le partage des mêmes principes politiques n'est pas suffisant pour maintenir l'unité sociale. Si deux groupes nationaux veulent vivre ensemble dans un même État, alors le partage des principes politiques rendra les choses évidemment plus faciles. Mais ce n'est pas une raison pour que deux groupes nationaux veuillent vivre ensemble. Le fait que les Européens de l'Ouest aient des valeurs politiques communes ne nous apprend rien à propos du nombre de pays — un, cinq ou quinze ?— que devrait compter cette partie du continent européen.

Que les Québécois s'obstinent à protéger leur autonomie et leur identité nationales même s'ils partagent les mêmes valeurs que les Canadiens anglophones déconcerte un grand nombre de Canadiens. Ceux-ci y voient souvent un paradoxe qui ne peut s'expliquer que par un irrationnel « narcissisme des petites différences[13] ». Autrement, pourquoi les Québécois s'opposeraient-ils donc si fermement aux intrusions du gouvernement fédéral dans les champs de compétence des provinces, même lorsque les décisions d'Ottawa sont pour l'essentiel identiques à celles qu'auraient prises les Québécois eux-mêmes ?

Par exemple, il n'y a aucune raison de croire que les Québécois s'opposent aux principes essentiels de la loi canadienne sur la santé. Si le

Québec n'était pas tenu de respecter les normes nationales définies dans la loi, il adopterait presque assurément les mêmes normes dans ses propres lois provinciales. Or, maints Québécois s'opposent à l'idée même que le gouvernement fédéral ait le pouvoir de dicter ses normes dans les champs de compétences provinciaux. C'est là, pensent les Canadiens anglophones, une position assurément irrationnelle qui serait abandonnée si seulement les Québécois comprenaient que nous partageons vraiment les mêmes valeurs.

Cette interprétation est fondée sur un profond malentendu quant à la nature du nationalisme. Avoir la capacité de débattre et de définir collectivement des politiques sur les questions qui leur importent n'est pas simplement, pour les Québécois, un *symbole* de l'autonomie nationale : c'en est l'*essence* ou la *pratique* même. Ayant acquis un fort sentiment d'identité nationale, les Québécois veulent agir collectivement comme une communauté politique, c'est-à-dire entreprendre des délibérations en commun, prendre des décisions collectives et coopérer dans l'atteinte des buts politiques. Ils veulent prendre ces décisions ensemble non pas parce que leurs objectifs sont différents de ceux des autres Canadiens, des Américains ou encore des Belges, mais parce qu'ils en sont venus à se considérer eux-mêmes comme les membres d'une même société qui ont ainsi des responsabilités les uns envers les autres pour le bien-être de cette société. Croire qu'un peuple forme une nation ne signifie au fond rien d'autre.

L'incapacité des Canadiens anglophones à comprendre cet aspect de la question est un des principaux obstacles empêchant de régler nos différends actuels. Selon eux, puisque les Québécois ont adopté les mêmes valeurs libérales-démocratiques que les autres Canadiens, ils n'ont alors plus aucun intérêt à préserver leur autonomie provinciale. Si les décisions prises au niveau fédéral sont essentiellement identiques à celles qui seraient prises au niveau provincial, pourquoi les Québécois s'objectent-ils à une législation « nationale » sur la santé, l'éducation ou la sécurité de la vieillesse ? Poser une telle question révèle une incompréhension totale de ce qui fonde la volonté d'autonomie politique, laquelle découle d'identités historiques et de solidarités collectives, et non de principes politiques distincts (je reviendrai sur ce sujet au chapitre 13).

En fait, rien n'indique, dans quelque État multinational que ce soit, qu'une convergence des valeurs politiques chez les groupes nationaux ait réduit l'importance ou l'intensité des revendications nationalistes. En Belgique, malgré la convergence marquée entre Flamands et Wallons sur le plan des valeurs politiques, le sentiment nationaliste flamand s'est accru[14]. De même, la convergence des valeurs politiques chez la minorité catalane et la majorité castillane en Espagne s'est accompagnée d'un renforcement, et non d'un déclin, du sentiment nationaliste en Catalogne[15].

Je ne saurais trop insister sur cet aspect des choses. Il n'y a aucun motif, ni en théorie ni dans l'expérience des autres pays, de croire que l'existence de « valeurs communes » au sein de différents groupes nationaux apaise tout conflit nationaliste. La stratégie du gouvernement fédéral consistant à dresser des listes interminables de nos valeurs communes est tout simplement hors de propos. Il est certainement important, comme je l'ai affirmé au chapitre 4, de mettre l'accent auprès des immigrants sur le fait que nous adhérons à des valeurs libérales-démocratiques et que celles-ci limitent l'ampleur de notre tolérance envers les différences culturelles. Mais il est simplement inutile de souligner que les autochtones et les Québécois partagent avec les Canadiens anglophones les mêmes valeurs politiques.

On pourrait penser que la revendication entêtée de droits nationaux par les minorités nationales révèle une préoccupation « narcissique » pour leur identité nationale[16], mais c'est là la réalité des États multinationaux. De plus, on pourrait tout aussi bien prétendre que les membres d'un groupe majoritaire manifestent souvent un attachement narcissique pour leur conception de l'identité nationale. La majorité s'accroche au mythe selon lequel elle vit dans un « État-nation » au sein duquel les citoyens partagent tous la même identité nationale, et elle refuse de reconnaître qu'elle vit dans un État multinational. Comme je le soutiendrai au prochain chapitre, il s'agit bien d'un des aspects de notre situation fâcheuse au Canada. Nous avons de nombreuses valeurs politiques en commun, mais nous avons des identités nationales profondément opposées, et les Québécois comme les Canadiens anglophones tiennent passionnément à leur conception respective de la nationalité.

C'est précisément là le conflit dont nous devons prendre acte et auquel nous devons nous attaquer de front pour que le Canada survive. Malheureusement, la récente stratégie du gouvernement fédéral a consisté à l'éviter plutôt qu'à l'affronter. Tant la clause de la société distincte que la rhétorique des valeurs partagées ont finalement été des tentatives de brouiller ou d'occulter la réalité de ces conceptions opposées de la nationalité. Résultat : les démarches fédérales n'ont contribué ni à clarifier la nature du conflit ni à en atténuer l'intensité.

3. Conclusion

Au chapitre précédent, j'ai soutenu qu'il n'y a aucun espoir réaliste d'amener les Québécois et les autochtones à abandonner leurs revendications de reconnaissance nationale. Dans ce chapitre, j'ai affirmé qu'il n'y a aucune façon d'octroyer cette reconnaissance sans ouvertement remettre en question les conceptions du fédéralisme territorial et de la nationalité canadienne partagée qui prévalent chez les Canadiens anglophones. Le seul espoir qui reste, par conséquent, pour résoudre la crise constitutionnelle est de convaincre les Canadiens anglophones d'adopter une conception du fédéralisme canadien qui soit explicitement « multinationale ». Le prochain chapitre examinera les possibilités et, le cas échéant, les façons d'y parvenir.

CHAPITRE 12

Repenser le Canada anglais

L'opposition des Canadiens anglophones à la conception multinationale du fédéralisme est-elle aussi inflexible qu'elle paraît l'être ? C'est la question que je veux aborder dans ce chapitre.

La raison la plus évidente pour accepter la conception multinationale, c'est qu'elle représente la seule option de rechange à la sécession. Mais ce n'est même plus une raison suffisante pour que les Canadiens anglophones l'acceptent. Les débats au sujet des accords du lac Meech et de Charlottetown ont montré que la menace de sécession ne peut forcer les Canadiens anglophones à accepter quelque chose qu'ils considèrent profondément injuste. Les Canadiens anglophones aiment le Canada et seraient prêts à faire de grands sacrifices pour ce pays. Mais, pour le garder uni, ils ne sont pas disposés à adopter des mesures qui mineraient précisément ce qu'ils aiment de ce pays. Nous ne devons pas déplorer ce fait. Les Québécois et les Canadiens anglophones veulent vivre dans un pays qui fait leur fierté, et on ne peut guère être fier d'un pays qui viole le sens de la justice fondamentale de certains citoyens ou qui reste uni seulement à cause d'un chantage émotif ou économique.

Il est donc nécessaire de convaincre les Canadiens anglophones que le Canada qui résulterait de l'adoption d'une conception multinationale serait juste, prospère et digne de leur sentiment de loyauté à l'égard de ce pays. On peut effectivement y parvenir à condition de démontrer deux choses : que les Canadiens anglophones ont certains intérêts propres en tant que communauté linguistique, intérêts qui sont, à maints égards importants, similaires à la volonté des Québécois et des autochtones de maintenir leur langue et leur culture respectives, et que le fédéralisme multinational procure la plus complète et la plus juste expression de ces intérêts pour tous les groupes.

Ce n'est pas une tâche facile. Pour voir s'il y a ici quelque marge de manœuvre, nous devons nous pencher sur les raisons pour lesquelles les Canadiens anglophones jugent inéquitable l'idée d'un statut particulier. Comme nous l'avons vu au chapitre 10, si les Canadiens anglophones formulent souvent leur opposition au statut particulier en fonction du principe d'égalité, cette opposition découle surtout d'une inquiétude encore plus vive liée au principe de nationalité. De fait, ils croient que « l'égalité » renvoie à des droits et à des pouvoirs identiques pour toutes les provinces, parce que toute autre conception de l'égalité minerait leur sentiment d'une nationalité canadienne commune.

Pour convaincre les Canadiens anglophones d'adhérer à une conception multinationale du Canada, nous devons donc directement remettre en question l'idéal d'une nationalité canadienne unitaire. Il ne suffit pas de démontrer que cet idéal est inacceptable pour les Québécois et les peuples autochtones, ni d'identifier d'autres façons légitimes d'interpréter la notion d'égalité. Nous devons aller plus loin et montrer non seulement que le rêve d'une identité nationale commune est impossible à réaliser, mais aussi que l'atteinte d'un tel objectif ne vaut pas le coup.

1. Les intérêts du Canada anglophone

Au cœur de la question se trouve la nécessité d'amener les Canadiens anglophones à réfléchir aux intérêts qu'ils ont en commun en tant que communauté linguistique, ce qui ne s'annonce pas facile parce que ceux-ci n'ont que très peu, voire aucunement, l'impression de former un groupe identitaire, de représenter une communauté distincte au Canada. En témoigne l'absence presque totale de résonance que suscite chez eux l'idée que les Canadiens anglophones forment une « nation ». D'ailleurs, il n'y a pas non plus d'institution ayant le mandat explicite de promouvoir la nationalité canadienne-anglaise. Même les Canadiens anglais qui acceptent l'idée que les autochtones et les Québécois constituent des nations — et que le Canada est par conséquent un État multinational — estiment généralement que les Canadiens anglais ne constituent pas une nation[1].

D'un certain point de vue, une telle caractéristique est admirable. Dénués de tout profond sentiment de nationalisme etchnoculturel, les Canadiens anglophones échappent à la plupart des défauts qui accompagnent habituellement ce type de nationalisme. Ils font rarement preuve de xénophobie ou d'exclusion et craignent peu ou pas que les influences extérieures ou les minorités intérieures présentent une menace à la « pureté » ou à l'« intégrité » de leur langue ou de leur culture. De récents événements survenus aux quatre coins du monde attestent les avantages de vivre dans une société si dénuée de nationalisme ethnoculturel.

Mais, d'un autre point de vue, cette tendance à rejeter le nationalisme ethnoculturel empêche les Canadiens anglophones de prendre conscience qu'ils partagent certains intérêts et que leur conception d'un nationalisme pancanadien est fortement influencée par ces mêmes intérêts. Par exemple, leur conception d'un Canada formant une seule communauté nationale renvoie aux notions de droit à la libre circulation des biens et des personnes, de normes nationales pour les services sociaux et de transférabilité des avantages sociaux, ainsi qu'au droit de parler anglais dans les tribunaux, les écoles et les organismes gouvernementaux, d'un océan à l'autre. Bref, l'idée que le Canada constitue une seule communauté nationale signifie, pour les anglophones, qu'ils doivent être en mesure de vivre et de travailler en anglais dans tout le pays et de pouvoir y faire valoir partout leurs droits et leurs avantages sociaux.

Ces aspects de la conception canadienne-anglaise du nationalisme pancanadien contribuent à l'accroissement non seulement de la mobilité des Canadiens anglophones mais aussi de leur poids politique.

Pour que les normes et les droits linguistiques relatifs aux programmes sociaux aient une portée nationale, les décisions doivent être prises au niveau fédéral plutôt que provincial. Cela signifie par conséquent que ces décisions seraient prises dans une instance où les Canadiens anglophones constituent une écrasante majorité. En soutenant une conception pancanadienne de la nationalité, les Canadiens anglophones s'assurent donc que leurs droits linguistiques et leurs avantages sociaux à travers leur pays ne seront jamais soumis aux décisions d'un corps politique dans lequel ils sont minoritaires. Ils auraient sûrement été plus réticents à entériner l'idée que les Canadiens forment une seule nation d'un océan à l'autre et que le gouvernement fédéral doit définir et favoriser cette nationalité commune si une telle idée se traduisait par un affaiblissement, plutôt que par un renforcement, de leurs droits linguistiques et de leur poids politique.

En contrepartie, le nationalisme pancanadien constitue une menace pour les intérêts des peuples autochtones et des Québécois. Nous pouvons mettre en relief trois façons dont le nationalisme pancanadien a favorisé les Canadiens anglophones au détriment des minorités nationales.

• D'abord, sur le plan symbolique, il contribue à officialiser la conception canadienne anglophone d'une seule nationalité canadienne et à rejeter aussi les conceptions québécoise et autochtone du Canada en tant qu'État multinational. Nous avons déjà examiné au chapitre 10 pourquoi la revendication d'une reconnaissance nationale est si importante pour les minorités nationales et pourquoi le refus d'octroyer cette reconnaissance est ressenti, par elles, comme une insulte.

• Deuxièmement, sur le plan du poids politique, ce nationalisme a eu pour effet qu'un nombre croissant de questions (par exemple, en ce qui concerne les politiques sociales) sont tranchées au sein d'instances pancanadiennes où les Canadiens anglophones sont majoritaires, comme le Parlement fédéral et la Cour suprême. Il importe de souligner que le Québec et les communautés autochtones s'opposent largement à une telle tendance, même si les décisions prises dans ces instances fédérales sont pour l'essentiel identiques à celles que les Québécois et les autochtones auraient prises eux-mêmes (la loi canadienne sur la santé, par exemple). Leur opposition à ce sujet repose en partie sur le premier élément mentionné : l'intervention fédérale effectuée par le truchement du pouvoir de dépenser est considérée comme un symbole de l'indifférence du Canada anglophone envers les aspirations nationales et les droits historiques du Québec. De plus, comme nous l'avons vu au chapitre 11, détenir la capacité de déterminer collectivement les politiques à suivre dans des domaines jugés importants ne constitue pas seulement un symbole, mais aussi le cœur même de la nationalité québécoise. Ayant développé un fort sentiment d'identité nationale, les Québécois veulent agir ensemble comme une communauté politique pour organiser des délibérations communes, prendre des décisions collectives et coopérer dans la poursuite de buts politiques. Ils en sont venus à se considérer comme les membres d'une même société, qui ont par conséquent des responsabilités les uns envers les autres pour assurer le bien-être de cette société.

Ainsi, même si on leur garantissait que les décisions du gouvernement fédéral seraient compatibles avec leurs propres intérêts et leur propre conception de la justice, les Québécois lutteraient farouchement pour défendre leur autonomie provinciale contre les empiètements du fédéral. Évidemment, ce type de garantie ne peut être offert. En fait, comme nous le verrons plus loin, il y aura presque assurément des conflits entre les intérêts de la majorité anglophone et ceux des Québécois sur des questions comme la langue et la culture.

Même en ce qui a trait aux politiques sociales, où les intérêts et les conceptions de la justice des Québécois et des Canadiens anglophones s'avèrent aujourd'hui très similaires, rien ne garantit que cette convergence se maintiendra à l'avenir. À cet égard, il est utile de se rappeler que le camp du « oui » a recueilli un appui significatif dans la campagne référendaire de 1995 lorsqu'il s'est lancé à la défense des programmes sociaux du Québec pour contrer l'apparent glissement à droite du Canada anglais.

• Troisièmement, sur le plan des politiques publiques, il y a certaines questions à propos desquelles les intérêts et l'identité des Canadiens anglophones entrent directement en conflit avec ceux des Québécois. La question des droits linguistiques est la plus patente. Les anglophones du Québec ont intérêt non seulement à protéger leurs propres droits linguistiques, mais aussi à veiller à ce que les immigrants au Québec provenant des autres provinces ou de l'étranger puissent s'intégrer à leur culture de société. Sans une telle intégration de nouveaux arrivants, la communauté anglophone du Québec, en raison de son faible taux de natalité, risque de disparaître. Et les anglophones venant d'autres provinces veulent avoir la possibilité de déménager au Québec et de pouvoir y vivre et y travailler au sein d'une culture de société anglophone. La conception pancanadienne du bilinguisme d'un océan à l'autre aide à protéger les intérêts de ces Canadiens anglophones. Mais de nombreux Québécois croient que la survie même de la culture de société francophone au Québec (et donc au Canada) repose sur la nécessité d'intégrer les nouveaux arrivants à leur culture de société. La conception pancanadienne du bilinguisme est donc perçue comme une menace directe à leur survie.

La politique culturelle offre un autre exemple. Durant les négociations de Charlottetown, le Québec réclama la compétence exclusive en matière de culture, ce qui fut rejeté de façon véhémente par les Canadiens anglophones. Il est compréhensible que le Québec cherche à obtenir une plus grande compétence en matière de culture, car posséder une culture de société est, sur le plan sociologique, l'essence même de la nationalité et reproduire cette culture constitue un des objectifs premiers du nationalisme. Mais il est également vrai que la vie culturelle au Canada anglais a une portée nationale. Tout au long du XXe siècle, les Canadiens anglophones ont considéré qu'ils construisaient une tradition artistique et littéraire *nationale* et ont consacré leur énergie politique à édifier des institutions culturelles nationales (comme le Conseil des arts du Canada, l'Office national du film, la CBC)[2]. À leurs yeux, confier aux provinces la compétence en matière de culture équivaudrait donc à renoncer à l'idéal d'une culture anglophone nationale. Mais, au Québec, abandonner la compétence en matière de culture au gouvernement fédéral et à des institutions culturelles nationales se consacrant à l'idéal d'une culture pancanadienne est clairement perçu comme une menace à la culture francophone du Québec.

Bref, grâce au nationalisme pancanadien, les Canadiens anglophones ont augmenté tout à la fois leur poids politique, leurs possibilités de vivre et de travailler en anglais dans tout le pays, ainsi que leurs moyens d'y exprimer leur identité culturelle. Parallèlement, il a réduit le poids politique des minorités nationales et mis en péril leur existence en tant que sociétés distinctes. Cela ne signifie pas que les Canadiens anglophones ont consciemment adopté le nationalisme pancanadien pour en faire un outil au service des intérêts de leur propre groupe linguistique. La plupart des Canadiens anglophones n'ont même pas le sentiment de constituer un groupe distinct ou de former une communauté d'intérêts. Pourtant, la vérité, c'est que le nationalisme pancanadien est, dans les faits, un outil de promotion des intérêts des Canadiens anglophones.

Nous pouvons aboutir à la même conclusion à partir d'une autre perspective. J'ai indiqué précédemment que les Canadiens anglophones ne sont pas nationalistes sur le plan linguistique. Mais imaginons qu'ils le soient et qu'ils s'engagent à promouvoir, au sein du Canada, les intérêts d'une nation anglophone. Quelles politiques adopteraient-ils? Il me semble qu'ils opteraient sensiblement pour les mêmes politiques, au nom du nationalisme linguistique que celles qu'ils ont adoptées au nom du nationalisme pancanadien. En d'autres termes, ils réclameraient que toutes les décisions importantes concernant leurs droits et leurs avantages soient prises par un corps politique où ils seraient majoritaires et ils veilleraient à ce que leur droit à la libre circulation ainsi que leurs droits linguistiques soient garantis partout au pays[3].

Les grandes déclarations selon lesquelles les Canadiens anglophones ne se mobilisent pas à propos d'étroits intérêts de groupe sonnent donc un peu faux. Comme Webber l'affirme,

Ils ne considèrent pas Ottawa comme un outil favorisant une culture spécifiquement canadienne-*anglaise*. Leur allégeance va (diraient-ils) au Canada envisagé dans son ensemble et non à une communauté linguistique spécifique [...] [Mais cela est] trompeur et occulte la véritable importance de la langue dans leur allégeance. Après tout, le débat politique canadien-anglais déborde les frontières provinciales précisément parce que les citoyens de nombreuses provinces parlent la même langue [...] Quoi qu'il en soit, les Canadiens anglophones n'ont pas eu le même besoin de distinguer entre l'allégeance à une communauté linguistique et l'allégeance à une communauté véritablement pancanadienne. Ils ont pu se permettre de conserver les deux parce que, comme ils forment la majorité, le caractère distinct de leur communauté linguistique n'a jamais été menacé [...] En raison de leur supériorité numérique, les Canadiens anglophones peuvent se permettre de se centrer sur une communauté pancanadienne et de renoncer à toute expression institutionnelle directe de leur communauté linguistique[4].

Ainsi donc, le nationalisme pancanadien a, dans les faits, servi d'outil pour favoriser les intérêts des Canadiens anglophones. Les premières expressions du nationalisme pancanadien, comme le mouvement « Canada d'abord », étaient explicitement fondées sur une conception conservatrice et impérialiste d'un Canada dont la culture et la fidélité politique sont de nature britannique. Mais même les expressions plus progressistes du nationalisme pancanadien qui sont apparues dans les années 30, comme la Ligue pour la reconstruction sociale, étaient massivement anglophones et appuyaient l'idée d'un État fédéral fort qui interviendrait largement dans des champs de compétence provinciaux et qui, par conséquent, réduirait l'autonomie des minorités nationales. Comme Sylvia Bashevkin le dit, « les voix qui ont porté ce nationalisme ont été anglophones en presque totalité » et leur conception d'un nationalisme pancanadien a « négligé presque totalement » l'existence et les aspirations du Canada français[5].

En fait, beaucoup de nationalistes québécois ont souhaité que les Canadiens anglophones manifestent un sentiment national canadien-anglais plus vif. Daniel Latouche, par exemple, exprime son exaspération à l'endroit d'un « Canada anglais qui a toujours refusé de se comporter comme un des peuples fondateurs de ce pays ». Latouche déplore « l'incapacité du Canada anglais à se percevoir comme une collectivité nationale[6] ». Étant donné que le nationalisme est souvent associé à des notions d'exclusion et à la quête du pouvoir, pourquoi une minorité voudrait-elle que la majorité renonce à une conception inclusive et pancanadienne de ses intérêts et qu'elle adopte plutôt une conception plus étroite et plus nationaliste de ses propres intérêts ?

Les nationalistes québécois encouragent l'émergence d'un nationalisme canadien-anglais en partie parce que ce dernier, par son existence même, contribuerait à éliminer l'opprobre que de nombreux Canadiens anglophones jettent sur l'idée même du nationalisme et amènerait ceux-ci à envisager de façon plus sympathique les revendications émanant du nationalisme québécois. Mais il y a une raison plus profonde expliquant le soutien des nationalistes québécois à l'émergence d'un nationalisme canadien-anglais : le cas échéant, les Canadiens anglophones ne définiraient plus automatiquement (et souvent de façon inconsciente) le nationalisme pancanadien à partir des intérêts propres à leur groupe. Si les Canadiens anglophones avaient une conception plus claire de leurs intérêts en tant que membres d'une communauté linguistique, ils comprendraient aussi que ces intérêts ne coïncident pas avec ceux d'autres Canadiens et ne peuvent donc légitimement fonder un nationalisme pancanadien. Les Canadiens anglophones seraient ainsi forcés de reconnaître que les définitions traditionnelles du nationalisme pancanadien ont imposé l'assujettissement des intérêts et des pouvoirs propres aux minorités nationales à ceux de la majorité anglophone.

Un grand nombre de Canadiens anglophones conviendraient aujourd'hui que ces conceptions antérieures du nationalisme pancanadien étaient orientées de façon inacceptable contre les intérêts des Québécois et des peuples autochtones. Ils acceptent que toute forme légitime de nationalisme pancanadien doit prendre en compte les intérêts des Québécois et des autochtones et ne peut être seulement un outil servant à améliorer leurs propres perspectives et à accroître leur poids politique. Certains ont cru que la mise en œuvre du bilinguisme officiel serait la clé qui rendrait le nationalisme pancanadien acceptable et juste à la fois pour les Canadiens francophones et les Canadiens anglophones. Mais maints Canadiens anglophones conviennent aujourd'hui que le bilinguisme officiel n'a pas été la panacée sur laquelle Trudeau et d'autres avaient fondé leurs espoirs. Comme nous l'avons vu au chapitre 10, cette politique n'a pas réussi à créer les conditions qui auraient permis aux francophones de vivre et de travailler en français à l'extérieur du Québec. De même, elle n'a pas enrayé ou inversé les poussées centralisatrices du nationalisme pancanadien, ni empêché l'amenuisement du poids politique et de l'autonomie des minorités nationales que cette centralisation a entraîné.

Ainsi, un nombre croissant de Canadiens anglophones admettent le besoin d'une refonte radicale des conceptions traditionnelles du nationalisme pancanadien. Ils acceptent l'idée que le nationalisme pancanadien ne doit pas seulement être officiellement bilingue, mais qu'il doit aussi renoncer à son attachement traditionnel pour un gouvernement fédéral fort. De même, ces dernières années, certains observateurs ont réclamé une conception radicalement décentralisatrice du nationalisme pancanadien. En adoptant une telle décentralisation radicale du pouvoir au profit des provinces, ils espèrent à la fois répondre au besoin traditionnel des Québécois qui veulent une autonomie provinciale accrue et préserver une conception unitaire de la nationalité canadienne, puisque cette décentralisation s'appliquerait à toutes les provinces et sauvegarderait ainsi les grands principes de citoyenneté commune et de fédéralisme symétrique.

2. Le mythe de la décentralisation

Cette proposition de décentralisation constitue l'ultime tentative désespérée de sauvegarder le mythe d'une seule nation canadienne. C'est la seule conception du nationalisme pancanadien qui ait encore un peu de crédibilité, puisqu'elle va dans le sens d'une prise en compte des intérêts des Québécois. Mais elle ne réussira pas car dans les faits, elle est inacceptable à la fois pour les Québécois et la majorité anglophone.

J'ai déjà dit, au chapitre 10, qu'il est très peu probable que le fédéralisme symétrique, même dans sa variante décentralisée, soit acceptable pour le Québec. Pour les nationalistes du Québec, les propositions de décentralisation sont hors de propos. Leur revendication d'un statut particulier n'est pas simplement assortie d'une exigence de pouvoirs accrus, mais aussi d'une *reconnaissance nationale*[7].

Mais cette approche décentralisatrice est également inacceptable pour la plupart des Canadiens anglophones, puisque c'est là une forme de nationalisme pancanadien qui saperait leurs intérêts et qui les pousserait à étouffer l'expression de leur identité et de leurs valeurs. Elle les empêcherait aussi d'exprimer leur profond sentiment d'identification au Canada dans son ensemble et de satisfaire leur grande volonté d'agir en tant que communauté politique — c'est-à-dire de débattre avec les autres citoyens canadiens et de poursuivre des projets politiques communs.

La plupart des Canadiens anglophones croient que le gouvernement fédéral devrait user de son pouvoir de dépenser pour définir et appliquer des normes « nationales » concernant les services publics et les programmes sociaux importants. En fait, ils considèrent l'appui à de telles normes nationales comme le fondement même de la citoyenneté canadienne. Un document publié en 1991 par le gouvernement ontarien soulignait que, « si le Canada fut autrefois lié d'un océan à l'autre par ses chemins de fer », nous sommes maintenant unis « par nos institutions de nature sociale[8] ». Et, malgré la montée des gouvernements néoconservateurs en Alberta et en Ontario, les Canadiens anglophones continuent de définir la citoyenneté commune sur la base des programmes sociaux nationaux[9].

Par exemple, le Canada anglophone appuie encore massivement l'idée que le gouvernement fédéral maintienne les principes fondamentaux de la Loi canadienne sur la santé, même si la santé est l'un des champs de compétence les plus clairement provinciaux. D'autre part, au début des années 1990, la Commission royale sur les nouvelles techniques de reproduction constata que les Canadiens anglophones se montraient fortement favorables à une réglementation fédérale dans ce domaine, même si les questions soulevées relevaient clairement de champs de compétence provinciaux (la santé et le droit familial). Non seulement les Canadiens anglophones approuvaient-ils l'idée d'une réglementation nationale, mais ils supposaient que le gouvernement fédéral avait la capacité de légiférer en la matière. Il n'y a qu'au Québec que la question des champs de compétence a été soulevée[10].

De façon plus générale, les sondages ont démontré de façon répétée que la plupart des Canadiens anglophones n'ont aucun attachement de principe au respect des compétences provinciales. Au contraire, leurs attentes en matière d'exercice des pouvoirs sont naturellement dirigées vers le gouvernement fédéral, même dans les champs de compétence provinciaux (la compétence mentionnée le plus souvent pour l'action fédérale est l'éducation), et ils appuieraient l'intervention fédérale dans presque tous les domaines, à condition qu'elle soit axée sur le principe d'une saine gestion des affaires publiques. Il en va aussi de même dans l'Ouest du Canada. Même si l'appui à la décentralisation y est légèrement plus élevé, il ne procède pas d'un sentiment selon lequel les provinces ont le *droit exclusif* d'exercer tel ou tel pouvoir. Il n'existe aucun domaine de politique publique qui, de l'avis des Canadiens de l'Ouest, relève *intrinsèquement* de la compétence provinciale et dans lequel le gouvernement fédéral n'aurait aucun droit légitime d'intervenir. Les Canadiens souhaitent une coordination fédérale-provinciale accrue et plus souple, et non le rejet de normes nationales ou la protection de droits provinciaux intrinsèques à l'autonomie politique[11].

Il s'avère que les Canadiens anglophones ont, avec le temps, vu naître en eux un vif sentiment de former une communauté politique (pancanadienne) et veulent donc agir collectivement en tant que telle et non simplement comme des provinces distinctes. Ils veulent débattre ensemble de diverses questions, prendre des décisions collectives, créer et maintenir des institutions collectives, c'est-à-dire qu'eux aussi — tout comme les Québécois — veulent se comporter comme une nation.

Évidemment, l'identité nationale que les Canadiens anglophones ont créée englobe tout le Canada, incluant le Québec. C'est pourquoi, à leurs yeux, les lois fédérales apparaissent essentielles à l'expression de leur identité nationale. Par exemple, une réglementation fédérale des nouvelles techniques de reproduction permettrait aux Canadiens anglophones d'exprimer leur identité politique collective et ainsi de satisfaire leur profond sentiment de responsabilité les uns envers les autres et à l'égard de la société qui est leur bien commun.

Il serait donc autodestructeur de sauvegarder l'idéal d'une nationalité canadienne unitaire au moyen d'une décentralisation radicale. On préserverait ainsi un simulacre d'identité nationale commune mais seulement en en sapant la raison d'être : garantir aux Canadiens la possibilité d'exprimer leur sens des responsabilités partagées par l'entremise d'actions collectives. Les Canadiens anglophones sont sans doute prêts à accepter certaines formes restreintes de décentralisation, particulièrement pour éviter les chevauchements inutiles entre les politiques gouvernementales[12]. Mais il est inévitable que ce serait loin de correspondre au type de décentralisation réclamé par le Québec. Après tout, les Canadiens anglophones ne peuvent agir sur leur identité nationale que par l'entremise du gouvernement fédéral, et c'est pourquoi ils ne renonceront pas volontiers au type de pouvoirs fédéraux qui leur permettent d'exprimer et de soutenir cette identité nationale. Plus particulièrement, les Canadiens anglophones seraient très réticents à abandonner l'utilisation du pouvoir fédéral de dépenser, qui permet de définir les normes nationales en matière de santé, d'éducation ou de sécurité de la vieillesse. Ils seraient aussi réfractaires à renoncer à un usage éventuel du pouvoir de dépenser qui pourrait servir à créer de nouveaux programmes sociaux nationaux (un programme de garderies, par exemple). La difficile situation fiscale actuelle peut donner l'impression que l'idée même d'un nouveau programme social est, dans un avenir rapproché, irréaliste. Mais je n'ai aucun doute que la plupart des Canadiens anglophones aimeraient au moins maintenir la possibilité de créer de tels programmes, qui représente pour eux une façon de confirmer et de renforcer leur sentiment de citoyenneté canadienne partagée.

En fait, je pense que de nombreux Canadiens anglophones, si on leur donnait le choix, appuieraient l'idée d'un transfert de compétences vers le haut, soit du palier provincial au fédéral. Prenons par exemple l'enseignement postsecondaire. J'ai signalé précédemment que les Canadiens anglophones soutiennent un nationalisme pancanadien parce que ce dernier favorise leur mobilité et améliore leurs perspectives économiques partout au pays. Mais le fait que l'enseignement postsecondaire soit de compétence provinciale représente un frein pour cette mobilité. Les écarts entre les normes provinciales entravent fortement la migration interprovinciale des médecins, des professeurs ou des mécaniciens. Je serais prêt à parier que beaucoup de Canadiens anglophones se réjouiraient de transférer au gouvernement fédéral la compétence en matière d'enseignement postsecondaire, si cela signifiait que leurs qualifications seraient du coup reconnues dans l'ensemble du pays. De même, je crois que maints Canadiens anglophones accepteraient de donner au gouvernement fédéral de plus grands pouvoirs en matière écologique.

Dans le contexte actuel, toutefois, la seule mention de ce type d'idées équivaudrait à un suicide politique. Comment pourrait-on sérieusement proposer une centralisation des pouvoirs au Canada alors que tant de Québécois jugent inacceptable le degré actuel de centralisation? Puisqu'il leur faut tenir compte du Québec, les Canadiens anglophones s'abstiennent ne serait-ce que de mentionner l'idée de confier au gouvernement fédéral la responsabilité de l'enseignement post-secondaire ou de le laisser utiliser son pouvoir de dépenser pour créer de nouveaux programmes sociaux à l'avenir. Nous nous concentrons plutôt sur diverses formules de décentralisation dans l'espoir d'en trouver une qui sera assez intéressante pour satisfaire le Québec, mais pas trop poussée afin de ne pas contrer la volonté du Canada anglais de se donner des normes nationales et une identité nationale ferme.

Il est évident, compte tenu de ce qui précède, que cet espoir de trouver une nouvelle formule est vain. Les Canadiens anglophones et les Québécois ne s'entendront pas sur un partage des pouvoirs: leurs identités nationales sont simplement trop conflictuelles puisque les Canadiens anglais ne peuvent agir sur leur identité nationale que par l'entremise du gouvernement fédéral, ils rejetteront toute forme de décentralisation qui leur semblera réduire la capacité du gouvernement fédéral d'exprimer une identité nationale commune et de mettre sur pied des programmes nationaux[13]. Les Québécois, en revanche, n'ont prise sur leur identité nationale que par le gouvernement provincial. Ils rejetteront donc toute proposition constitutionnelle qui ne freine pas, voire qui ne renverse pas, la propension du fédéral à intervenir dans les différents domaines de la politique sociale.

Aux yeux de nombreux observateurs, c'est ce dilemme tragique et insoluble qui est au cœur de la vie politique canadienne. Insoluble? Seulement si nous nous accrochons à l'idée d'un fédéralisme purement symétrique. Si nous acceptons d'abandonner cette idée, alors le profond clivage entre Canadiens anglophones et Canadiens francophones pourra au contraire être considéré comme une occasion à saisir, puisque chacun des deux groupes a ses propres raisons légitimes de préférer l'asymétrie. J'ai mentionné que les défenseurs de l'asymétrie affirment habituellement que celle-ci est nécessaire pour donner aux minorités nationales une chance équitable de défendre leurs intérêts et d'affirmer leur identité. Cette analyse est juste, il me semble, mais elle n'a pas réussi à convaincre les Canadiens anglophones d'adopter la notion d'asymétrie.

Du reste, je crois que l'asymétrie est nécessaire aussi pour permettre aux *Canadiens anglophones* de défendre leurs intérêts et d'affirmer leur identité. Grâce à l'asymétrie, les Canadiens anglophones continuaient d'utiliser le pouvoir de dépenser dans les champs de compétence provinciaux et même de débattre de l'élargissement des compétences fédérales à des domaines comme l'environnement et l'enseignement postsecondaire. L'asymétrie permettrait aux Canadiens anglais de disposer effectivement de leviers plus puissants pour défendre leurs intérêts communs et affirmer leur identité nationale.

L'impossibilité même de discuter de la moindre proposition visant à accroître le rôle du fédéral, en raison des revendications décentralisatrices du Québec, suscite un profond ressentiment chez de nombreux Canadiens anglophones[14]. Que le Québec soit un obstacle à un tel effort d'édification nationale constitue probablement une des raisons pour lesquelles un nombre croissant de Canadiens ont durci leur attitude envers le Québec et disent maintenant volontiers : « laissez-les donc partir ». Nombreux sont les Canadiens anglophones qui préféreraient voir le Québec faire sécession plutôt que de renoncer à leur volonté d'une action nationale accomplie par le truchement du gouvernement fédéral. Il est assez paradoxal que ce ne soit pas la revendication de l'asymétrie par le Québec qui nuise aux politiques fédérales d'édification nationale, mais que ce soit au contraire l'obstination des Canadiens anglophones à proclamer l'égalité des provinces qui rend impossibles de telles initiatives fédérales. Si ceux-ci acceptaient l'asymétrie, alors la revendication d'un statut particulier par le Québec ne représenterait plus un obstacle à l'accroissement du rôle du gouvernement fédéral. Les Canadiens anglophones pourraient alors exprimer leurs aspirations nationales sans éprouver la crainte de paraître ainsi insensibles au Québec. Comme Philip Resnick le dit, nous devons

nous libérer de la peste que le Québec, depuis la Révolution tranquille, a inoculé dans notre vie politique, à savoir son exigence permanente de pouvoirs provinciaux accrus. Si le Québec est une nation, comme je l'ai démontré, il a donc de bons arguments pour obtenir des pouvoirs accrus au sein d'une formule canadienne plus souple. Mais il n'existe aucun argument solide préconisant d'accroître les pouvoirs des provinces du Canada anglais ou d'affaiblir les traits nationaux que nous, Canadiens anglais, partageons. C'est plutôt l'inverse qui est réclamé[15].

L'asymétrie nous libérerait de cette « peste », mais aussi du ressentiment envers le Québec que celle-ci a instillé dans le Canada anglophone.

Évidemment, il y aurait un prix à payer : nous devrions abandonner le rêve d'une seule nation canadienne. Il serait légitime que les Canadiens anglophones favorisent la centralisation de la politique nationale seulement s'ils permettaient aux peuples autochtones et aux Québécois de se prévaloir d'un droit de retrait et de préserver ainsi leur autonomie collective — c'est-à-dire s'ils acceptaient une fois pour toutes que le Canada est un État multinational.

Je crois que la plupart des Canadiens anglophones approuveraient l'asymétrie plutôt que d'abandonner leur capacité d'action nationale. Il leur serait douloureux de renoncer au rêve d'une seule nation pancanadienne. Seulement voilà, cela n'a jamais été qu'un rêve, qui a pris forme uniquement parce que les Canadiens anglophones ont négligé ou dénigré les cultures française et autochtone au Canada. Dès que les Canadiens anglophones ont renoncé à cette attitude paternaliste, l'idée d'un État canadien uninational est devenue indéfendable. En outre, ce rêve était d'autant plus attrayant qu'il a permis aux Canadiens anglophones de donner vie à un sentiment national qui transcendait les frontières provinciales. Toute tentative de sauvegarder ce rêve au moyen d'une décentralisation radicale des pouvoirs au profit des provinces n'aboutirait qu'à préserver la coquille vide de la nationalité pancanadienne, sans aucun des droits, des normes de solidarité et des traditions d'autonomie politique collective ayant procuré une assise à ce sentiment national.

3. Le Canada anglophone est-il une nation ?

Jusqu'à maintenant, j'ai soutenu que les Canadiens anglophones devraient davantage prêter attention aux intérêts qu'ils partagent en tant que communauté linguistique et qu'ils devraient appuyer l'asymétrie pour pouvoir mieux défendre leurs intérêts. Il semble bien que seule cette stratégie permettra de résoudre nos querelles constitutionnelles.

On pourrait faciliter la mise en œuvre de cette stratégie en encourageant les Canadiens anglophones à se percevoir comme une « nation » à part entière. C'est précisément ce qu'ont fait de nombreux nationalistes québécois, et un nombre croissant d'intellectuels anglophones ont manifesté un certain intérêt pour cette idée[16]. Je ne crois toutefois pas que la rhétorique de la « nationalité » soit nécessaire dans ce cas. Pour les *minorités* nationales, il importe d'adopter une telle rhétorique puisqu'elle amoindrit la vulnérabilité qui est généralement le lot de toute minorité numérique dans une démocratie. Pour la majorité, cependant, il n'est pas aussi nécessaire de se définir en tant que nation. Ce qui compte vraiment pour les Canadiens anglophones, c'est de reconnaître qu'ils partagent certains intérêts en tant que groupe linguistique et que ces intérêts, historiquement considérés comme le fondement du nationalisme pancanadien, se distinguent de ceux des minorités nationales. Les Canadiens anglophones devraient-ils ou non définir leur groupe linguistique en tant que « nation » ? C'est là une autre question.

Évidemment, l'adoption volontaire de la rhétorique de la nationalité peut comporter certains avantages. Elle aiderait les Canadiens anglophones à traduire symboliquement leur acceptation du fait que le Canada est un État multinational et elle consacrerait l'égalité fondamentale des « nations » fondatrices[17]. Toutefois, on aurait tort de croire que les citoyens peuvent changer d'identité nationale à leur guise. L'identité nationale relève des sentiments, et si certaines personnes n'ont pas le sentiment d'appartenir à une nation anglophone au Canada, il ne sert à rien de leur dire qu'elles devraient éprouver un tel sentiment. En fait, les Canadiens anglophones ont toujours été fiers de l'absence de tout nationalisme linguistique chez eux. Il faudrait attendre longtemps avant que ne se modifie cet état d'esprit.

Du reste, il serait difficile de simplement dénommer cette « nation ». Le vocable « Canada anglais » ouvrirait la porte à une interprétation restrictive sur le plan ethnique, comme si les descendants des colons britanniques étaient plus authentiquement « Canadiens anglais » que les descendants d'immigrants d'origine italienne ou éthiopienne.

L'expression « Canada anglophone » évacue la connotation ethnique (c'est la raison pour laquelle je l'ai utilisée dans ce livre), mais elle est à la fois trop inclusive et pas assez[18]. Aucun de ces termes ne réussit à rendre la quintessence de la nation sur le plan sociologique, c'est-à-dire une culture de société constituée d'un ensemble d'institutions sociales ayant une langue commune.

Si jamais nous parvenons à définir une forme acceptable d'asymétrie, j'ai l'impression que les Canadiens anglophones, avec le temps, auront de plus en plus le sentiment de former une « nation ». Comme Alan Cairns le dit, cela prendra probablement d'abord la forme d'un nationalisme « résiduel », soit un type d'identité nationale acceptée avec réticence parce que les variantes privilégiées de nationalisme pancanadien se sont avérées inapplicables[19]. À la longue, ce nationalisme résiduel pourrait évoluer et prendre une forme plus positive.

Pourtant, cette nouvelle identité n'émergera pas avant longtemps et on aurait tort d'attendre ce moment. Nous devons d'abord convaincre les Canadiens anglophones d'adopter une conception multinationale du Canada, même s'ils continuent eux-mêmes à définir leur identité nationale sur une base pancanadienne. La question cruciale revient à se demander comment les persuader que, même si leur nation pourrait englober le pays en entier, ils ont aussi, en tant que groupe linguistique, des intérêts propres qu'ils pourraient favoriser davantage en recourant à une forme de fédéralisme multinational asymétrique.

4. Conclusion

On explique souvent la crise de « l'unité nationale » au Canada en soulignant la montée du nationalisme québécois dans les années 1960 et 1970 et — habituellement dans une moindre mesure — la résurgence plus récente du nationalisme autochtone. Ces formes de nationalisme minoritaire constituent de puissantes sources de conflit au Canada, et il faut donc les prendre en compte grâce à une formule fédéraliste quelconque.

Mais la crise a aussi pour cause la montée d'un nationalisme spécifique au sein de la communauté canadienne anglophone. Celle-ci a progressivement adopté un nationalisme pancanadien en vertu duquel le gouvernement fédéral incarne et protège son identité nationale. Les Canadiens anglophones nourrissent le profond désir d'agir en nation et ne peuvent le faire que par l'entremise du gouvernement fédéral. Ils en sont venus aussi à définir leur identité nationale sur la base de valeurs, de normes et de droits qui ne peuvent être reconnus d'un océan à l'autre qu'au moyen d'une intervention fédérale dans des champs de compétence provinciaux. Bref, la seule façon dont les Canadiens anglophones peuvent affirmer leur identité nationale consiste à affaiblir l'autonomie provinciale, celle-là même qui a permis aux Québécois d'affirmer leur propre identité nationale.

L'impasse dans les rapports entre le Canada et le Québec ne résulte donc pas seulement de l'émergence, chez les Québécois, d'un fort sentiment d'identité politique mettant à l'épreuve la résistance du fédéralisme. Elle tient aussi au fait que les Canadiens hors Québec ont à leur tour acquis un vif sentiment d'identité politique pancanadienne mettant à l'épreuve lui-même cette résistance du fédéralisme. Ces deux identités politiques sont des phénomènes psychologiques complexes et profondément enracinés qui se fondent sur l'histoire, le territoire et des institutions communes. Un mythe s'est largement répandu dans les rangs libéraux : alors que l'identité politique du Québec serait fondée sur des éléments irrationnels comme la langue et l'histoire, l'identité politique du Canada anglophone s'appuierait au contraire sur un engagement rationnel en faveur des principes de liberté et de démocratie. En réalité, ces deux identités sont des mélanges complexes de principes politiques et de liens historiques. L'attachement des Canadiens anglophones à la liberté et à la démocratie n'explique pas leur vif désir d'agir en tant que seule collectivité pancanadienne plutôt que comme provinces distinctes. Or, ce désir, contingent et affectif, est lui aussi enraciné dans l'histoire et dans un sentiment d'appartenance partagé qui transcende les frontières provinciales.

Cela signifie que, pour parvenir un jour à prendre en compte les revendications du nationalisme québécois, nous devons porter un regard plus honnête sur l'évolution de l'identité politique du Canada anglophone. Cela signifie aussi que, pour en arriver à une solution durable au problème constitutionnel qui est le nôtre, nous devons élaborer une formule politique qui concilie ces deux identités politiques. Nous devons inventer un fédéralisme qui permettra au Québec d'agir conformément à son profond sentiment d'identité politique nationale et qui n'empêchera pas les Canadiens anglophones de respecter leur volonté tout aussi profonde d'agir en tant que collectivité et pas simplement en tant que provinces distinctes. Bref, nous devons définir une formule de fédéralisme à la fois asymétrique et multinationale.

CHAPITRE 13

Les liens de l'unité sociale

Dans les chapitres précédents, j'ai tenté de décrire un type de fédéralisme « multinational » qui s'harmoniserait à la diversité du Canada et permettrait à tous les groupes nationaux du Canada de défendre leurs intérêts et d'affirmer leur identité. Je dois toutefois confesser mon peu d'optimisme quant à la possibilité que les Canadiens anglophones acceptent une telle conception multinationale du fédéralisme. D'abord, on note déjà plusieurs tentatives claires et honnêtes de faire valoir une telle conception auprès des Canadiens anglophones, le plus récemment dans les livres de Philip Resnick, Jeremy Webber, Charles Taylor et Kenneth McRoberts. Si les Canadiens anglophones se montrent si réservés à l'égard de cette conception, ce n'est certainement pas parce qu'aucun partisan compétent n'a su la promouvoir.

De plus, bon nombre de Canadiens anglophones souffrent de fatigue constitutionnelle et n'ont plus aucune envie de rabâcher ces questions. Et toute générosité qu'ils aient pu éprouver à l'égard du Québec s'est muée en indifférence. Cela se perçoit dans l'opinion répandue au Canada anglophone selon laquelle il faut rejeter les exigences constitutionnelles du Québec parce que « nous en donnons toujours plus aux Québécois, mais ils ne sont jamais contents ». Or, dans les faits, les nombreux cycles de négociations constitutionnelles au cours des trente dernières années se sont tous conclus sans qu'aucune des exigences constitutionnelles du Québec n'ait été satisfaite. La seule réforme constitutionnelle survenue — le rapatriement de 1982 — a été empreinte de la haine idéologique de Trudeau pour le nationalisme québécois et a reçu l'appui de toutes les provinces sauf le Québec. Bref, en trente ans de débats et de réformes constitutionnels, le Québec a toujours été le perdant et non le gagnant.

Comme Jeremy Webber le dit, on accusait les Québécois :

> de dominer le Canada, même si la Constitution avait été rapatriée sans leur consentement. Les modifications constitutionnelles avaient été apportées pour apaiser l'inquiétude de l'Ouest à propos de la fiscalité des ressources naturelles. Pour protéger les droits scolaires des minorités de langue officielle ; pour garantir — en termes généraux — les droits des autochtones et pour reconnaître l'héritage multiculturel du Canada, mais, après toutes ces années de débats, pas une seule modification n'a été faite à la demande du gouvernement du Québec, pas une seule modification n'a pris en compte les préoccupations traditionnelles du Québec quant au pouvoir fédéral de dépenser, au partage des compétences, au pouvoir de désaveu ou à la reconnaissance du caractère distinct du Québec[1].

Malgré un tel bilan, les Canadiens anglophones ont réussi à se convaincre qu'ils avaient déjà trop donné au Québec, ce qui porte à croire que tout plaidoyer en faveur d'un fédéralisme multinational tomberait dans l'oreille d'un sourd.

Malgré tout, il serait erroné de dresser un tableau par trop implacable de l'attitude des anglophones envers le Québec. Les sentiments des Canadiens anglophones sont compréhensibles, étant donné la façon dont les récents débats se sont déroulés. Quiconque n'écouterait que des chefs séparatistes comme Lucien Bouchard ou Jacques Parizeau finirait en effet par croire que peu importe ce que le Canada anglais peut offrir au Québec, ce dernier le considérera toujours insuffisant. Lors des débats sur les accords du lac Meech et de Charlottetown, les Canadiens anglophones ont procédé à de longues et éprouvantes discussions à propos de leurs propositions constitutionnelles, pour ensuite voir celles-ci être rejetées du revers de la main par des séparatistes les qualifiant d'« insultes » à l'endroit du Québec. À juste titre, les Canadiens anglophones n'ont pas du tout apprécié ce type de rejet.

Évidemment, les chefs séparatistes ont fondé leur carrière sur la thèse selon laquelle une réforme fédérale en profondeur est impossible et ils ont donc un intérêt particulier à miner et à banaliser toute proposition émanant du Canada anglais. Si Bouchard et Parizeau parlaient au nom de tous les Québécois, il ne vaudrait pas vraiment la peine de conserver une attitude généreuse et empreinte d'ouverture d'esprit pour réformer le système fédéral. Mais ces chefs politiques ne parlent pas au nom de tous leurs concitoyens. Au contraire, la plupart des Québécois espèrent sincèrement un renouvellement de la fédération. Malgré le rejet répété de leurs exigences constitutionnelles, ils ont voté deux fois contre la sécession et en faveur d'une nouvelle tentative de réforme du fédéralisme canadien. Ces Québécois — les nationalistes « mous » — ne méprisent pas les offres du Canada anglophone et aspirent à des négociations menées de bonne foi. Si les Canadiens anglophones étaient en mesure de percevoir l'existence de ce courant dans l'opinion publique québécoise — qui se trouve souvent occulté par la rhétorique des chefs séparatistes — ils pourraient se montrer plus disposés à accepter les revendications du Québec. Par la suite, les avantages mutuels du fédéralisme multinational apparaîtraient peut-être plus clairement.

Ainsi, il n'est donc pas inconcevable qu'émerge un consensus sur une nouvelle forme de fédéralisme. Mais cela soulève une dernière question : combien de temps durerait cette « victoire » ? Autrement dit, le fédéralisme multinational offre-t-il une organisation politique stable ? Serait-il trop éclaté et divisé pour susciter, chez les citoyens, les sentiments d'allégeance, de confiance et de solidarité nécessaires à toute démocratie stable ? Je ne crois pas pouvoir écarter totalement la possibilité que le fédéralisme multinational aboutisse à une formule plus confédérative ou même à la sécession complète. Ce risque existera toujours, comme nous le verrons dans la section 1. Je proposerai toutefois, dans les sections 2 et 4, quelques raisons provisoires de penser qu'un tel fédéralisme pourrait durer et prospérer.

1. Les sources de l'instabilité

Les fédérations multinationales recèlent toutes un potentiel d'instabilité, avec lequel nous devons apprendre à composer. Les Canadiens ont tendance à personnaliser leurs conflits politiques et à imputer leurs problèmes à la personnalité de certains politiciens. Certains laissent entendre que les rapports entre les francophones et les anglophones étaient harmonieux avant que Pierre Trudeau n'entreprenne son offensive idéologique contre les nationalistes du Québec. Les défenseurs de Trudeau répliquent que la crise actuelle n'aurait jamais été déclenchée si Brian Mulroney — cet « apprenti sorcier » — n'avait pas essayé d'apaiser les nationalistes québécois en rouvrant le dossier constitutionnel. D'autres imputent nos problèmes à l'intransigeance de René Lévesque, de Clyde Wells ou encore de Jacques Parizeau.

Mais si nous observons les fédérations multinationales dans le monde, il devient clair que les problèmes du Canada ne peuvent être réduits à des questions de personnalité. Tout ce que nous savons à propos des fédérations multinationales indique qu'elles constituent — et demeureront — des sociétés profondément divisées. La Belgique, la Suisse, l'Espagne, l'Inde, le Nigeria et la Russie sont tous aux prises avec des tensions durables et ne présenteront jamais l'unité sociale et politique qui caractérise les pays uninationaux.

Pourquoi en est-il ainsi ? En partie parce que les États multinationaux sont confrontés à certaines questions difficiles et conflictuelles que peuvent éviter les pays uninationaux, que ce soit à propos de la langue, de la culture nationale ou du partage des pouvoirs. Nous avons vu au chapitre 12 les raisons pour lesquelles ces questions causent, dans les États modernes, certains des problèmes les plus aigus en matière d'harmonisation ethnoculturelle. Cela s'explique aussi par le fait que les États multinationaux ne peuvent susciter, chez leurs minorités nationales, qu'un sentiment de loyauté relativement faible et conditionnel. Ces dernières se perçoivent comme des « peuples » distincts dont l'existence est antérieure à celle du pays dont elles font partie maintenant. Et en tant que peuples distincts, ces minorités estiment qu'elles possèdent un droit intrinsèque à l'autonomie politique. Bien qu'elles vivent dans un pays plus vaste, elles ne considèrent pas pour autant avoir renoncé à leur droit à l'autonomie politique ; elles ont simplement transféré à une entité plus large certains pouvoirs liés à leur autonomie, à la condition que d'autres pouvoirs demeurent entre leurs mains. Dans les pays issus de l'union de plusieurs groupes nationaux, l'autorité du gouvernement central se limite donc à l'exercice de pouvoirs que chaque nation constitutive a accepté de lui transférer. Ces groupes nationaux, du reste, considèrent souvent qu'ils ont le droit (moral) de reprendre ces pouvoirs et de se retirer de la fédération s'ils sentent que les dispositions initiales de la fédération ont été violées.

En d'autres termes, les minorités nationales n'affirment pas simplement que la communauté politique est culturellement diversifiée (comme les immigrants le prétendent souvent), mais plutôt qu'il y a plus d'une communauté politique et que l'autorité d'un État plus vaste ne saurait avoir préséance sur l'autorité des communautés nationales constitutives. Si la démocratie signifie le pouvoir « au peuple », les minorités nationales ajoutent qu'il y a plus d'un peuple et que chacun a le droit d'exercer son pouvoir sur lui-même. Le fédéralisme multinational divise la population en « peuples » distincts dont chacun possède ses droits historiques, son territoire et ses pouvoirs autonomes, et forme par conséquent sa propre communauté politique. Ces peuples accordent généralement la primauté à leur propre communauté politique et estiment donc que la valeur et l'autorité de la fédération y sont assujetties.

Le type de loyauté que suscitent les États multinationaux est donc plus conditionnel et indirect que celui qu'on retrouve dans les États uninationaux. Lorsque les immigrants revendiquent le multiculturalisme ou la représentation des groupes, ils s'inscrivent ainsi dans la communauté politique plus large et cherchent à y être davantage inclus. En revanche, en s'efforçant d'exercer une autonomie politique, les minorités nationales révèlent une volonté d'affaiblir leurs liens avec la communauté politique plus large, voire de remettre en question sa nature même, son autorité et sa permanence.

Évidemment, je parle ici de perceptions politiques et non de faits historiques ou de dispositions juridiques. Il n'y a aucun doute que des minorités nationales étaient présentes sur le territoire canadien bien avant 1867, mais la question de savoir si la Confédération est issue ou non d'un pacte entre « deux peuples fondateurs » fera encore longtemps l'objet de débats. De même, les véritables intentions qui sous-tendent les traités conclus avec les autochtones — y compris la part de sauve-garde ou d'abandon de leur souveraineté que comportent ces traités — sont matières à discussion. À l'heure actuelle les perceptions contem-poraines importent davantage que la réalité historique. Si un groupe éprouve aujourd'hui un fort sentiment d'identité nationale et une cer-titude profonde quant à son droit à l'autonomie politique, alors il sera enclin à penser que la fédération n'a qu'une autorité secondaire, peu importe les faits historiques.

Ainsi, les États multinationaux sont aux prises avec des questions difficiles que les États uninationaux ne connaissent pas, et le sentiment de loyauté sur lequel les premiers pourraient compter pour résoudre ces questions s'avère relativement faible. De surcroît, plus un système fédéral est authentiquement multinational — plus il reconnaît et accepte l'exigence d'autonomie politique — plus il étoffe la conviction que les minorités nationales sont des peuples distincts qui possèdent un intrinsèque droit à l'autonomie politique et dont la participation à la vie du pays est conditionnelle et révocable. Or, si l'attachement des minorités nationales à un État plus vaste est conditionnel, on peut dès lors prévoir que, dès que les conditions leur deviendront plus défavo-rables, les avantages du lien avec la fédération feront l'objet de débats et de remises en question. Le fédéralisme procure en plus une expérience concrète d'autonomie politique aux minorités nationales, qui les rendra ainsi de plus en plus confiantes en leur capacité de se tirer d'affaire seules. Enfin, les systèmes fédéraux créent des sous-unités territoriale-ment définies dont les frontières pourraient facilement se transformer en frontières d'un État indépendant. Le fédéralisme dissipe donc toute équivoque au sujet de ce qui pourrait autrement être une question explosive, celle de l'étendue du territoire qu'un groupe sécessionniste peut conserver. Comme les frontières d'une province ont été tracées de façon à englober le berceau de la minorité nationale, on estime que le groupe sécessionniste a une sorte de droit historique *prima facie* sur ce territoire (c'est « sa » terre historique)[2].

De plus, les coûts économiques et militaires d'une sécession ont considérablement diminué ces dernières années. Autrefois, les minorités nationales devaient se joindre à des pays plus vastes afin d'avoir accès aux marchés ou d'assurer leur sécurité militaire. Mais les avantages du fédéralisme peuvent maintenant s'acquérir au moyen d'accords confédéraux (comme l'Union européenne), d'accords internationaux (comme l'ALENA) ou d'un renforcement graduel du droit international. Si le Québec ou la Catalogne se séparaient, par exemple, ils pourraient tout de même participer à des accords de libre-échange et de sécurité continentaux ou internationaux.

Pour toutes ces raisons, notre objectif ne peut être d'éliminer une fois pour toutes la menace d'une sécession. Bien que le philosophe politique américain John Rawls prétende que les citoyens d'une démocratie libérale devraient se considérer comme les membres d'un « même arrangement coopératif permanent[3] », on ne peut, dans les fédérations multinationales, s'attendre à une telle allégeance inconditionnelle.

2. Les fondements de l'unité sociale

Pourtant, malgré tous ces facteurs favorables à la sécession, les Québécois ont immanquablement voté pour demeurer au sein du Canada. En réalité, il est même remarquable qu'aucune fédération multinationale à l'Ouest n'ait encore éclaté. Paradoxalement, les fédérations multinationales semblent allier une unité plutôt faible à une résistance et une stabilité assez étonnantes.

En matière de cohésion sociale, nous devons donc nous donner des objectifs modestes. Le degré de cohésion que nous pouvons atteindre est très différent de celui qui existe souvent dans les États uninationaux. Nous ne pouvons nous attendre à ce que les minorités nationales fassent preuve d'une allégeance inconditionnelle au Canada ou qu'elles placent « le Canada d'abord ». La seule cohésion que nous pouvons espérer établir permettra aux minorités nationales de donner la primauté à leur identité nationale et de manifester une allégeance conditionnelle au Canada. En outre, elle coexistera avec la conviction des minorités nationales qu'elles ont le droit de faire sécession, mais aussi avec l'actuel débat sur les conditions appropriées pour l'exercice de ce même droit.

Si nous adoptons une telle attitude moins ambitieuse, un optimisme prudent devient justifié. Il n'y a aucune raison de croire qu'une réelle possibilité de sécession soit la preuve qu'une fédération multinationale échouera et que cette sécession deviendra inévitable. Au contraire, l'expérience acquise jusqu'à maintenant au Canada et ailleurs indique que les fédérations multinationales démocratiques sont remarquablement résistantes, qu'une faible cohésion sociale peut s'avérer durable et qu'une allégeance conditionnelle peut être puissante.

Tout cela jette un nouvel éclairage sur les résultats d'enquêtes d'opinion concernant l'identification des Québécois au Canada. De récents sondages, par exemple, indiquent que plus de la moitié des Québécois s'identifient d'abord comme des citoyens du Québec, alors que la citoyenneté canadienne est prioritaire pour 15 à 30 % d'entre eux[4]. Les pessimistes voient dans de telles données la preuve que le Canada est sur le point d'éclater. Mais il était prévisible que les Québécois accorderaient la primauté à leur identité nationale et il ne sert à rien de s'y opposer ou de s'en indigner. Espérer que les Québécois subordonnent leur identité nationale à une identité pancanadienne revient à invoquer un type d'unité exclusif aux États uninationaux. Le critère adéquat pour évaluer le degré d'unité dans un État multinational comme le Canada s'appuie sur l'idée que les Québécois privilégient leur identité nationale et vise à déterminer si cette identité coexiste avec un véritable sentiment d'identification et de solidarité avec les autres Canadiens.

En ce qui concerne cette question, la réponse est claire. Quelque 70 % des Québécois se disent prêts à faire des sacrifices personnels qui avantageraient seulement les Canadiens à l'extérieur du Québec. Ils révèlent ainsi un impressionnant degré d'attachement au Canada et aux autres Canadiens ; attachement qu'éprouvent réciproquement les Canadiens à l'endroit du Québec. Des manifestations concrètes de cet attachement mutuel ont été observées dans la réaction généreuse des Canadiens anglophones après les inondations de 1996 au Québec et dans celle des Québécois à la suite du débordement de la rivière Rouge l'année suivante.

Quel est le fondement de ce lien ? Les théoriciens politiques libéraux ont traditionnellement soutenu que les valeurs libérales-démocratiques « partagées » — la liberté individuelle, la justice sociale, la démocratie et la paix — suscitent la solidarité au sein des États démocratiques modernes. Mais comme nous l'avons vu au chapitre 11, ces valeurs communes ne peuvent expliquer l'attachement des Québécois à l'endroit du Canada, étant donné qu'ils pourraient tout aussi bien les adopter et les appliquer dans leur propre État indépendant. En fait, la convergence des valeurs politiques entre les anglophones et les francophones au cours des trente dernières années s'est accompagnée d'un sentiment nationaliste accru, et non déclinant.

Les communautariens proposent une autre perspective sur la cohésion sociale, qui relève également de ce que Wayne Norman qualifie d'« idéologie des valeurs communes[5] ». Ils soulignent à juste titre que toute explication plausible de la cohésion sociale doit être spécifique, c'est-à-dire qu'elle doit énoncer les motivations de l'attachement populaire à une communauté historique et politique particulière comme le Canada. Les principes de justice, comme ils le disent, ne représentent pas un fondement suffisant pour assurer la cohésion sociale, puisqu'ils se retrouvent dans de nombreux pays et ne peuvent donc expliquer l'attachement à une communauté historique particulière.

Ce qui peut étayer la cohésion sociale, prétendent les communautariens, c'est une allégeance commune à des conceptions ou à des objectifs fondamentaux de la vie bonne, c'est-à-dire à un « mode de vie » commun. Ce mode de vie commun englobe non seulement les principes de liberté individuelle et d'égalité des chances, mais aussi des convictions profondes quant à la nature des objectifs que permettent d'atteindre cette liberté et cette égalité. Promouvoir la solidarité dans une communauté politique consiste d'abord à identifier les modes de vie partagés qui sont propres à cette communauté, puis à élaborer une « politique du bien commun » qui se distingue de la « politique des droits » libérale, laquelle met l'accent sur les principes de la justice procédurale et sur la capacité de chacun à se donner et à appliquer une conception personnelle du bien[6].

Cette perspective est toutefois problématique : il n'existe pas de tels objectifs communs dans les sociétés modernes. Les membres d'une communauté politique, du moins dans un État libéral moderne, n'ont en commun ni une même conception du bien, ni un mode de vie traditionnel. Cela vaut à la fois pour le Canada dans son ensemble et pour chacun de ses groupes nationaux constitutifs. Les membres d'un groupe national partagent une langue et une histoire, mais ils manifestent souvent un désaccord fondamental à propos des finalités de la vie. En fait, les désaccords quant à la valeur que revêtent différents modes de vie constituent probablement le trait caractéristique des sociétés libérales.

Le Québec en fournit une bonne illustration. Avant la Révolution tranquille, la plupart des Québécois partageaient une conception rurale, catholique, conservatrice et patriarcale du bien. Aujourd'hui, après une période de libéralisation rapide, ils ont abandonné ce mode de vie traditionnel et la société québécoise présente maintenant la diversité caractéristique de toute société moderne. On y trouve des athées et des catholiques, des homosexuels et des hétérosexuels, des yuppies urbains et des agriculteurs, des socialistes et des conservateurs, etc. Être un Québécois aujourd'hui, par conséquent, signifie simplement appartenir à la société francophone du Québec. Et les francophones du Québec ne sont pas plus d'accord entre eux quant aux conceptions du bien que ne le sont les anglophones du Canada ou des États-Unis.

Si la théorie communautarienne du « mode de vie partagé » était juste, nous aurions dû être témoins, tout au long de la Révolution tranquille, d'un affaiblissement de l'identité québécoise et d'un déclin correspondant de l'appui à la sécession. Pourtant, le sentiment nationaliste a constamment pris de l'ampleur. Ce qui unit les Québécois aujourd'hui n'est assurément pas une conception partagée de la vie bonne. Et si chacun des groupes nationaux ne partage pas une conception du bien qui lui est propre, alors la théorie communautarienne ne peut expliquer ce qui unit plusieurs groupes nationaux dans un même État multinational.

Les théories libérale et communautarienne sont entachées du même défaut. Les deux proposent une explication excessivement abstraite de la cohésion sociale en la fondant sur des convictions normatives partagées au sujet de la justice ou de la vie bonne. La cohésion sociale ne peut être fondée sur des convictions partagées parce qu'aucune conception du bien n'est largement partagée au sein des groupes nationaux et que les principes de justice sont, à l'inverse, très largement partagés par tous ces groupes

3. Les identités partagées dans un État multinational

La véritable source de la cohésion sociale, je crois, ne réside pas dans des *valeurs* communes, mais dans une *identité* commune. Une conception commune de la justice au sein d'une communauté politique multinationale n'induit pas nécessairement une identité commune, et encore moins une identité citoyenne commune qui se substituerait aux identités nationales rivales. Inversement, l'absence d'une conception commune du bien n'élimine pas la possibilité d'une identité commune. Les individus choisissent ceux avec qui ils souhaitent former un pays après avoir déterminé avec qui ils s'identifient et avec qui ils se sentent solidaires. Ce qui unit les Américains, en dépit de leurs désaccords sur ce qu'est la vie bonne, c'est le fait qu'ils s'identifient en tant qu'Américains. Inversement, ce qui continue de séparer les Suédois et les Norvégiens, malgré leurs principes de justice communs, c'est l'absence d'une identité commune.

D'où vient cette identité commune? Dans les États uninationaux, l'identité commune procède habituellement d'une communauté de langue, de culture et peut-être même de religion. Or, ce sont précisément les éléments qui ne sont généralement pas partagés dans un tel État. Quelle est alors la source de l'identité commune dans un État multinational? Dans certains pays comme les États-Unis, le fondement de l'identité commune semble être la fierté tirée de certaines réalisations historiques (par exemple la création de la République américaine). Cette fierté partagée est un des fondements du profond sentiment d'identité politique aux États-Unis et elle est constamment renforcée par les programmes scolaires et par les documents de sensibilisation à la citoyenneté qui sont remis aux immigrants.

Dans de nombreux pays multinationaux, toutefois, l'histoire est une cause de division entre les groupes nationaux. Les personnages et les événements qui suscitent la fierté de la nation majoritaire déclenchent souvent un sentiment de trahison au sein de la minorité nationale. Les Canadiens anglophones célèbrent Sir John A. Macdonald pour son rôle dans l'édification du pays, tandis que les Canadiens français le rejettent parce qu'il a ordonné l'exécution de Riel. Les Canadiens anglophones sont fiers de leurs efforts lors des deux guerres mondiales, alors que les Canadiens français s'indignent du traitement qu'on leur a réservé durant les deux crises de la conscription. Et ainsi de suite.

Certains observateurs prétendent qu'il faudrait donc se concentrer principalement sur les traits de l'histoire d'un pays qui suscitent une fierté partagée, et faire fi de ceux qui sèment la discorde. Par exemple, Andrew Oldenquist soutient que l'histoire des États-Unis « devrait être enseignée de manière à offrir des sources de fierté et d'affection ». Il ajoute que les enfants « ne développeront pas d'affection pour leur pays si on leur dit que nous avons exterminé les Amérindiens, lynché des noirs et massacré des Vietnamiens[7] ». Mais cette approche exigerait une réécriture de l'histoire très sélective, voire manipulatrice[8]. De plus, tout cela serait assez inutile. L'histoire a un rôle à jouer dans la création d'une identité commune, peu importe si nous en retirons ou non une *fierté* partagée. Le fait que les peuples anglais, français et autochtones partagent une même histoire au Canada a contribué à la formation d'une identité canadienne commune — une identification aux institutions et aux symboles politiques canadiens — même si ces groupes proposent des interprétations et des évaluations de cette histoire qui sont très différentes. En effet, mettre l'accent sur la fierté par rapport à l'histoire nous ramène simplement à la théorie des « valeurs partagées », puisque cette fierté découle d'une évaluation normative et partagée de cette histoire.

L'histoire importe, je dirais, parce qu'elle définit le cadre et le contexte communs dans lesquels nous débattons de nos valeurs et de nos priorités *distinctes*. Nous nous inscrivons tôt dans ce cadre et apprenons à y situer les questions qui se présentent à nous. Ce cadre devient la toile de fond sur laquelle s'appuie notre réflexion et il offre les symboles, les précédents et les points de référence grâce auxquels nous donnons un sens à ces questions. Avec le temps, il devient un élément important de notre identité.

Prenons l'importance du facteur racial aux États-Unis, qui constitue une des plus puissantes sources de division dans ce pays. Selon les théories des « valeurs partagés » ou de la « fierté partagée », la race peut, dans un tel cas, ne jouer aucun rôle dans la définition d'une identité américaine commune et constitue même un obstacle à l'édification d'une telle identité, plutôt qu'un de ses éléments fondateurs. Cela ne peut être que faux. En fait, un des traits les plus marquants de l'identité américaine est une intense préoccupation pour le fait racial. Être un Américain consiste, en partie, à avoir une conscience profonde et personnelle de l'importance de la race. Être un Américain consiste, en partie, à savoir que l'esclavage, la guerre civile, la ségrégation scolaire, Martin Luther King et les ghettos noirs sont des traits distinctifs de l'américanité. La race fait ouvertement l'objet de fréquents débats publics aux États-Unis et, surtout, est présente en filigrane dans les débats portant sur une foule d'autres questions. Toute discussion sur des questions comme l'aide sociale, le chômage, la criminalité, les stupéfiants, l'apathie politique, la liberté d'expression ou la politique étrangère renvoie d'une manière ou d'une autre à la question raciale. C'est le sujet de conversation américain par excellence.

Évidemment, les Américains divergent — parfois violemment — sur les moyens à prendre pour résoudre les questions raciales, qui vont d'une réforme de l'aide sociale aux programmes de discrimination positive. C'est précisément *parce que* ces divergences sont si vives que la question raciale est importante. La notion de race ne peut donc en aucun cas représenter une « valeur commune » pour les Américains, pas plus que la guerre civile ou Malcom X ne peuvent susciter chez eux une « fierté partagée ». L'histoire des relations raciales est plutôt un trait essentiel et distinctif de l'américanité, et elle sous-tend la représention que les Américains se font d'eux-mêmes et des questions qu'ils doivent affronter[9].

Aussitôt que nous reconnaissons l'importance de l'histoire à maints égards, et pas simplement comme source de fierté partagée, nous pouvons réinterpréter le rôle de la Constitution des États-Unis dans l'identité américaine. Les Américains vénèrent leur *Bill of Rights* et la Déclaration d'indépendance. La loyauté à la Constitution est un trait marquant de l'identité américaine. La plupart des observateurs prétendent que le statut privilégié de la Constitution procède de son rôle consistant à incarner certains principes politiques. Par exemple, Edward Luttwak soutient que « les Américains n'ont aucune culture nationale

commune pour les unir, contrairement aux Français et aux Italiens
[…] Ils partagent cependant une même foi dans les principes de leur
Constitution[10]. » Cette interprétation, me semble-t-il, est spécieuse.
Certes, l'Organisation nationale des femmes et la Milice du Michigan
invoquent toutes deux la Constitution, mais elles ne partagent pas du
tout les mêmes principes politiques. De même, la Nation aryenne et
l'Association nationale pour l'avancement des peuples de couleur
(NAACP) affirment toutes deux qu'elles se battent pour défendre la
Constitution, mais leurs principes sont diamétralement opposés.

Les Américains définissent leur identité par rapport à la Constitution non pas parce qu'elle incarne des valeurs communes, mais parce
qu'elle est le point de départ de leur conversation nationale. Comme la
question raciale, elle représente un des points de référence à partir
duquel les Américains orientent leur débat. Les immigrants aux États-
Unis saisissent rapidement l'importance symbolique de la Constitution.
Comme John Harles le montre, les immigrants cherchent à exprimer
leur volonté de devenir « américains », en proclamant d'abord leur
adhésion à la Constitution. Cependant, ils le font souvent avant de
comprendre les véritables principes qu'elle met de l'avant[11].

Jeremy Webber soutient que les Canadiens sont tout autant unis par
leur participation à ce qu'il nomme la « conversation canadienne[12] ». Il
prétend que les anglophones, les francophones et les autochtones gran-
dissent en écoutant cette conversation, laquelle devient une part de
notre identité à tous. Par conséquent, John A. Macdonald et Louis Riel
font bel et bien tous deux partie de l'identité canadienne, non pas parce
que nous sommes tous fiers de leurs faits et gestes, mais parce qu'ils ont
contribué à définir les institutions au sein desquelles nous poursuivons
notre conversation et à donner forme aux questions auxquelles nous
sommes toujours confrontés. Comme il le fait remarquer, « ce que nous
chérissons le plus est la santé, la vitalité et la flexibilité de notre conversation nationale ». Ce qui caractérise le patriotisme canadien donc, c'est
« son attachement à la conversation canadienne distinctive et à ses
vocables très spécifiques ». Webber poursuit :

> Ce qui sous-tend cette conception du patriotisme, c'est une compréhension
> de ce qui rend [les pays] importants pour leurs citoyens. Ils sont importants

non pas parce qu'ils poursuivent un grand nombre d'objectifs constitutionnels avec lesquels tous les citoyens sont d'accord mais parce que ce sont des instances propices à la discussion et à la prise de décisions. Ils offrent un cadre de fonctionnement, en d'autres termes, à l'autonomie politique et démocratique. Ils fournissent les structures grâce auxquelles nous nous retrouvons, nous débattons des objectifs à nous donner et nous prenons les mesures nécessaires pour les atteindre. Nous estimons notre pays parce que nous estimons le caractère particulier de son débat public. Ce débat particulier est le nôtre, un débat que nous connaissons et que nous voulons entretenir […] Et avec le temps, le caractère unique de ce débat s'est imprégné en nous. Nous pouvons bien souhaiter modifier certains éléments de ce débat. Dans des cas extrêmes, nous pouvons chercher à y échapper. Mais, généralement, nous sommes prêts à travailler pour le changement à l'intérieur du débat pour la simple raison que c'est le nôtre. Ce débat concerne notre communauté et il est formulé en des termes que nous comprenons[13].

Je crois qu'il y a beaucoup de vrai dans ce que dit Webber. Malgré tout, il soulève ici autant de questions qu'il apporte de réponses. Que les citoyens apprennent à s'identifier à cette conversation historique n'explique pas vraiment pourquoi ils ne pourraient pas se lasser d'y participer. Charles Taylor formule l'espoir que les citoyens seront « désireux et fiers » de continuer une telle conversation, dans laquelle nous construisons collectivement une société fondée sur nos différentes conceptions de l'histoire et de l'avenir[14]. Mais il concède aussi que certaines personnes puissent se détourner des négociations et des complications perpétuelles qu'une telle conversation déclenche.

Ce type de conversation procure des avantages réels, quoique intangible. Comme Petr Pithart, l'ancien premier ministre de Tchécoslovaquie, l'affirmait en réfléchissant à la dissolution de son pays :

Au fil des 55 dernières années, les Tchèques ont perdu — comme colocataires de leur maison commune — les Allemands, les juifs, les Ruthènes, les Hongrois et les Slovaques. Les Tchèques vivent dans un pays épuré sur le plan ethnique, même s'ils ne l'ont jamais voulu ainsi. Il s'agit d'une grande perte intellectuelle, culturelle et spirituelle. C'est particulièrement vrai dans le cadre de l'Europe centrale, qui est une sorte de mosaïque. Nous rêvons encore aujourd'hui à la gloire passée de Prague, qui fut une ville tchèque, allemande et juive et dont l'éclat brillait au firmament. Mais il est impossible de gagner des élections avec ce type d'argument[15].

De même, ce serait une « grande perte intellectuelle, culturelle et spirituelle » si le Canada éclatait. Ce que Pithart dit de Prague vaut aussi bien pour Montréal. Ce qui fait de Montréal une ville distincte, c'est précisément qu'elle a été le point de rencontre des Anglais et des Français, mais aussi des autochtones et des groupes d'immigrants. Si Montréal avait toujours présenté le « visage linguistique » d'une ville purement française (ou purement anglaise), elle ne serait pas devenue la grande ville qu'elle est aujourd'hui — une source de fierté pour les Québécois et les Canadiens en général. Et si le Québec se séparait, l'inéluctable déclin des communautés non francophones historiques de Montréal — les Anglo-Saxons, les juifs, les Italiens, les Grecs et les autres — représenterait un appauvrissement dramatique.

Malheureusement, il n'est pas facile d'évaluer une telle perte, et (comme Pithart le dit) l'effet véritable de ce type d'argument sur l'opinion des gens n'est pas clair. Tout de même, quelle que soit l'explication, il s'avère que les Canadiens ont manifesté la volonté de poursuivre la conversation nationale. Les Canadiens s'identifient suffisamment les uns aux autres et avec leur histoire commune pour juger irrecevable la possibilité de mettre un terme à la conversation.

4. Éroder les liens de solidarité

Le passage à une fédération plus ouvertement multinationale renforcerait-il ou affaiblirait-il les liens qui unissent les Canadiens? Puisque le vrai fondement de ces liens demeure obscur — à mes yeux, du moins — il est difficile de prédire avec certitude ce qui les renforcerait ou les affaiblirait. Nous pouvons toutefois hasarder quelques hypothèses.

Je crois que deux conditions favoriseraient l'érosion de ces liens : si les minorités nationales perdaient l'impression de participer directement aux processus de prise de décisions de l'État canadien et si les minorités nationales perdaient confiance dans le caractère équitable de ces processus. Quel effet le fédéralisme multinational aurait-il sur chacune de ces conditions ?

D'abord, afin de maintenir leur sentiment d'allégeance au Canada, il importe que les Québécois et les autochtones, à titre individuel, participent *directement* à la conversation canadienne dans son ensemble, et non pas seulement par le truchement de leurs sous-unités (le gouvernement provincial du Québec, par exemple). Il est peut-être inévitable, dans le cadre d'un État multinational, que les individus issus des minorités nationales soient le plus fortement influencés par la conversation locale au sein de leurs propres sous-unités. Mais ils doivent ressentir que la conversation canadienne dans son ensemble est aussi la leur. Par exemple, lorsqu'un conflit surgit entre le gouvernement provincial du Québec et le gouvernement fédéral, il doit être considéré par les Québécois comme un conflit non pas entre « eux » et « nous », mais plutôt entre deux paliers de conversation que les Québécois perçoivent comme les « nôtres » et qui ont tous deux forgé l'identité québécoise[16].

Une grande vertu du fédéralisme multinational, il me semble, c'est qu'il préserve un tel lien direct. À cet égard, il diffère passablement d'arrangements confédéraux tels que la « souveraineté-association » proposée par le Parti québécois et le modèle de « partenariat » proposé par Roger Gibbins[17].

Dans de telles structures confédérales, les Québécois auraient très peu de liens tangibles avec le reste du Canada, sinon aucun. Ils ne disposeraient d'aucune participation ou représentation directe au sein du gouvernement du Canada. Leur seul lien avec le reste du Canada résulterait des rencontres régulières que tiendraient certains dirigeants politiques et certains fonctionnaires provinciaux avec leurs homologues du reste du pays. Les Québécois, dans le cadre de tels projets, n'auraient peut-être même pas le droit de travailler à l'extérieur du Québec. Bref, je ne vois pas comment un tel arrangement pourrait être stable à long terme.

On défend souvent les projets confédéraux en disant que l'attachement des Québécois au Canada est d'ordre « symbolique » et que cet attachement pourrait facilement être comblé grâce à des éléments comme une monnaie et un passeport communs, même s'ils n'avaient aucun autre lien avec le reste du pays. Mais il s'agit, je crois, d'une mauvaise interprétation de la nature et des fondements de l'attachement des Québécois au Canada. Ces derniers se sentent liés au Canada parce que, d'un océan à l'autre, ils ont contribué à bâtir ce pays et parce qu'ils ont continué à jouer un rôle actif dans la gouverne de l'ensemble du Canada. Ils sont fiers d'être Canadiens parce qu'ils ont joué un rôle incontestable, et même décisif, dans l'édification du Canada tel qu'il existe aujourd'hui. Ils ont envoyé certains des plus importants dirigeants politiques et fonctionnaires au palier fédéral — y compris un nombre disproportionné de premiers ministres — et certaines des plus importantes décisions politiques du gouvernement fédéral s'expliquent par la présence influente de Québécois à Ottawa. C'est pourquoi les Québécois se perçoivent comme des participants à la conversation canadienne, et pas seulement à la conversation du Québec.

Si ces liens historiques entre les Québécois et l'État canadien étaient rompus, les Québécois continueraient-ils à éprouver un attachement symbolique à son égard? Si les Québécois n'exerçaient plus de pouvoirs d'influence visibles sur les activités quotidiennes de l'État canadien et qu'ils se butaient à des droits de mobilité restreints dans le reste du Canada, continueraient-ils de le considérer comme leur pays? Continueraient-ils à se sentir fiers d'être Canadiens s'ils ne pouvaient peser sur l'action du Canada? Et lorsque cet attachement symbolique au Canada commencerait à s'étioler, comme on peut le prévoir avec certitude, les options confédérales n'offriraient alors aucun avantage économique ou politique évident par rapport à la sécession totale[18].

En revanche, le fédéralisme multinational aurait la grande vertu de préserver les liens directs avec les institutions pancanadiennes et la participation à celles-ci[19]. Le fédéralisme a offert une importante voie aux Québécois pour qu'ils fassent sentir leur présence dans l'ensemble du Canada, et tout modèle confédéral qui fermera cette voie ne durera probablement pas longtemps. Le fédéralisme multinational, par contre, protégerait cette source essentielle d'attachement au Canada et contribuerait par conséquent à assurer sa propre stabilité à long terme[20]. Il apporterait des avantages et des sources d'attachement tangibles qui réduiraient l'attrait de la sécession.

Le deuxième facteur d'érosion des liens de la cohésion sociale se situe dans l'accroissement de la méfiance entre la majorité et les minorités nationales. Le fédéralisme requiert des concessions de part et d'autre ainsi que la volonté de faire maintenant des sacrifices pour les autres, dans l'assurance ferme que les autres feront de même par la suite. Le système fédéral le mieux conçu sur papier ne fonctionnerait pas sans cette confiance. Les Canadiens, de nos jours, font preuve d'un degré de confiance élevé. Mais d'un côté comme de l'autre, cette confiance est menacée. D'une part, les Canadiens anglophones peuvent douter de l'engagement des Québécois à rester dans la fédération. Après tout, l'objectif suprême du nationalisme a traditionnellement été la création d'un État indépendant. Comment pouvons-nous être certains que les Québécois ne sont pas en train de gagner du temps, attendant un moment plus opportun pour faire sécession ? Et si le fédéralisme n'était qu'un tremplin vers la sécession, pourquoi devrions-nous accepter de faire quelque concession que ce soit ? Pourquoi faire des sacrifices pour des gens qui n'éprouvent aucun attachement pour notre pays ?

D'autre part, les Québécois peuvent douter de l'engagement de la majorité en faveur des principes du fédéralisme. Comme je l'ai noté au chapitre 10, le fédéralisme impose un renoncement au modèle de la « majorité contre la minorité », ou du « supérieur contre le subordonné », et son remplacement par un modèle de cosouverains égaux. De nombreux Québécois doutent que les Canadiens anglophones aient réellement renoncé au pouvoir suprême que leur confère la règle de la majorité et qu'ils aient accepté le principe de non-empiètement sur la souveraineté du Québec dans les champs de compétence provinciale. Ils craignent que beaucoup de Canadiens anglophones perçoivent le fédéralisme comme un détail technique qu'ils peuvent laisser de côté lorsqu'ils veulent faire prévaloir leur opinion. Pourquoi les Québécois feraient-ils des sacrifices pour maintenir un système fédéral sans recevoir aucune assurance que leur autonomie sera respectée ?

Ce sont là les racines de la méfiance que nous pouvons aujourd'hui observer des deux côtés du Canada. Et cette méfiance n'est pas entièrement sans fondement. Certains séparatistes québécois invoquent en effet une téléologie de la nation qui présente le fédéralisme comme un carcan « anormal », freinant tout développement national sain, mais ils continuent tout de même à négocier avec le reste du Canada pour obtenir des pouvoirs accrus au sein de la fédération. Par ailleurs, la majorité anglophone n'a pas fait tout ce qu'elle pourrait ou devrait faire pour renoncer à ses pouvoirs découlant de la règle de la majorité. Elle n'a pas abandonné le pouvoir de désaveu et n'a pas accordé aux provinces une voix égale à la sienne aux fins de la nomination des juges à la Cour suprême — dans les deux cas, elle contredit le principe des cosouverains égaux. De façon plus générale, comme nous l'avons vu au chapitre 12, bon nombre de Canadiens anglais se montrent indifférents aux questions de compétence provinciale.

L'adoption graduelle d'un fédéralisme de type multinational accroîtrait-elle ou réduirait-elle les risques de méfiance? Elle réduirait presque assurément le degré de méfiance des Québécois, en partie parce que les institutions du fédéralisme multinational protégeraient plus fermement leur identité et leur autonomie nationales en cas de menaces des Canadiens anglophones. Il est tout aussi important de comprendre que l'acceptation même du fédéralisme multinational de la part des Canadiens anglophones démontrerait qu'ils ne veulent pas menacer l'autonomie du Québec. Elle aurait pour effets simultanés de réduire la crainte que surgissent de telles menaces contre le Québec et d'offrir une plus grande protection institutionnelle.

Un fédéralisme multinational réduirait-il le degré de méfiance chez les Canadiens anglophones? Il est plus difficile de le prédire. Ces derniers pourraient interpréter un plaidoyer du Québec en faveur du fédéralisme multinational, comme une preuve que les Québécois ne sont pas réellement attachés au Canada, surtout si les chefs séparatistes présentent le fédéralisme multinational comme un simple tremplin vers un développement national « normal ». D'autre part, la perception des Canadiens anglophones, selon laquelle les Québécois ne sont pas attachés au Canada et que leurs exigences ne cesseront de se durcir jusqu'à ce qu'ils atteignent l'objectif de l'indépendance, est fondée sur une très mauvaise interprétation de ce qui s'est vraiment déroulé dans les trente dernières années. Il faut se rappeler que les Québécois n'ont obtenu aucun des amendements constitutionnels qu'ils ont réclamés et qu'ils ont tout de même rejeté la sécession à deux reprises. Il est difficile d'exiger une preuve plus claire de leur attachement au Canada et de leur volonté de trouver une solution juste au sein du Canada. Si les Canadiens anglophones pouvaient abandonner leur perception erronée du Québec, alors peut-être qu'eux aussi seraient plus portés à relâcher leur méfiance.

Je suis alors enclin à penser que le passage à un fédéralisme multinational n'éroderait pas les liens actuels de la cohésion sociale au Canada et pourrait même les renforcer. Comme je l'ai fait remarquer auparavant, les liens qui s'établissent dans les États multinationaux sont de nature faible — par rapport aux liens sociaux qui caractérisent les États uninationaux — et ils coexistent avec la possibilité constante de la sécession. Mais ils pourraient néanmoins s'avérer durables.

De plus, malgré les récents changements survenus dans l'arène internationale, le coût de la sécession demeure élevé, ou du moins imprévisible, particulièrement dans la situation canadienne, en raison du conflit entre les Québécois et les peuples autochtones à propos du territoire. Les peuples autochtones dans le nord du Québec ont proclamé leur droit de demeurer au sein du Canada même si le reste du Québec se sépare, si bien qu'un Québec indépendant ne comprendrait que la partie sud de la province. Aussi, certains groupes anglophones ont proposé que les villes à majorité anglophone du Québec aient le droit de demeurer au sein du Canada si elles le désirent. Le risque de violence découlant de tels mouvements « partitionnistes » ne peut être entièrement exclu. La majorité des Québécois ne seraient probablement pas prêts à accepter de tels risques s'ils avaient pu obtenir une forme acceptable de fédéralisme multinational[21].

5. Conclusion

Les Canadiens sont légitimement préoccupés par l'unité nationale et voudraient s'assurer que toute nouvelle institution obtienne la loyauté et l'allégeance des citoyens. Jusqu'ici, nous avons trop souvent utilisé un mauvais barème pour évaluer l'unité et l'allégeance que nous avons fait correspondre à l'élimination de l'idée même de sécession. Ce n'est pas un barème raisonnable ou réaliste pour quelque État multinational que ce soit, y compris le Canada.

Plutôt que d'essayer de rendre la sécession impossible ou impensable, nous devrions nous employer à souligner les avantages que les Canadiens tirent à vivre dans une fédération multinationale. Comme j'ai tenté de le montrer dans les deux derniers chapitres, le fédéralisme multinational procure des avantages à la fois aux Québécois et aux Canadiens anglophones — des avantages que ni le fédéralisme symétrique, ni la souveraineté-association, ni la sécession complète ne peuvent offrir. Je crois donc que le fédéralisme multinational pourrait être stable — en même temps qu'une source de fierté chez nous et à l'étranger — si seulement nous savions comment l'instaurer.

Conclusion

Les deux parties de ce livre, portant respectivement sur les groupes ethniques et les minorités nationales, exposent deux dimensions très différentes des rapports ethnoculturels au Canada. Dans le cas des groupes ethniques, un nombre croissant de Canadiens rejettent aujourd'hui une politique de multiculturalisme qui a été, selon toutes les mesures statistiques, un succès, et qui est considérée comme un modèle par d'autres pays d'immigration occidentaux. Nous l'avons vu au chapitre 1, le Canada arrive à mieux intégrer les groupes ethniques aujourd'hui qu'avant l'adoption de la politique de multiculturalisme et il le fait mieux que tout pays n'ayant pas adopté une politique similaire.

Pour ce qui est des minorités nationales, cependant, la plupart des Canadiens anglophones semblent s'accrocher obstinément à une conception du fédéralisme qui a manifestement échoué, non seulement au Canada, mais aussi dans d'autres États multinationaux occidentaux. Comme nous l'avons vu au chapitre 10, le modèle américain de fédéralisme symétrique et territorial convient aux États uninationaux, mais pas aux pays où existe un nationalisme de minorité.

Les situations propres aux groupes ethniques et aux minorités nationales au Canada ont pourtant quelque chose en commun. Dans chacun des cas, les Canadiens ne peuvent pas ou ne veulent pas apprendre de leur propre expérience ou de celle d'autres pays. Nous semblons en effet refuser de tirer des enseignements de nos réussites en matière de multiculturalisme et de nos échecs en ce qui concerne le nationalisme de minorité.

Pourquoi donc? Il y a probablement de nombreux facteurs qui entrent en jeu. C'est en partie parce que beaucoup de Canadiens semblent penser que les questions ethnoculturelles sont si irrationnelles et si imprévisibles que le passé ne révèle rien de ce que sera l'avenir. Une telle attitude se constate chez les nombreux Canadiens qui oscillent entre deux extrêmes lorsqu'ils se penchent sur ces questions. D'une part, une opinion pessimiste s'est répandue selon laquelle les questions ethnoculturelles « échappent à tout contrôle » et risquent d'entraîner le pays dans une spirale sans fin où un nombre croissant de groupes formuleront toujours plus d'exigences et conduiront à la désintégration de la société canadienne. D'autre part, un grand nombre de ces mêmes personnes expriment la conviction remarquablement optimiste que si nous nous montrons fermes et refusons de céder aux revendications des multiculturalistes et des nationalistes, alors toutes ces revendications s'évaporeront et nous pourrons revenir au bon vieux temps d'avant la montée de la « politique des identités ». En définitive, les exigences des groupes ethnoculturels sont perçues comme des virus pouvant se multiplier à l'infini ou, à l'inverse, disparaître comme par enchantement.

J'espère que ce livre aura permis de montrer clairement que ces deux extrêmes sont tout autant erronés l'un que l'autre. Les questions ethnoculturelles demeureront : elles résultent de réalités tenaces dans une société présentant un degré extraordinaire de diversité ethnoculturelle. Mais les exigences des groupes ethnoculturels au Canada ne sont pas infinies ni imprévisibles. Au contraire, elles évoluent à l'intérieur de limites assez étroites.

Dans la première partie, j'ai tenté de montrer qu'il y a des limites claires et prévisibles concernant les types d'exigences que formulent les groupes ethniques issus de l'immigration. Et dans les faits, leurs exigences multiculturalistes n'ont entraîné aucun changement radical à la propension fondamentale des immigrants à vouloir s'intégrer, d'ailleurs ce n'était nullement leur objectif. Les politiques de multiculturalisme s'insèrent dans un vaste ensemble d'institutions sociales et politiques qu'on tient pour acquises. Les exigences de multiculturalisme sont de simples réclamations de changements modestes à apporter aux conditions d'intégration.

Dans la deuxième partie, j'ai tenté de montrer que les exigences des minorités nationales, bien que très différentes de celles des groupes ethniques, sont également prévisibles. Les peuples autochtones et les Québécois, à l'instar des minorités nationales partout dans le monde, ont adopté un projet nationaliste, c'est-à-dire qu'ils cherchent à se maintenir, aux côtés de la majorité, en tant que sociétés séparées et autonomes possédant leurs propres institutions juridiques, scolaires, sociales et politiques. Ce projet nationaliste donne lieu à diverses revendications prévisibles au sujet de la reconnaissance nationale et de l'autonomie collective.

Ainsi, les questions ethnoculturelles au Canada n'ont rien de particulièrement mystérieux. Les dynamiques à l'œuvre ici sont du même type que celles ayant cours dans d'autres démocraties occidentales, et ce sont ces dynamiques qu'il faut s'attendre à observer dans un pays diversifié sur le plan ethnoculturel. Les groupes d'immigrants, les peuples autochtones et les minorités nationales font tous face à des situations distinctes et leurs revendications sont des réactions prévisibles dans de telles situations. Non seulement nous pouvons prédire ces dynamiques, mais nous en avons aussi appris beaucoup sur les manières de les gérer. Nous connaissons passablement bien les politiques qui fonctionnent et celles qui sont condamnées à l'échec.

Le fait que les dynamiques ethnoculturelles soient ainsi prévisibles ne signifie pas que les solutions à nos conflits soient toutes trouvées. Les conflits prévisibles ne sont pas nécessairement faciles à résoudre, notamment lorsqu'ils impliquent des nationalismes rivaux. Mais comprendre ces contraintes devrait nous aider à prendre du recul par rapport à nos conflits et nous permettre de les affronter avec plus de pragmatisme. Si nous reconnaissons que ces exigences contiennent un noyau stable et cohérent et qu'elles ne disparaîtront pas ni ne prendront une ampleur illimitée, alors nous pourrons peut-être adopter une approche plus souple et plus ouverte pour les résoudre.

En définitive, les politiques ethnoculturelles ne sont pas tellement différentes des autres politiques publiques. Elles sont prévisibles et limitées, pas mystérieuses et instables. Elles peuvent donc être gérées. Or, nous avons l'expérience nécessaire pour aborder les problèmes ethnoculturels au Canada d'une manière équitable et mutuellement avantageuse. Si nous laissons les rapports ethnoculturels se détériorer, et je crains que ce soit le cas, ce n'est pas parce que nous ne savons pas gérer la diversité ou que les politiques ethnoculturelles sèment forcément la discorde et échappent à tout contrôle. C'est plutôt parce que nous avons perdu la volonté et la confiance nécessaires pour tirer des leçons de notre propre expérience.

Remerciements

La question des droits des groupes ethnoculturels au sein des démocraties libérales m'occupe depuis plusieurs années. Jusqu'à maintenant, mon travail avait toutefois eu un caractère plus théorique que pratique puisqu'il était axé sur la façon dont les penseurs politiques libéraux-démocrates ont traité de la diversité ethnoculturelle. L'idée d'écrire ce livre a émergé lors de conversations avec des fonctionnaires du ministère du Patrimoine canadien qui voulaient voir ce que des débats entre théoriciens du politique pouvaient bien révéler à propos des politiques publiques du Canada en ce domaine. En fait, ce livre tire son origine d'une série de cinq courts textes que j'ai préparés pour le ministère à l'automne de 1995. J'aimerais remercier ceux qui, au ministère, m'ont offert leurs commentaires et m'ont fait part de leur intérêt ; je les remercie également de m'avoir indiqué certaines sources de référence très utiles. Brian Gilhuly, Dhiru Patel, Barb Preston et Judy Young, notamment, m'ont apporté une aide généreuse.

Au cours des dernières années, j'ai eu la chance de présenter mes idées à un auditoire varié, tant au Canada qu'à l'étranger. On peut en apprendre beaucoup sur le Canada en tentant de l'expliquer à des étrangers. C'est pourquoi je tiens à remercier les personnes suivantes qui m'ont invité chez elles précisément pour cela : Veit Bader et Govert den Hartogh (Amsterdam), Xavier Arbos et Ferran Requejo (Barcelone),

Nenad Dimitrjevic et Tibor Varady (Budapest), Steven Lukes (Florence), Philippe Van Parijs (Louvain), Francisco Colom (Madrid), Patrizia Nanz (Milan), Yoav Peled (Tel Aviv), James Anaya (Université de l'Iowa), Rainer Bauböck (Vienne), James Harf (Université d'État de l'Ohio), Daniel Ortiz (Université de la Virginie) et Ian Shapiro (Yale). Je veux aussi remercier John Jaworsky et Magda Opalski, du Forum Eastern Europe, de m'avoir invité à leurs ateliers sur la gestion de la diversité interculturelle, à Riga et à Kiev.

Plus près de chez moi, je tiens à remercier les personnes suivantes de leur invitation : Peter Benson (à son atelier de théorie du droit à McGill), Joseph Carens (au département de science politique de l'Université de Toronto), David Elkins, Steven Lee et Alain Prujiner (à une conférence sur les « Aspects internationaux du fédéralisme » organisée par le Centre canadien pour le développement de la politique étrangère), David Hawkes (à un séminaire sur les « Enjeux fondamentaux » dans le cadre de la Commission royale sur les peuples autochtones), Norman Hillmer (à la conférence sur les « 50 ans de citoyenneté canadienne » organisée par l'Association pour l'étude de l'histoire nationale), Wsevolod Isajiw (à la conférence sur « La formation de l'ethnicité à l'approche du millénaire » dans le cadre du programme d'études Robert Harney sur l'ethnicité, l'immigration et le pluralisme de l'Université de Toronto) ; Roger Gibbins et Guy Laforest (à l'atelier de l'Institut de recherche en politique publique intitulé « Sortir de l'impasse : vers la réconciliation »), Irene Kamchen (à la réunion annuelle du Conseil ethnoculturel du Canada), Michael Keating et John McGarry (à une conférence sur « Le nationalisme minoritaire au sein du nouvel ordre mondial » donnée à l'Université Western Ontario), Lukas Sosoe (à une conférence sur « Démocratie, pluralisme et citoyenneté » donnée à l'Université de Montréal), Éric Vernon (à l'atelier sur « La cohésion sociale par la justice sociale » organisé par le Congrès juif canadien), Jeremy Webber (à la « Conférence sur le rapport de la Commission royale sur les peuples autochtones » donnée à l'Université McGill) et Doug Williams (à un atelier sur « Les droits collectifs et individuels » offert par le ministère fédéral de la Justice).

À chacune de ces occasions, les questions et les commentaires venant de l'auditoire m'ont beaucoup appris. Les universitaires ne parlent souvent qu'à d'autres universitaires, ainsi qu'à ceux qui travaillent dans la même discipline. Mais ces communications m'ont permis de soumettre mes idées à un grand nombre d'universitaires, de fonctionnaires et de membres d'organisations non gouvernementales. J'espère que le présent livre donnera un bon aperçu de la perspective élargie que j'ai ainsi pu développer.

Quelques personnes m'ont fait des commentaires écrits sur certains des chapitres de ce livre ou sur l'ensemble. Toute ma gratitude va à Katherine Fierlbeck, Roger Gibbins, Amy Gutmann, Richard Iton, Les Jacobs, B.B. Kymlicka, Guy Laforest, John MacKinnon, Wayne Norman, Arthur Ripstein, Lois Sweet, Zack Taylor et Brian Walker. Je remercie Ric Kitowski, des Presses de l'Université Oxford, et mon éditrice, Sally Livingston, ainsi que mon agente, Bev Slopen.

Enfin, j'aimerais tout particulièrement remercier Sue Donaldson. Je n'aurais pu écrire ce livre n'eût été de son bon sens doublé d'esprit critique, de son appui indéfectible, de son intelligence et de son amour.

Loi sur le multiculturalisme canadien (extraits), 21 juillet 1998

Attendu :

que la Constitution du Canada dispose que la loi ne fait acception de personne et s'applique également à tous, que tous ont droit à la même protection et au même bénéfice de la loi, indépendamment de toute discrimination, que chacun a la liberté de conscience, de religion, de pensée, de croyance, d'opinion, d'expression, de réunion pacifique et d'association, et qu'elle garantit également aux personnes des deux sexes ce droit et ces libertés ;

qu'elle reconnaît l'importance de maintenir et de valoriser le patrimoine multiculturel des Canadiens ;

qu'elle reconnaît des droits aux peuples autochtones du Canada ;

qu'elle dispose, de même que la Loi sur les langues officielles, que le français et l'anglais sont les langues officielles du Canada et que ni l'une ni l'autre ne portent atteinte aux droits et privilèges des autres langues ;

que la Loi sur la citoyenneté dispose que tous les Canadiens, de naissance ou par choix, jouissent d'un statut égal, ont les mêmes droits, pouvoirs et avantages et sont assujettis aux mêmes devoirs, obligations et responsabilités ;

que la Loi canadienne sur les droits de la personne dispose que tous ont droit, dans la mesure compatible avec leurs devoirs et obligations au sein de la société, à l'égalité des chances d'épanouissement et que, pour assurer celle-ci, elle constitue la Commission canadienne des droits de la personne, laquelle est chargée de remédier à toute discrimination constituant une distinction fondée sur des motifs illicites tels que la race, l'origine nationale ou ethnique ou encore la couleur ;

que le Canada est partie, d'une part, à la Convention internationale sur l'élimination de toutes les formes de discrimination raciale, laquelle reconnaît que tous les hommes sont égaux devant la loi et ont droit à une égale protection de la loi contre toute discrimination et contre toute incitation à la discrimination et, d'autre part, au Pacte international relatif aux droits civils et politiques, lequel dispose que les personnes appartenant à une minorité ethnique, religieuse ou linguistique ne peuvent être privées du droit d'avoir leur propre vie culturelle, de professer et de pratiquer leur propre religion, ou d'employer leur propre langue ;

que le gouvernement fédéral reconnaît que la diversité de la population canadienne sur les plans de la race, de la nationalité d'origine, de l'origine ethnique, de la couleur et de la religion constitue une caractéristique fondamentale de la société canadienne et qu'il est voué à une politique du multiculturalisme destinée à préserver et valoriser le patrimoine multiculturel des Canadiens tout en s'employant à réaliser l'égalité de tous les Canadiens dans les secteurs économique, social, culturel et politique de la vie canadienne,

[…]

3. (1) La politique du gouvernement fédéral en matière de multiculturalisme consiste :

a) à reconnaître le fait que le multiculturalisme reflète la diversité culturelle et raciale de la société canadienne et se traduit par la liberté, pour tous ses membres, de maintenir, de valoriser et de partager leur patrimoine culturel, ainsi qu'à sensibiliser la population à ce fait ;

b) à reconnaître le fait que le multiculturalisme est une caractéristique fondamentale de l'identité et du patrimoine canadiens et constitue une ressource inestimable pour l'avenir du pays, ainsi qu'à sensibiliser la population à ce fait;

c) à promouvoir la participation entière et équitable des individus et des collectivités de toutes origines à l'évolution de la nation et au façonnement de tous les secteurs de la société, et à les aider à éliminer tout obstacle à une telle participation;

d) à reconnaître l'existence de collectivités dont les membres partagent la même origine et leur contribution à l'histoire du pays, et à favoriser leur développement;

e) à faire en sorte que la loi s'applique également et procure à tous la même protection, tout en faisant cas des particularités de chacun;

f) à encourager et aider les institutions sociales, culturelles, économiques et politiques canadiennes à prendre en compte le caractère multiculturel du Canada;

g) à promouvoir la compréhension entre individus et collectivités d'origines différentes et la créativité qui résulte des échanges entre eux;

h) à favoriser la reconnaissance et l'estime réciproque des diverses cultures du pays, ainsi qu'à promouvoir l'expression et les manifestations progressives de ces cultures dans la société canadienne;

i) parallèlement à l'affirmation du statut des langues officielles et à l'élargissement de leur usage, à maintenir et valoriser celui des autres langues;

j) à promouvoir le multiculturalisme en harmonie avec les engagements nationaux pris à l'égard des deux langues officielles.

Institutions fédérales

(2) En outre, cette politique impose aux institutions fédérales l'obligation de:

a) faire en sorte que les Canadiens de toutes origines aient des chances égales d'emploi et d'avancement;

b)	promouvoir des politiques, programmes et actions de nature à favoriser la contribution des individus et des collectivités de toutes origines à l'évolution du pays;

c)	promouvoir des politiques, programmes et actions permettant au public de mieux comprendre et de respecter la diversité des membres de la société canadienne;

d)	recueillir des données statistiques permettant l'élaboration de politiques, de programmes et d'actions tenant dûment compte de la réalité multiculturelle du pays;

e)	mettre à contribution, lorsqu'il convient, les connaissances linguistiques et culturelles d'individus de toutes origines;

f)	généralement, conduire leurs activités en tenant dûment compte de la réalité multiculturelle du Canada.

Notes

INTRODUCTION

1. Leslie Laczko, « Canada's Pluralism in Comparative Perspective », *Ethnic and Racial Studies*, vol. 17, n° 1, 1994, p. 20-41.
2. Wayne A. Cornelius, Philip L. Martin et James F. Hollifield (dir.), *Controlling Immigration : A Global Perspective*, Stanford, Stanford University Press, 1995, p. 14.
3. Voir Ted Gurr, *Minorities at Risk : A Global View of Ethnopolitical Conflict*, Washington, Institute of Peace Press, 1993 ; aussi Jeff Spinner, *The Boundaries of Citizenship : Race, Ethnicity and Nationality in the Liberal State*, Baltimore, Johns Hopkins University Press, 1994 ; et enfin Michael Walzer, *On Toleration*, New Haven, Yale University Press, 1997.

CHAPITRE 1 • DISSIPER LA CONFUSION

1. Déclaration de Pierre Elliott Trudeau dans *Les débats de la Chambre des communes*, 8 octobre 1971, p. 8545 et 8546.
2. Freda Hawkins, *Critical Years in Immigration : Canada and Australia Compared*, Montréal, McGill-Queen's University Press, 1989, p. 221.
3. *Le Marché aux illusions : la méprise du multiculturalisme*, Montréal-Paris, Boréal-Liber, 1994 ; Richard Gwyn, *Nationalism Without Walls : The Unbearable Lightness of Being Canadian*, Toronto, McClelland and Stewart, 1995, 304 p.
4. Les passages cités ici se trouvent aux pages 111, 122, 123 et 145.
5. Schlesinger, *L'Amérique balkanisée, une société multiculturelle désunie*, Paris, Économica, 1999. Selon cette analyse, les États-Unis connaissent actuellement une

« fragmentation de la communauté nationale en un archipel agité d'enclaves, de ghettos, de tribus… incitant à l'apartheid culturel et exaltant celui-ci ». Bissoondath prétend que le même processus est en cours au Canada.

6. Les passages cités dans ce paragraphe se trouvent aux pages 274, 8 et 234 de *Nationalism Without Walls*.

7. Robert Fulford, « Do Canadians want ethnic heritage freeze-dried? », *The Globe and Mail*, 17 février 1997.

8. Citoyenneté et Immigration Canada, *Statistiques sur la citoyenneté et l'immigration*, Ottawa, ministère des Approvisionnements et Services, 1997, table G2 et table 1.

9. Entre les citoyens et les résidents permanents, il ne demeure que des différences relatives (a) aux droits linguistiques des minorités ; (b) à la protection contre la déportation et (c) à l'accès à certains postes administratifs clés, qui sont tous sans intérêt pour la plupart des immigrants.

10. La durée moyenne de résidence avant la naturalisation est de 7,61 années. Les immigrants originaires du Royaume-Uni prennent le plus de temps (13,95 années). Les moyennes sont toutes inférieures à cinq années pour ceux en provenance de Chine, du Viêt-Nam et des Philippines. Greffier de la citoyenneté canadienne, Citoyenneté et Immigration Canada, 1992. En 1971, seuls 5 % des Américains admissibles à la citoyenneté au Canada avaient choisi de la demander. Voir Karol Krotki et Colin Reid, « Demography of Canadian Population by Ethnic Group », dans J. W. Berry et Jean Laponce (dir.), *Ethnicity and Culture in Canada : The Research Landscape*, Toronto, University of Toronto Press, 1994, p. 26.

11. Pour en savoir davantage sur la participation des groupes ethnoculturels à la politique canadienne, voir les trois études suivantes : Kathy Megyery, *Ethnocultural Groups and Visible Minorities in Canadian Politics : The Question of Access*, vol. 7 de « Research Studies of the Royal Commission on Electoral Reform and Party Financing », Ottawa, Dundurn Press, 1991 ; Jean Laponce, « Ethnicity and Voting Studies in Canada : Primary and Secondary Sources 1970-1991 », dans Berry et Laponce (dir.), *Ethnicity and Culture*, p. 179-202 ; Jerome Black et Aleem Lakhani, « Ethnoracial Diversity in the House of Commons : An Analysis of Numerical Representation in the 35th Parliament », *Canadian Ethnic Studies/Études ethniques au Canada*, vol. 29, n° 1, novembre 1997, p. 13-33.

12. Daiva Stasiulus et Yasmeen Abu-Laban, « The House the Parties Built : (Re)constructing Ethnic Representation in Canadian Politics », dans Megyry, *Ethnocultural Groups*, p. 14 ; voir Alain Pelletier, « Politics and Ethnicity : Representation of Ethnic and Visible-Minority Groups in the House of Commons », dans *ibid.*, p. 129-130.

13. Geoffrey Martin, « The COR Party of New Brunswick as an 'Ethnic Party' », *Canadian Review of Studies in Nationalism/Revue canadienne des études sur le nationalisme*, vol. 23, n° 1, 1996, p. 1-8.

14. Pour des données sur l'assimilation rapide des valeurs démocratiques libérales par les immigrants, voir James Frideres, « Edging into the Mainstream : Immigrant Adults and Their Children », dans S. Isajiw (dir.) *Multiculturalism in North America and Europe : Comparative Perspectives on Interethnic Relations and Social Incorporation in Europe and North America*, Toronto, Canadian Scholars' Press, 1997 ; Jerome Black, « The Practice of Politics in Two Settings : Political Transferability Among Recent

Immigrants to Canada », *Canadian Journal of Political Science/Revue canadienne de science politique*, vol. 20, n° 4, 1987, p. 731-753. Des travaux montrent que des étudiants nés à l'extérieur du Canada, comme des étudiants dont l'anglais n'était pas la première langue parlée à la maison, connaissent leurs droits et y tiennent autant que leurs compatriotes anglophones nés au Canada. Voir, par exemple, Charles Ungerleider, « Schooling, Identity and Democracy : Issues in the Social-Psychology of Canadian Classrooms », dans R. Short *et al.* (dir.), *Educational Psychology : Canadian Perspectives*, Toronto, Copp Clark, 1991, p. 204-205.

15. Hawkins, *Critical Years*, p. 279.

16. Environ 63 % des immigrants n'ont ni l'anglais ni le français comme langue maternelle. Pourtant, seulement 309 000 résidents au recensement de 1991 ne pouvaient parler ni l'une ni l'autre des langues officielles. La plupart de ceux-là étaient assez âgés (166 000 avaient plus de 55 ans). Voir Brian Harrison, « Non Parlo né inglese, né francese », Statistique Canada, Census of Canada Short Article Series, n° 5, septembre 1993.

17. Derrick Thomas, « The Social Integration of Immigrants », dans *The Immigration Dilemma*, sous la direction de Steven Globerman, Vancouver, Fraser Institute, 1992, p. 224.

18. Susan Donaldson, « Un-LINC-ing Language and Integration : Future Directions for Federal Settlement Policy », mémoire de maîtrise, département de Linguistique et des Études linguistiques appliquées, université Carleton, 1995.

19. Morton Weinfeld, « Ethnic Assimilation and the Retention of Ethnic Cultures », dans Berry et Laponce (dir.), *Ethnicity and Culture*, p. 244-245.

20. Jeffrey Reitz et Raymond Breton, *The Illusion of Difference : Realities of Ethnicity in Canada and the United States*, Toronto, C.D. Howe Institute, 1994, p. 80 ; Leo Driedger, *Multi-Ethnic Canada : Identities and Inequalities*, Toronto, Oxford University Press, 1996, p. 277.

21. Driedger, *Multi-Ethnic Canada*, p. 263

22. John Mercer, « Asian Migrants and Residential Location in Canada », *New Community*, vol. 15, n° 2, 1989, p. 198.

23. Thomas, « Social Integration », p. 240 et 247.

24. Orest Kruhlak, « Multiculturalism : Myth versus Reality », article non encore publié et rédigé pour le projet de l'Institut de recherche sur les politiques publiques, « Making Canada Work : Towards a New Concept of Citizenship », 1991, p. 10.

25. Par exemple, le taux de naturalisation des immigrants qui sont arrivés aux États-Unis en 1977 a été de 37 %. Le taux comparable au Canada se situe entre 70 % et 80 % et s'avère plus élevé chez certains groupes multiculturels (95 % des réfugiés vietnamiens sont devenus des citoyens). Pour une étude comparative des politiques et des tendances en matière de naturalisation, voir Dilek Cinar, « From Aliens to Citizens : A Comparative Analysis of Rules of Transition » dans Rainer Baubock, Aldershot, Avebury (dir.), *From Aliens to Citizens : Redefining the Legal Status of Immigrants*, 1994, p. 65. Concernant les *boat people* vietnamiens au Canada, voir Frideres, « Edging into the Mainstream ».

26. Krotki et Reid, « Demography », p. 40.

27. Reitz et Breton, *The Illusion of Difference*, p. 80- 81.

28. *Ibid.*, p. 60.
29. Voir Cinar, « From Aliens to Citizens », p. 65 ; Stephen Castles et Mark Miller, *The Age of Migration : International Population Movements in the Modern World*, London, Macmillan, 1993, p. 220-221 ; Sarah Wayland, « Religious Expression in Public Schools : Kirpans in Canada, Hijab in France », *Ethnic and Racial Studies*, vol. 20, n° 3, 1997, p. 545-561.
30. Angus Reid, *Canada and the World : An International Perspective on Canada and Canadians*. Les résultats du sondage sont accessibles sur le site Web de la firme Angus Reid, www.angusreid.com. Sur cette question, l'Australie est arrivée en deuxième place, 71 % des répondants estimant que les groupes ethniques s'entendent bien en Australie.
31. Comme Freda Hawkins le fait remarquer, la politique de multiculturalisme a été adoptée au cours des années 1970 dans les deux pays, « pour les mêmes raisons et avec les mêmes objectifs » (*Critical Years*, p. 214). Et sur ce plan, depuis les années 1970, ils ont évolué dans le même sens, c'est-à-dire en mettant d'abord l'accent sur le maintien de la culture pour ensuite insister sur les questions de participation publique et d'harmonisation institutionnelle des différences. Pour une comparaison détaillée de l'origine de ces politiques, voir Hawkins, « Multiculturalism in Two Countries : The Canadian and Australian Experience », *Review of Canadian Studies*, vol. 17, n° 1, 1982, p. 64-80. Pour un exposé plus récent sur ces questions, voir James Jupp, *Explaining Australian Multiculturalism*, Canberra, Centre for Immigration and Multicultural Studies, Australian National University, 1996, et Stephen Castles, « Multicultural Citizenship in Australia », dans Veit Bader (dir.), *Citizenship and Exclusion*, Londres, St. Martin's Press, 1997.
32. De même, Fulford prétend que la politique de multiculturalisme condamne les mariages et les amitiés interethniques. Voir « Do Canadians want ethnic heritage freeze-dried ? ».

CHAPITRE 2 • PRENDRE DU RECUL FACE AU MULTICULTURALISME

1. Pour une expression caractéristique de ce contraste, voir Michael Ignatieff, *Blood and Belonging : Journeys into the New Nationalism*, New York, Farrar, Straus and Giroux, 1993.
2. Michael Walzer, « Comment », dans Amy Gutmann (dir.), *Multiculturalism and the « Politics of Recognition »*, Princeton, Princeton University Press, 1992, p. 100-101. Voir aussi Walzer, *What It Means to Be an American*, New York, Marsilio, 1992, p. 9.
3. Preston Manning, *The New Canada*, Toronto, Macmillan, 1991, p. 317.
4. Gwyn, *Nationalism Without Walls*, Toronto, McClelland and Stewart, 1995, p. 273.
5. Gerald Johnson, *Our English Heritage*, Westport (Connecticut), Greenwood Press, 1973, p. 119.
6. Sur le caractère généralisé de ce processus partout dans le monde, voir Ernest Gellner, *Nations and Nationalism*, Oxford, Blackwell, 1983 ; Benedict Anderson, *Imagined Communities : Reflections on the Origin and Spread of Nationalism*, Londres, New Left Books, 1983.
7. Charles Taylor, « Nationalism and Modernity », dans J. McMahan et R. McKim (dir.), *The Morality of Nationalism*, New York, Oxford University Press, 1997, p. 34.

8. Pour une présentation favorable des raisons pour lesquelles Lord Durham recommanda l'assimilation des francophones, voir Janet Ajzenstat, *The Political Thought of Lord Durham*, Kingston, McGill-Queen's University Press, 1988. Rappelons que Durham avait l'espoir qu'une telle assimilation procurerait aux Canadiens français une plus grande liberté et une égalité réelle.

9. Walker Connor, « The Politics of Ethnonationalism », *Journal of International Affairs*, vol. 27, n° 1, 1973, p. 20. Voir aussi Ted Gurr, *Minorities at Risk : A Global View of Ethnocultural Conflict*, Washington, Institute of Peace Press, 1993.

10. E. Weber, *Peasants into Frenchmen : The Modernization of Rural France 1870-1914*, Londres, Chatto and Windus, 1976.

11. L'ancienne loi sur l'affichage, connue sous le nom de loi 101, prohibait l'usage de langues autres que le français sur les affiches de la plupart des établissements commerciaux au Québec. Cette mesure législative excessive a été jugée non conforme par les tribunaux tant provinciaux que fédéraux, aux dispositions de la Charte des droits de la personne du Québec et a depuis été remplacée par une nouvelle loi plus modérée. Cette nouvelle loi rend obligatoire l'usage du français sur la plupart des affiches commerciales, mais autorise la présence d'autres langues aux côtés du français.

12. Évidemment, cela ne s'applique pas aux réfugiés. On ne peut pas dire que les gens qui quittent leur terre d'origine pour fuir la persécution ont choisi d'immigrer. Bien que leurs raisons personnelles diffèrent de celles des immigrants, les circonstances objectives dans lesquelles ils se trouvent à l'intérieur du Canada sont similaires, pour ce qui est de la possibilité de réaliser l'édification de la nation. En effet, comme les immigrants, ils arrivent seuls ou en famille. Ils ne disposent donc pas de cette concentration territoriale ou des institutions communes essentielles à toute mobilisation nationaliste.

13. Si, par exemple, le gouvernement allemand continuait à empêcher les résidents permanents turcs (ainsi que leurs enfants et leurs petits-enfants) d'obtenir la citoyenneté allemande, on pourrait s'attendre à ce que les Turcs fassent pression pour acquérir une forme d'autonomie gouvernementale. Ainsi, ils pourraient créer et perpétuer une société séparée et autonome en marge de la société allemande, laquelle leur interdit de s'y intégrer. Mais ce n'est pas là l'option privilégiée par les Turcs qui, comme les immigrants dans d'autres démocraties libérales, souhaitent plutôt devenir des membres de la société allemande traités sur un pied d'égalité avec les autres.

14. Gwyn, *Nationalism*, p. 156.

CHAPITRE 3 • REDÉFINIR LES CONDITIONS D'INTÉGRATION

1. Kenneth McRoberts, *Un pays à refaire. L'échec des politiques constitutionnelles canadiennes*, Montréal, Boréal, 1999, chap. 5.

2. Pour un tour d'horizon du multiculturalisme « dans la pratique », voir Augie Fleras et Jean Elliot, *Unequal Relations : An Introduction to Race, Ethnic and Aboriginal Dynamics in Canada*, 2ᵉ édition, Scarborough, Prentice Hall, 1996, le chapitre 11. Les auteurs y présentent certains exemples concrets de multiculturalisme dans les sphères suivantes : les fêtes religieuses, les services de police, les médias et l'école.

3. En vertu du droit familial musulman, un mari peut unilatéralement divorcer de sa femme, sans motif ni procédure formelle, simplement en prononçant les mots « je divorce » trois fois. C'est ce qu'on désigne sous le terme de « divorce talaq », c'est-à-dire un divorce unilatéral et prononcé verbalement. Dans les pays où un tel divorce est autorisé par la loi, comme en Inde, les conséquences peuvent être dramatiques pour les femmes, surtout lorsque s'y ajoutent d'autres dispositions du droit familial musulman comme le partage inégal des biens après un divorce. Voir à ce sujet l'analyse de la célèbre affaire Shahbano parue dans Zakia Pattrak et Rajeswai Rajan, « Shahbano », *Signs : Journal of Women in Culture and Society*, vol. 14, n° 3, 1989, p. 558-582.

4. La non-reconnaissance du rôle des institutions communes est relevée par Ian Angus, *A Border Within : National Identity, Cultural Plurality and Wilderness*, Montréal, McGill-Queen's University Press, 1997, p. 164-165.

5. Pour une vue d'ensemble de l'évolution de la politique de multiculturalisme, voir Fleras et Elliot, *Unequal Relations*, p. 330 à 335. Même au début des années 1970, la politique avait pour objectif principal de promouvoir non pas la culture folklorique, mais plutôt des analyses fouillées sur la diversité ethnique canadienne et sur les rapports interethniques au Canada.

6. Bissoondath, *Le Marché aux illusions : la méprise du multiculturalisme*, Montréal-Paris, Boréal-Liber, 1994, p. 94-95 et 100-102.

7. De nombreux musulmans aux États-Unis furent tout naturellement ravis lorsque le président Clinton, pour la première fois dans l'histoire américaine, invita un dignitaire religieux musulman à célébrer le ramadan à la Maison-Blanche et déclara que l'islam était une religion américaine.

8. Shelagh Day et Gwen Brodsky, « The Duty to Accommodate », *Canadian Bar Review*, vol. 75, 1996, p. 433-473.

9. Voir Sue Donaldson, « Un-LINC-ing Language and Integration : Future Directions for Federal Settlement Policy », mémoire de maîtrise, département de linguistique et d'études linguistiques appliquées, université Carleton, 1995. Voir aussi Barbara Burnaby, « Official Language Training for Adult Immigrants in Canada : Features and Issues », dans B. Burnaby et A. Cumming (dir.), *Socio-Political Aspects of ESL*, Toronto, Ontario Institute for Studies in Education, 1992. Voir aussi, dans le même ouvrage, les articles de Giltrow et Colhoun (sur les immigrants mayas), de Klassen (sur les immigrants latino-américains) et de Cumming et Gill (sur les immigrants de l'Inde), lesquels analysent les obstacles à l'apprentissage de l'anglais langue seconde qu'affrontent de nombreux groupes d'immigrants. Pour des études connexes, voir J.S. Frideres, « Visible Minority Groups and Second-Language Programs : Language Adaptation », *International Journal of the Sociology of Language*, vol. 80, 1989, p. 83 à 98.

10. Jim Cummins, « Heritage Language Learning and Teaching », dans J.W. Berry et Jean Laponce (dir.), *Ethnicity and Culture in Canada : The Research Landscape*, Toronto, University of Toronto Press, 1994, p. 452. Voir aussi David Corson, « Towards a Comprehensive Language Policy : The Language of School as a Second Language », *Education Canada*, été 1995, p. 48-60.

11. Voir le chapitre 1, note 14.

12. Voir Angus, *Border Within*, p. 166.

13. Gwyn, *Nationalism Without Walls*, p. 202. Il écrit que, par conséquent, « la culture canadienne-anglaise sera de plus en plus une culture de l'arrière-pays, du monde agricole, des petites bourgades et des villes » (p. 117).

14. Pour des données concernant cette évolution, voir le Conseil ethnoculturel du Canada, *Canada for All Canadians*, mémoire présenté au Comité mixte spécial du Sénat et de la Chambre des communes sur le renouvellement du Canada, Ottawa, Conseil ethnoculturel du Canada, 1992, 12 p.

15. C. McAll, *Class, Ethnicity and Social Inequality*, Montréal, McGill-Queen's University Press, 1990, p. 169.

16. Jean Burnet, « Multiculturalism, Immigration, and Racism », *Canadian Ethnic Studies/Études ethniques au Canada*, vol. 7, n° 1, 1975, p. 36.

CHAPITRE 4 • LES LIMITES DE LA TOLÉRANCE

1. Bissoondath, *Le Marché aux illusions*, p. 150-151.

2. Gwyn, *Nationalism Without Walls*, p. 189.

3. John Rawls, *A Theory of Justice*, Londres, Oxford University Press, 1971, p. 13.

4. Voir mon texte intitulé « Minority Group Rights : The Good, the Bad and the Intolerable », *Dissent*, vol. 43, n° 3, été 1996, p. 22 à 30.

5. Il faut toutefois noter que les groupes d'immigrants provenant de pays où l'excision est pratiquée n'ont pas réclamé le droit de maintenir cette pratique en sol canadien. En fait, lorsque le gouvernement fédéral a consulté ces groupes en 1995, il y eut un « consentement unanime » pour l'abandon de cette pratique au Canada, consensus préparé par des campagnes d'information et de sensibilisation. Voir Lula Hussein *et al.*, *La Mutilation des organes génitaux féminins. Rapport sur les consultations tenues à Ottawa et Montréal*, Ottawa, ministère de la Justice du Canada, Recherches et statistiques, WD1995-8f, 1995. Le cas le plus éloquent d'un groupe d'immigrants cherchant à imposer des contraintes internes est celui d'une requête présentée par une petite organisation musulmane dans la foulée de l'affaire Rushdie. Elle réclamait le droit de se soustraire à l'appareil judiciaire canadien afin de pouvoir appliquer le droit musulmane. Ce cas est fréquemment cité (par Bissoondath, *op. cit*, p. 151) mais il fut en fait extrêmement marginal, l'organisation en question n'ayant reçu aucun appui de quelque groupe ethnoculturel d'importance. Et la demande fut rapidement abandonnée.

6. Yasmeen Abu-Laban et Daiva Stasiulus, « Ethnic Pluralism under Siege : Popular and Partisan Opposition to Multiculturalism », *Canadian Public Policy/Analyse de politiques*, vol. 18, n° 4, 1992, p. 379.

7. Gwyn, *Nationalism*, p.197.

8. Bissoondath, *Le Marché aux illusions*, p. 151.

9. *Ibid.*, p. 150-151.

10. *What is Multiculturalism ?*, Canberra, Department of the Prime Minister, Office of Multicultural Affairs, avril 1995.

11. Pour un exposé précis de ces trois principes et de la notion de contrat moral plus spécifiquement, voir *Au Québec pour bâtir ensemble. Énoncé de politique en matière*

d'immigration et d'intégration, Québec, ministère des Communautés culturelles et de l'Immigration du Québec, 1990.

12. Bissoondath, p. 207.

13. Gwyn, p. 183-184.

14. Pour une comparaison entre la politique d'intégration des immigrants du Québec et celle du Canada, voir Linda Pietrantonio, Danielle Juteau et Marie McAndrew, « Canadian-Style Multiculturalism and Quebec-Style Integration : Similarities and Differences », *Profile,* vol. 5, n° 1, 1997. Comme les auteures le disent, la tendance habituelle à considérer que ces deux approches sont opposées « participe d'un faux débat » (p. 12). Bissoondath semble le reconnaître à un certain moment. Il concède que le « Québec a simplement énoncé juridiquement ce qui se faisait implicitement dans le reste du pays : si un hispanophone arrive à Toronto, il aura nécessairement — pour participer à la vie de la société — à utiliser l'anglais le reste de sa vie » (p. 208). Notons que, dans la politique fédérale, l'apprentissage d'une langue officielle n'est pas seulement une exigence implicite. C'est bel et bien une obligation juridique qui apparaît dans les lois sur la citoyenneté, sur l'enseignement, sur l'accès aux programmes de formation gouvernementaux, etc. Les deux politiques, québécoise et fédérale, comportent une obligation juridique relative à l'intégration sur les plans linguistique et institutionnel. Il n'y a qu'au Québec que cette obligation est constamment mise en relief par les dirigeants politiques et par ceux qui s'engagent dans un débat public sur ces questions.

15. Gwyn, p. 189.

16. Cela transparaît clairement, par exemple, dans la réponse de Sheila Finestone au livre de Bissoondath. Une des idées sous-jacentes à cette réponse est qu'un bon Canadien ne remet jamais en question la politique de multiculturalisme.

17. Tariq Modood, « Establishment, Multiculturalism, and British Citizenship », *Political Quarterly,* vol. 65, n° 1, 1994, p. 64. Voir aussi Freda Hawkins, *Critical Years in Immigration : Canada and Australia Compared,* Montréal, McGill-Queen's University Press, 1989, p. 217.

CHAPITRE 5 • LES RAPPORTS INTERRACIAUX À UN CARREFOUR

1. J'utiliserai les expressions « minorités raciales » et « minorités visibles » de façon interchangeable pour désigner les groupes non blancs et non autochtones, incluant les noirs, les Chinois, les Coréens, les Philippins, les Indiens, les Pakistanais, les Moyen-Orientaux et les Arabes, les gens originaires de l'Asie du sud-est, d'Amérique latine et des Îles du Pacifique.

2. Kenneth Karst, « Paths to Belonging : The Constitution and Cultural Identity », *North Carolina Law Review,* vol. 64, 1986, p. 325.

3. William Julius Wilson, *The Declining Significance of Race,* Chicago, University of Chicago Press, 1978.

4. Edward Sagarin et Robert Kelly, « Polylingualism in the United States of America : A Multitude of Tongues Amid a Monolingual Majority », dans William Beer et James

Jacob (dir.), *Language Policy and National Unity*, Totowa, Rowman and Allanheld, 1985, p. 26-27.

5. Adeno Addis, « "Hell Man, They Did Invent Us" : The Mass Media, Law and African Americans », *Buffalo Law Review*, vol. 41, 1993.

6. John Ogbu, « Diversity and Equity in Public Education : Community Forces and Minority School Adjustment and Performance », dans R. Haskins et D. MacRae (dir.), *Policies for America's Public Schools : Teachers, Equity and Indicators*, Norwood (NJ), Ablex Publishers, 1988, p. 164-165.

7. Nathan Glazer, *Ethnic Dilemmas : 1964-1982*, Cambridge, Harvard University Press, 1983, p. 184 et 284. Dans son dernier livre, Glazer reconnaît que sa thèse selon laquelle les noirs pourraient adopter le modèle d'intégration des immigrants était erronée. Il accepte maintenant que des mesures centrées sur les noirs sont nécessaires pour l'amélioration de leur situation. Voir Glazer, *We Are All Multiculturalists Now*, Cambridge, Harvard University Press, 1997.

8. Michael Walzer, « Pluralism in Political Perspective », dans Will Kymlicka (dir.), *The Rights of Minority Cultures*, Oxford, Oxford University Press, 1995, p. 153-154.

9. Cecil Foster, *A Place Called Heaven : The Meaning of Being Black in Canada*, Toronto, HarperCollins 1996, p. 318-319 ; Frances Henry, *The Caribbean Diaspora in Toronto : Learning to Live with Racism*, Toronto, University of Toronto Press, 1994, p. 18.

10. Dorothy Williams, *Les Noirs à Montréal, 1628-1986. Essai de démographie urbaine*, Montréal, VLB, 1998, p. 23-30 et 36-37.

11. *Ibid.*, p. 75-76.

12. *Ibid.*, p. 125-127. Sur le fait que les immigrants originaires des Antilles ont détourné vers eux l'attention accordée aux questions raciales au Canada, voir Foster, *A Place*, p. 25-26.

13. Williams, *Les Noirs à Montréal*, p. 75.

14. Voir Adrienne Shadd, « Where are you Really From ? Notes of an "Immigrant" from North Buxton, Ontario », dans Carl James et Adrienne Shadd (dir.), *Talking about Difference : Encounters in Culture, Language and Identity*, Toronto, Between the Lines Press, 1994, p. 14.

15. Augie Fleras et Jean Elliot, *Unequal Relations : An Introduction to Race, Ethnic and Aboriginal Dynamics in Canada*, 2ᵉ édition, Scarborough, Prentice Hall, 1996, p. 105.

16. Peter Rose, « Asian Americans : From Pariahs to Paragons » dans James S. Frideres (dir.), *Multiculturalism and Intergroup Relations*, New York, Greenwood Press, 1989, p. 107-122.

17. Stephen Lewis, *Report on Race Relations in Ontario*, Toronto, Office of the Premier, 1992, p. 2.

18. Voir Henry, *The Caribbean Diaspora*, chapitre 5.

19. Voir *ibid.*, p. 219-222 ; Foster, *A Place*, p. 189 ; Augie Fleras, « Media and Minorities in a Post-Multicultural Society », dans J.W. Berry et Jean Laponce (dir.), *Ethnicity and Culture in Canada : The Research Landscape*, Toronto, University of Toronto Press, 1994, p. 267-292.

20. Pour une analyse du phénomène de « deux poids deux mesures » quant aux peines d'emprisonnement, voir « Interim Report of the Commission on Systemic Racism in the Ontario Criminal Justice System », *Racism Behind Bars : The Treatment of Black*

and Other Racial Minority Prisoners in Ontario Prisons, Toronto, 1995, p. 48-49. Sur le même phénomène dans le système scolaire, voir le rapport du Conseil scolaire de Toronto rendu public en 1988, *Education of Black Students in Toronto : Final Report of the Consultative Committee*, p. 33 et annexes E, p. 4.

21. R. Breton *et al.*, *Ethnic Identity and Equality : Varieties of Experience in a Canadian City*, Toronto, University of Toronto Press, 1990, p. 199-201.

22. Pour d'intéressants exemples, voir Henry Codjoe, « Black Nationalists Beware ! You Could Be Called a Racist for Being 'Too Black and African' », dans James et Shadd (dir.), *Talking about Difference*, p. 235.

23. Voir Shadd, « Where Are You Really From ? », p. 11 ; Williams, *Les Noirs à Montréal*, p. 4.

24. Sur le « racisme subliminal » au Canada et en quoi il diffère du racisme « red-necked » et du racisme poli, voir Fleras et Elliot, *Unequal Relations*, p. 71-78. Ces auteurs considèrent le racisme subliminal comme le reflet d'une contradiction entre les principes d'égalité sociale et de liberté individuelle. Cela me semble au fond assez inutile. D'après ce que je peux comprendre, le racisme de ce type découle plutôt d'une contradiction entre les croyances générales des gens en matière de liberté et d'égalité et leurs habitudes, leurs dispositions et leurs émotions plus spécifiques.

25. Pour une analyse de la façon dont le changement de statut des métis en Afrique du Sud est lié à un discours de « respectabilité » empreint de la notion de race, voir Jeremy Seekings et Courtney Jung, « That Time Was Apartheid : Now It's the New South Africa », dans Will Kymlicka et Ian Shapiro (dir.), *Ethnicity and Group Rights*, New York, New York University Press, 1997, p. 504-539.

26. J. W. Berry et R. Kalin, « Multicultural and Ethnic Attitudes in Canada », *Canadian Journal of Behavioural Studies*, vol. 27, 1995, p. 301-320. Voir aussi Leo Dreidger, *Multi-Ethnic Canada : Identities and Inequalities*, Toronto, Oxford University Press, 1996, p. 264.

27. Pour des données concernant les Afro-Américains, voir Ogbu, « Diversity and Equity », p. 164-165.

28. Patrick Solomon, « Academic Disengagement : Black Youth and the Sports Subculture from a Cross-National Perspective », dans Lorna Erwin et David MacLennan (dir.), *Sociology of Education in Canada*, Toronto, Copp Clark Longman, 1994, p. 191. En fait, comme le souligne Solomon, les données sur le taux de décrochage sous-évaluent ce problème, puisque de nombreux noirs restent à l'école seulement en raison des sports, sans cultiver aucun véritable intérêt pour la réussite scolaire (p. 189). Il affirme que les élèves immergés dans cette « sous-culture des sports » ont, dans les faits, décroché.

29. Andrew Hacker, *Two Nations : Black and White, Separate, Hostile and Unequal*, New York, Ballantine, 1992. Voir aussi Foster, *A Place*, p. 115.

30. Voir Henry, *The Caribbean Diaspora*, p. 144. Ailleurs, malheureusement, Henry se penche sur la « jeunesse noire » sans préciser si les tendances qu'il dégage des recherches concernent tant les noirs d'origine antillaise que les noirs nés au Canada.

31. Voir, par exemple, le rapport intitulé *Education of Black Students* qu'à publié le Conseil scolaire de Toronto.

32. Sur ce qui distingue les modèles canadien et américain d'écoles centrées sur les noirs, voir Foster, *A Place*, p. 130-134.

33. Voir le rapport *Education of Black Students* du Conseil scolaire de Toronto ; le chapitre 6 de Henry, *The Caribbean Diaspora* ; Lewis, Report on Race Relations, p. 20-21 ; Solomon, « Academic Disengagement » ; Keren Braithwaite, « The Black Student and the School : A Canadian Dilemma », dans Simeon Chilungu et Sada Niang (dir.), *African Continuities/L'Héritage africain*, Toronto, Terebi, 1989, p. 195-214 ; George Dei, « Reflections of an Anti-Racist Pedagogue », *Sociology of Education in Canada*, p. 290-310 ; et Dei, « (Re)Conceptualizing Black Studies in Canadian Schools », *Canadian and International Education*, vol. 24, n° 1, 1995, p. 1-19.

34. Je ne voudrais pas suggérer ici que le racisme est la seule cause, voire la cause principale, des difficultés qui affligent les jeunes adultes noirs originaires des Antilles. D'une part, certains de ceux qui ont les plus grandes difficultés (impliqués dans des activités criminelles, dans le commerce de la drogue, dans les guerres de gangs) sont d'immigration récente, et ont été scolarisés surtout en Jamaïque par l'intermédiaire de professeurs noirs et de programmes conçus par des éducateurs noirs. Il paraîtrait invraisemblable de prétendre que les quelque deux années pendant lesquelles ils sont allés à l'école au Canada expliquent entièrement ces résultats malheureux. Dans certains de ces cas, les causes de ces problèmes sont très probablement antérieures. Le seul reproche que l'on peut faire à l'endroit du système canadien, c'est que les écoles n'ont pas réussi à rescaper des personnes qui étaient déjà dans une situation difficile et risquaient donc d'échouer dans les marges de la société.

35. Pour une analyse de cette question, voir le rapport *Education of Black Students* du Conseil scolaire de Toronto, p. 33-34 et l'annexe E, p. 4-5.

36. Lewis, *Report on Race Relations*, p. 17.

37. Pour une analyse de cette question, Henry, *The Caribbean Diaspora*, voir chapitre 4.

38. Sur ce sujet, je suis d'accord avec Gwyn, *Nationalism*, p. 174-176.

39. Pour une évaluation de la portée de la discrimination positive pour les femmes au Canada, voir Pat et Hugh Armstrong, « Lessons from Pay Equity », *Studies in Political Economy*, vol. 22, 1990.

40. Voir le rapport *L'Égalité, ça presse !*, Comité spécial de la Chambre des communes sur les minorités visibles dans la société canadienne, Ottawa, Imprimeur de la Reine, 1984.

CHAPITRE 6 • LE MULTICULTURALISME PEUT-IL CONVENIR AUX GROUPES NON ETHNIQUES ?

1. Pour une présentation assez classique de cette mutation, voir Jean Cohen, « Strategy or Identity : New Theoretical Paradigms and Contemporary Social Movements », *Social Research*, vol. 54, n° 4, 1985, p. 663-716. Voir aussi, sous la direction de Enrique Larana, Hank Johnston et Joseph Gusfield, *New Social Movements : From Ideology to Identity*, Philadelphie, Temple University Press, 1994.

2. William Carroll, « Introduction : Social Movements and Counter-Hegemony in a Canadian Context », dans *Organizing Dissent : Contemporary Social Movements in Theory and Practice*, Toronto, Garamond Press, 1992, p. 7.

3. Dans le reste de ce chapitre, je me concentrerai principalement sur la communauté homosexuelle masculine, puisque la littérature à son sujet est plus abondante que sur

la communauté lesbienne. Les deux communautés ont des évolutions historiques et des problèmes qui s'apparentent, même si les communautés lesbiennes tendent à être de taille plus restreinte.

4. Michel Foucault, *Histoire de la sexualité*, tome 1 : *La Volonté de savoir*, Paris, Gallimard, 1976, p. 59 ; cité par Steven Epstein, « Gay Politics, Ethnic Identity : The Limits of Social Constructionism », dans Edward Stein (dir.), *Forms of Desire : Sexual Orientation and the Social Constructionist Controversy*, New York, Garland Publishing, 1990, p. 250. De même, Cathy Cohen note que « si on pensait autrefois que les actes de sodomie relevaient de comportements rares, ils ont été redéfinis en grande partie par la médecine professionnelle comme étant révélateurs de certaines tares inhérentes ou fondamentales dans le caractère d'une personne. D'ailleurs, tous ceux qui s'adonnaient à de tels actes étaient perçus comme un groupe en marge ou exclu de la société. » Cohen, « Straight Gay Politics : The Limits of an Ethnic Model of Inclusion », dans Will Kymlicka et Ian Shapiro (dir.), *Ethnicity and Group Rights*, New York, New York University Press, 1997 p. 584-585.

5. Comme Brian Walker l'écrit en parlant précisément de la communauté homosexuelle, « on crée une culture en fondant des institutions, qui à leur tour rendent possibles de nouvelles formes d'identité ». « Social Movements as Nationalisms », document non publié, Department of Government, Harvard University, 1995, p. 14.

6. Epstein, « Gay Politics, Ethnic Identity », p. 243 et 255. Comme Epstein le fait remarquer, cette acceptation des groupes en tant qu'acteurs légitimes dans le processus politique a eu l'effet paradoxal de conférer une certaine légitimité aux gays en tant que groupe, alors que les actes homosexuels étaient encore considérés comme criminels (p. 255).

7. *Ibid.*, p. 256.

8. Comme Stephen Murray le dit, sur la base des critères sociologiques habituels, les gays à Toronto constituent une « communauté » à l'égal des groupes ethniques. Par exemple, « plus de la moitié des membres actifs de la communauté gay vivent dans une zone représentant moins de deux pour cent du territoire du Toronto métropolitain. » Murray, « The Institutional Elaboration of a Quasi-Ethnic Community », *International Review of Modern Sociology*, vol. 9, 1979, p. 168. En fait, « dans la mesure où la communauté gay a réussi à créer de nouvelles ressources institutionnelles qui relient les individus à la communauté et donnent un sens à leur vie, les gays sont peut-être plus ethniques que les groupes ethniques d'antan ». Epstein, « Gay Politics, Ethnic Identity », p. 281.

9. Voir Stephen Murray, « Components of Gay Community in San Francisco », dans Gilbert Herdt (dir.), *Gay Culture in America : Essays from the Field*, Boston, Beacon Press, 1992, p. 125.

10. Hank Johnston prétend qu'un « lien de continuité avec le passé » est ce qui différencie la plupart des nouveaux mouvements sociaux des mouvement ethnonationalistes traditionnels. Johnston, « New Social Movements and Old Regional Nationalisms », dans Lanora *et al.* (dir.), *New Social Movements*, p. 282. Mais il comparait principalement les groupes ethniques avec les groupes pacifistes, les groupes écologistes ainsi que les groupes qui luttent contre la pauvreté. Les groupes gays, en revanche, sont

actuellement en train de forger ce sentiment de continuité historique. Sur l'édification d'une histoire gay, voir Walker, « Social Movements », p. 10.

11. Murray, « Components », p. 116-123.

12. « Introduction : Culture, History, and Life Course of Gay Men », dans Herdt (dir.), *Gay Culture in America*, p. 5.

13. Oliver Sacks, *Seeing Voices : A Journey into the World of the Deaf*, Ber Keley, University of California Press, 1989, p. xi.

14. La plupart des sourds au Canada utilisent l'American Sign Language (ASL), même s'il existe un langage par signes distinct au Québec (Langue des signes québécois) et que certaines personnes sourdes en Nouvelle-Écosse utilise non pas l'ASL, mais un langage par signes apparenté à celui des Britanniques, le British Sign Language. Voir Carol Padden and Tom Humphries, *Deaf in America : Voices from a Culture*, Cambridge, Harvard University Press, 1988, p. 3.

15. *Ibid.*, p. 2 ; voir aussi Sacks, p. xi.

16. Sacks, *Seeing Voices*, p. 26.

17. Comparez avec les propos de John Stuart Mill, caractéristiques des préjugés du XIXᵉ siècle contre les minorités nationales : « Personne ne peut soutenir qu'il n'est pas plus bénéfique à un Breton ou à un Basque du pays Basque français d'être immergé dans les idées et les sentiments d'un peuple hautement civilisé et cultivé — d'avoir la nationalité française, d'être traité à égalité avec tous les droits rattachés à la citoyenneté française... que de bouder sur ses rochers, vestige à demi sauvage de temps révolus, et graviter dans sa petite orbite mentale, sans participation ni intérêt dans le mouvement général du monde. La même remarque vaut pour les Gallois ou les Écossais en tant que membres de la nation britannique. » J.S. Mill, *Considerations on Representative Government* [1861], dans H.B. Acton (dir.), *Utilitarianism, On Liberty, Considerations on Representative Government*, Londres, J.M. Dent and Sons, 1972, p. 395. Mill s'opposa aussi aux efforts des Québécois de maintenir une société francophone distincte au Canada et se montra favorable à leur assimilation dans une culture anglaise plus civilisée. Voir Bhikhu Parekh, « Decolonizing Liberalism », dans Aleksandras Shtromas (dir.) *The End of « Isms »*? Oxford, Blackwell, 1994, p. 91.

18. Sacks, *Seeing Voices*, p. 25.

19. Padden et Humphries, *Deaf in America*, p. 2.

20. Concernant ces données, voir Sacks, *Seeing Voices*, et Padden et Humphries, *Deaf in America*.

21. Sacks, p. 127.

22. *Ibid.*, p.136-137.

23. Padden et Humphries, p. 44.

24. C'est ce qui se vérifie dans les différentes tendances au sein de l'Organisation nationale des sourds, si on la compare aux autres organisations qui se consacrent aux adultes ayant perdu l'usage de l'ouïe tard dans leur vie. Celle-là s'intéresse principalement aux progrès de la langue des signes et à l'image des sourds dans les médias, et elle travaille à mettre sur pied des services sociaux gérés par les sourds. Celles-ci, en revanche, s'intéressent surtout aux soins médicaux et aux appareils auditifs. Voir Padden et Humphries, p. 43.

25. Pour une définition d'une « enclave axée sur un mode de vie » (*lifestyle enclaves*), voir Robert Bellah et autres, *Habits of the Heart: Individualism and Commitment in American Life*, Berkeley, University of California Press, 1985, p. 72-75. Bellah estime que les gays ne représentent qu'une « enclave axée sur un mode de vie » et non une véritable communauté.

26. Murray, « Components », p. 114-116 ; voir Mark Blasius, « An Ethos of Lesbian and Gay Existence », *Political Theory*, vol. 20, n° 4, 1992, p. 655.

27. Walker, « Social Movements », p. 1.

28. Sur cette mutation, voir Jean Crête et Jacques Zylberberg, « Une problématique floue : l'autoreprésentation du citoyen au Québec », dans Dominique Colas, Claude Emeri, et Jacques Zylberberg (dir.), *Citoyenneté et Nationalité : perspectives en France et au Québec*, Paris, Presses Universitaires de France, 1991, p. 425-430 ; et Joseph Carens, « Immigration, Political Community, and the Transformation of Identity : Quebec's Immigration Policies in Critical Perspective », dans J. Carens (dir.), *Is Quebec Nationalism Just?* Montreal, McGill-Queen's University Press, 1995, p. 20-81.

29. Voir *Final Report*, vol. 2, p. 239. Pour une défense partielle de cette pratique, toutefois, voir Gerald Alfred, *Heeding the Voices of Our Ancestors*, Toronto, Oxford University Press, 1995, p. 163-175.

30. Walker, « Social Movements », p. 4 et 9.

31. Dennis Altman, « What Price Gay Nationalism? », dans Mark Thompson (dir.), *Gay Spirit : Myth and Meaning*, New York, St. Martin's, 1987, p. 18-19, cité dans Blasius, « An Ethos of Lesbian and Gay Existence », p. 668, note 12.

32. Epstein, « Gay Politics », p. 256, note 37. Comme Murray le fait remarquer, quatre pour cent seulement des gays de la communauté de San Francisco y ont vu le jour. Murray, « Components of Gay Community », p. 125.

33. Larry Kramer, *Reports from the Holocaust : The Making of an AIDS Activist*, New York, St. Martin's, 1989, p. 257, cité dans Blasius « An Ethos », p. 648. Kramer cite l'affirmation de Hannah Arendt : « La vérité crue est que les juifs devront combattre l'antisémitisme partout, ou alors ils seront partout exterminés. » On peut en dire autant des gays, affirme-t-il.

34. Blasius, « An Ethos », p. 647.

35. Epstein, « Gay Politics », p. 274-275.

36. Epstein, p. 277-279 et 282. C'est effectivement dans l'enfance que les membres des groupes d'immigrants développent le sentiment de leur identité ethnique, alors que l'identité gay se manifeste plus tard. Mais l'ethnicité des immigrants — particulièrement pour les deuxième et troisième générations — peut longtemps demeurer symbolique et dans un état de latence relative, jusqu'à ce que des circonstances particulières provoquent son réveil et les mobilisent. À cet égard, l'ethnicité immigrante s'apparente à l'ethnicité gay. Comme Epstein le dit, « si l'"ethnicité" doit servir ne serait-ce que comme analogie pour que l'on saisisse mieux l'identité collective des gays et lesbiennes, alors l'ethnicité ne doit être envisagée ni comme un trait absolument permanent, ni comme une étiquette que l'on peut porter et mettre de côté à volonté, ni comme une propriété présente dès la naissance, ni comme un club auquel on adhère mais bien comme un élément qui fait de chacun un être fondamentalement différent des autres, ni fondamentalement identique aux autres. C'est dans la

dialectique entre le choix et la contrainte, entre l'individu, le groupe et la société plus large que les "identités", les "identités ethniques" et les "identités gays et lesbiennes", apparaissent » (p. 281 et 285-286). De plus, l'importance croissante de la sexualité dans la définition des identités modernes signifie que l'identité gay, même si elle est « secondaire », est néanmoins particulièrement déterminante pour le respect de soi et l'autonomie personnelle (p. 269).

37. Cathy Cohen, « Straight Gay Politics : The Limits of an Ethnic Model of Inclusion », p. 603, se fondant sur deux études américaines effectuées en 1994 (p. 588).

38. *Ibid.*, p. 602-603.

39. Cohen et d'autres critiquent ce modèle ethnique parce qu'il pousse les dirigeants du groupe à imposer à ses membres une fausse homogénéité interne, négligeant ou excluant les membres du groupe qui peuvent ne pas sembler suffisamment « respectables » aux yeux de la société majoritaire. Cohen, p. 10-11 ; voir aussi Didi Herman, *Rights of Passage : Struggles for Lesbian and Gay Legal Equality,* Toronto, University of Toronto Press, 1994, p. 6 ; Epstein, « Gay Politics », p. 292.

40. Comme Murray le fait remarquer, il y a un mythe répandu selon lequel de nombreux gays ont « abandonné leur carrière pour déménager à San Francisco, acceptant n'importe quel emploi pour pouvoir y vivre », acceptant des emplois marginaux simplement pour être à proximité du « terrain de jeu sexuel ». Il n'y a toutefois aucune donnée qui étaie ce mythe. Murray, « Components », p. 128-134.

41. Blasius, « An Ethos », p. 647.

42. Pour une analyse des récentes tentatives qui visaient à inclure l'orientation sexuelle dans les programmes scolaires à Toronto, voir Helen Lenskyj, « Going Too Far ? Sexual Orientation(s) in the Sex Education Curriculum », dans Lorna Erwin et David MacLennan (dir.), *Sociology of Education in Canada,* Toronto, Copp Clark Longman, p. 278-289. Les gays estiment qu'il est très important de présenter la vie des gays sous un jour favorable à l'école, puisqu'il y a de solides données qui indiquent que les adolescents gays n'ayant personne à prendre en exemple sont plus susceptibles de se suicider. Malgré tout, selon Lenskyj, le premier plan de cours sur l'orientation sexuelle gay « s'accrochait à un schéma axé sur un modèle pathologique et un point de vue clinique. Il mettait un accent prononcé sur le suicide, les conflit familiaux, les pratiques sexuelles risquées, la promiscuité, la solitude, le fait de s'aliéner parents, famille et amis. Toutes précautions visant censément à prévenir les craintes des conservateurs qui pourraient croire qu'on présente à l'école un portrait trop attrayant des "modes de vie" gays et lesbiens » (p. 284). Comme Brian Walker le dit, les gays croient fermement qu'ils ont un « devoir de sauver » et de protéger les jeunes gays du suicide, ce qui explique pourquoi les « personnes gays ne peuvent considérer la culture gay comme relevant de la sphère privée et pourquoi il y de tels désaccords de principe entre elles et les groupes de droite, lesquels plaident pour bannir complètement des institutions collectives tout portrait favorable de la vie des gays », « Social Movements as Nationalisms », p. 15.

43. Voir Herman, *Rights of Passage,* p. 44 et 146, sur le besoin pour les gays au Canada de remettre en question les conceptions majoritaires des rôles sexuels et de la notion de « couple ». Voir aussi Epstein, « Gay Politics, Ethnic Identity », p. 252-253.

44. Sacks, *Seling Voices,* p. 128, note.

45. Padden et Humphries, *Deaf in America*, p. 113 ; voir aussi Sacks, p. 32, note. En ce sens, ce sont les sourds qui remettent le plus en question l'idée que seuls les groupes eth-noculturels peuvent prétendre former des « nations » et des « cultures de société ». Mais ils sont l'exception qui confirme la règle selon laquelle les cultures de société reposent sur une langue commune. En effet, ce qui a donné du sens à l'idée d'une cul-ture de société des sourds, c'est précisément qu'ils ont leur propre langue, laquelle les distingue du reste de la société.

46. Padden et Humphries évaluent à seulement « quelques centaines de milliers » le nombre de sourds dans toute l'Amérique du Nord (p. 5).

47. Sacks, p. 137.

48. Padden et Humphries, p. 116.

49. Sharon Stone et Joanne Doucette, « Organizing the Marginalized : The DisAbled Women's Network », dans Sue Findlay *et al.* (dir.), *Social Movements/Social Change : The Politics and Practice of Organizing*, Toronto, Between the Lines Press, 1988, p. 84.

50. J'ai tenté d'analyser certaines de ces méprises dans le débat aux États-Unis dans *La Citoyenneté multiculturelle. Une théorie du droit des minorités*, Montréal, Boréal, 2001, chap. 4.

CHAPITRE 7 • VERS UNE DÉMOCRATIE PLUS REPRÉSENTATIVE

1. Bien que des représentants autochtones aient pris part à certaines négociations cruciales de l'accord de Charlottetown, ils ont été exclus d'autres sessions importantes. De même, des représentantes de diverses associations de femmes furent incluses dans certaines délégations provinciales, mais pour quelques sessions seulement.

2. En effet, l'appartenance à « la classe moyenne est une condition quasi obligatoire pour qui veut briguer un poste important » (Raymond Wolfinger, cité dans Commission royale sur la réforme électorale et le financement des partis, *Pour une démocratie élec-torale renouvelée : rapport final*, Ottawa, Approvisionnement et services Canada, 1991). Les statistiques sont tirées du même ouvrage, et basées sur le recensement de 1986.

3. Pour des études plus récentes, voir Jerome H. Black et Aleem Lakhani, « Les députées de souche minoritaire dans la 35e législature », *Revue parlementaire canadienne*, vol. 20, no 11, 1997 et Daiva Stasiulus, « La participation des immigrants et des membres des communautés ethnoculturelles et des minorités visibles à la vie poli-tique canadienne », Deuxième conférence nationale Metropolis en immigration, Montréal, novembre 1997.

4. Ces options sont étudiées dans *Pour une démocratie électorale renouvelée*.

5. Voir Lisa Young, « Electoral Systems and Representative Legislatures : Consideration of Alternative Electoral Systems », Ottawa, Conseil consultatif canadien sur la situa-tion de la femme, 1994.

6. Voir *ibid*.

7. Pour une analyse plus approfondie de ces propositions, voir Will Kymlicka, « Group Representation in Canadian Politics », dans Leslie Seidle (dir.), *Equity and Community : The Charter, Interest Advocacy, and Representation*, Montréal, Institut de

recherche en politiques publiques, 1993, p. 61-89. La suite du présent chapitre s'inspire de cet article.

8. Voir Lisa Young, « Gender Equal Legislatures : Evaluating the Proposed Nunavut System », *Analyse de politiques*, vol 23, n° 3, 1997, p. 306-316.

9. *Pour une démocratie électorale renouvelée.*

10. Berverley Baines est d'avis que le principe visant à assurer une représentation des communautés d'intérêt devrait s'étendre jusqu'à inclure les femmes. À ce sujet, voir « "Consider Sir... On What Does Your Constitution Rest ?" Representational and Institutional Reform », *Conversations Among Friends : Proceedings of an Interdisciplinary Conference on Women and Constitutional Reform*, Edmonton, Centre for Constitutional Studies, Université de l'Alberta, 1992, p. 56.

11. *Pour une démocratie électorale renouvelée.*

12. Voir *ibid.* et Lani Guinier, « No Two Seats : The Elusive Quest for Political Equality », *Virginia Law Review*, vol. 78, n° 8, 1991, p. 1412-1514.

13. Judy Rebick et Shelagh Day, « A place at the table : the new Senate needs gender equality, minority representation », *Ottawa Citizen*, 11 septembre 1992, p. A 11.

14. Pour un résumé de la conférence et un aperçu du renversement de priorités qu'entraînèrent les demandes du Comité canadien d'action sur le statut de la femme, voir le *Rapport* du Comité mixte spécial sur le renouvellement du Canada, Ottawa, Approvisionnement et services, 1992.

15. Canada West Foundation, *Regional Representation : The Canadian Partnership*, Calgary, Canada West Foundation, 1981, p. 9.

16. Pour un compte rendu détaillé de cette notion de représentation, voir Hanna Pitkin, *The Concept of Representation*, Berkeley, University of California Press, 1967, chapitre 4.

17. Anne Phillips, « Dealing with Difference : A Politics of Ideas or a Politics of Presence », *Constellations*, vol. 1, n° 1, 1994, p. 76. Phillips elle-même ne partage pas ce point de vue.

18. *Id., The Politics of Presence*, Oxford, Oxford University Press, 1995, en particulier le chapitre 1.

19. Voir Chrisitine Boyle, « Home-Rule for Women : Power-Sharing Between Men and Women », *Dalhousie Law Journal*, vol. 7, 1983, p. 797-798.

20. Melissa Williams, Voice, *Trust, and Memory : Marginalized Groups and the Failings of Liberal Representation*, Princeton, Princeton University Press, 1998.

21. Hanna Pitkin, *The Concept of Representation*, p. 73. L'auteur cite Alfred DeGrazia.

22. Roger Gibbins, « Electoral Reform and Canada's Aboriginal Population : an assesment of Aboriginal Electoral Districts », dans Robert A. Milen (dir.), *Les Peuples autochtones et la réforme électorale au Canada*, Ottawa, Approvisionnement et services Canada, 1991. Pour une analyse approfondie de la pertinence du modèle maori dans le contexte canadien, voir Fleras « Aboriginal Electoral Districts for Canada : Lessons from New Zealand », dans *ibid.*

23. Berverley Baines, « "Consider Sir... On What Does Your Constitution Rest ?" Representational and Institutional Reform », p. 56.

24. Anne Phillips, « Democracy and Difference : Some Problems for Feminist Theory », *Political Quarterly*, vol. 63, n° 1, 1992, p. 85.

25. Pour une analyse plus approfondie de ce problème dans le contexte britannique, voir *ibid.*, p. 89.

26. Anne Phillips, « Dealing with Difference : A Politics of Ideas or a Politics of Presence », p. 7.

27. Iris Marion Young, « Polity and Group Difference : A Critique of the Ideal of Universal Citizenship », Ethics, vol. XCIX, n° 2, 1989, p. 257.

28. *Ibid.*, p. 259. Voir Iris Marion Young, *Justice and the Politics of Difference*, Princeton, Princeton University Press, 1990, p. 183-191.

29. La Cour suprême du Canada a reconnu que le principe « une personne, un vote » était susceptible de ne pas donner lieu à une « représentation effective » des minorités (*Circonscription électorales provinciales (Saskatchewan)* [1991] 2 R.C.S.).

30. Voir Christine Boyle, « Home-Rule for Women : Power-Sharing Between Men and Women », p. 791.

31. Cette représentation pourrait s'effectuer par la nomination d'un autochtone à l'un des sièges permanents de la Cour suprême, ou encore par la désignation d'un juge qui siégerait lors des causes touchant spécifiquement aux questions autochtones. C'est le modèle qu'utilise la Cour internationale de justice, qui permet aux pays impliqués dans un différend de nommer chacun un juge parmi ceux qui entendront la cause. Certains peuples autochtones ont laissé entendre qu'un tel modèle pourrait convenir à la représentation autochtone à la Cour suprême.

32. Cette simplification excessive s'explique en partie par ce phénomène : tandis que l'autonomie politique autochtone suppose le transfert de pouvoirs du gouvernement fédéral vers les communautés autochtones — qui se trouvent dès lors soustraites à la législation fédérale —, la relation de tutelle traditionnelle entre les peuples autochtones et le gouvernement fédéral octroie à celui-ci une plus grande autorité sur ces derniers que sur les autres Canadiens. En vertu de l'article 91(4) de l'Acte de l'Amérique du Nord britannique, qui lui donne le pouvoir exclusif de légiférer les questions touchant aux Indiens et à leurs territoires, le gouvernement fédéral dispense aux autochtones certains services que les autres Canadiens reçoivent plutôt de leur gouvernement provincial. Cette relation de tutelle particulière constitue un argument en faveur d'une plus grande représentation autochtone au Parlement, argument qui va à l'encontre de la présomption selon laquelle l'autonomie autochtone rendrait la représentation autochtone au Parlement moins nécessaire. (Voir *Pour une démocratie électorale renouvelée.*)

33. Comité mixte spécial sur le renouvellement du Canada, *Rapport*, Ottawa, Approvisionnement et services, 1992.

34. En effet, l'octroi du droit de vote aux individus disposant du statut d'Indien en 1960 fut essentiellement le fruit de pressions internationales ; les Indiens eux-mêmes voyaient dans cette accession au suffrage une menace à leur statut de nation autonome. Voir Alan Cairns, « Aboriginal Canadians, Citizenship and the Constitution » dans *Reconfigurations : Canadian Citizenship and Constitutional Change*, Toronto, McClelland and Stewart, 1995.

35. Les revendications fondées sur la pauvreté ou l'exclusion s'appliqueraient également aux autochtones urbains qui ne disposent pas du statut d'Indien, lesquels n'ont pas de pouvoirs signifiants en matière d'autonomie politique, tandis que les

revendications basées sur l'autonomie politique s'appliqueraient de manière plus évidente aux autochtones vivant dans des réserves et disposant du statut d'Indien. Voir l'analyse présentée dans Roger Gibbins, « Electoral Reform and Canada's Aboriginal Population », p. 181-182. Gibbins est d'avis que les autochtones vivant à l'extérieur des réserves devraient être représentés au Parlement par le biais de districts électoraux autochtones, tandis que ceux habitant dans des réserves autonomes devraient être représentés à Ottawa par des délégués issus des gouvernements de leur tribu qui siégeraient sur des organismes intergouvernementaux.

36. Lisa Young, *Justice and the Policy of Difference*, p. 187.

37. *Id.*, « Polity and Group Difference : A Critique of the Ideal of Universal Citizenship », p. 261.

38. Anne Phillips, « Democracy and Difference : Some Problems for Feminist Theory », p. 89.

39. Lisa Young, « Polity and Group Difference : A Critique of the Ideal of Universal Citizenship », p. 187-189.

40. Par exemple, les programmes de discrimination positive gouvernementaux identifient quatre catégories de citoyens « défavorisés » : les femmes, les autochtones, les membres de minorités visibles et les handicapés.

41. L'article 15 (2) de la Charte des droits et libertés explique que l'interdiction constitutionnelle de discriminer « n'a pas pour effet d'interdire les lois, programmes ou activités destinés à améliorer la situation d'individus ou de groupes défavorisés ». Lorsqu'elle interpréta cette clause, la Cour suprême dut élaborer les critères qui détermineraient quels étaient les groupes « défavorisés » ; ces critères serviraient ensuite à déterminer quels groupes avaient le droit de disposer d'une représentation.

42. Le Conseil ethnoculturel du Canada (CEC) « exige depuis longtemps qu'on instaure une tradition, écrite ou non écrite, qui garantirait une présence des minorités » à la Cour suprême (CEC, « A Dream Deferred : Collective Equality for Canada's Ethnocultural Communities », dans Michael Behiels (dir.), *The Meech Lake Primer : Conflicting Views of the 1987 Constitutional Accord*, Ottawa, University of Ottawa, 1989, p. 342. Pour des analyses détaillées des stratégies proposées dans le but d'inclure les groupes minoritaires et ethnoculturels, voir les essais présentés dans Kathy Megyery (dir.), *Minorités visibles, communautés ethnoculturelles et politique canadienne : la question de l'accessibilité*, volume 7 de la collection d'études de la Commission royale sur la réforme électorale et le financement des partis, Ottawa, Dundurn Press, 1991.

43. Anne Phillips, « Dealing with Difference : A Politics of Ideas or a Politics of Presence », p. 34, note 9.

44. Rebick and Day, « A place at the table ».

45. Guinier, « No Two Seats », p. 1434-1437.

46. Cela soulève la question suivante : les représentants des groupes (peu importe leur nombre) devraient-ils disposer de pouvoirs spéciaux — tels que le droit de veto — dans des domaines touchant directement à leur groupe ? Cette possibilité semble plus plausible, si ce n'est essentielle, dans le cas de groupes dont la représentation repose sur l'autonomie politique. En effet, dans ce cas où la représentation se justifie par la nécessité de protéger les pouvoirs de l'autonomie politique des intrusions du fédéral, le droit de veto apparaît comme un mécanisme logique dans des domaines de

juridiction conjointe ou concurrente. Quant à savoir si la représentation de groupes fondée sur des « désavantages » systémiques doit s'accompagner de pouvoirs particuliers en matière de droit de veto (par exemple : l'octroi aux sénatrices d'un droit de veto sur les décisions touchant aux droits à la reproduction, comme le propose Iris Young), il s'agit d'une problématique plus complexe, qui demande que l'on prenne en compte la nature du « désavantage ».

47. Pour une présentation particulièrement exhaustive d'un modèle, voir *Pour une démocratie électorale renouvelée*, p. 170-185.

48. Bernard Grofman « Should Representatives Be Typical of their Constituents ? », dans B. Grofman *et al.*, *Representation and Redistricting Issues*, Lexington, Massachusetts, D. C. Heath, 1982, p. 98. Les italiques sont de l'auteur.

49. Anne Phillips, « Democracy and Difference : Some Problems for Feminist Theory », p. 86-88.

50. Anne Phillips, *Politics of Presence*, p. 54.

51. Voir *Pour une démocratie électorale renouvelée* (sur les communautés d'intérêt), et le *Rapport* du Comité mixte spécial sur le renouvellement du Canada (sur la représentation spéciale).

52. *Pour une démocratie électorale renouvelée.*

53. Robert Dahl, « Democracy and its Critics », New Haven, Yale University Press, 1989, chapitres 10 à 14.

CHAPITRE 8 • POUR UNE TRÊVE DANS LA GUERRE DU MULTICULTURALISME

1. Neil Bissoondath, *Le Marché aux illusions*, Montréal-Paris, Boréal-Liber, 1994, p. 145.

2. Richard Gwyn, *Nationalism without Walls*, Toronto, McClelland and Stewart, 1995, p. 6.

3. *Ibid.*, p. 147.

4. Freda Hawkins, *Critical Years in Immigration : Canada and Australia Compared*, Montreal, McGill-Queen's University Press, 1989, p. 227.

5. Pour un état présent de la recherche, voir le panorama exhaustif dans J. W. Berry et Jean Laponce (dir.), *Ethnicity and Culture in Canada : The Research Landscape*, Toronto, University of Toronto Press, 1994, p. 260.

6. Pour des renseignements intéressants sur les groupes ethnoculturels au Canada, voir les « profils du pays » à l'adresse suivante : http ://cicnet.ingenia.com.

7. Gina Mallet, « Multiculturalism : Has Diversity Gone Too Far ? », *Globe and Mail*, 15 mars 1997, p. D 1-D 2.

CHAPITRE 9 • PROLOGUE : PRENDRE LE NATIONALISME AU SÉRIEUX

1. Ernest Gallner, *Nations and Nationalism*, Oxford, Blackwell, 1983, p. 6.

CHAPITRE 10 · LES DEUX CONCEPTIONS DU FÉDÉRALISME AU CANADA

1. Jeremy Webber, *Reimagining Canada : Language, Culture, Community and the Canadian Constitution*, Montréal, McGill-Queen's University Press, 1994, p. 24.
2. Sur cette adoption du discours national par les Québécois et les peuples autochtones, voir Jane Jenson, « Naming Nations : Making Nationalist Claims in Canadian Public Discourse », *Revue canadienne de sociologie et d'anthropologie*, vol. 30, n° 3, 1993, p. 337-357.
3. Sur les concepts de « culture sociétale » et de « complétude institutionnelle », voir le chapitre 2. Pour un aperçu de la relation entre les cultures sociétales institutionnellement complètes et les comptes rendus sociologiques nationaux, voir Will Kymlicka, *La citoyenneté multiculturelle*, Montréal-Paris, Boréal-La découverte, 2001.
4. Voir Paul Chartrand, « "Terms of Division" : Problems of Outside-Naming for Aboriginal People in Canada », *Journal of Indigenous Studies*, vol. 2, n° 2, 1991, p. 2.
5. Pour un aperçu des initiatives déployées par Trudeau dans le but de « déplacer » l'allégeance nationale des Québécois de Québec vers Ottawa, et sur le rôle du bilinguisme dans cette stratégie, voir Webber, *Reimagining Canada*, p. 50-62 et McRoberts, *Un pays à refaire*, Montréal, Boréal, 1999, chapitre 4.
6. Voir John Conway, *Debts to Pay : English Canada and Quebec from the Conquest to the Referendum*, Lorimer, Toronto, 1992, p. 37-44.
7. Webber, *Reimagining Canada*, p. 243 ; McRoberts, *Un pays à refaire*.
8. McRoberts, *Un pays à refaire*.
9. D'aucuns croient que cette préoccupation pour le Québec est relativement récente, et donc potentiellement réversible. Après tout, le terme « Québécois » n'a remplacé celui de « Canadien français » que depuis quelques années. Cette opinion est cependant trompeuse. Le terme « Québécois » apparut lorsque le gouvernement provincial du Québec détrôna l'Église catholique en tant que héraut du nationalisme canadien-français, mais des formes plus primitives de nationalisme canadien-français, elles aussi sous l'égide de l'Église, concevaient déjà le Québec comme le foyer de la nation. Voir Webber, *Reimagining Canada : Language, Culture, Community and the Canadian Constitution*, p. 40-50 et McRoberts, *Un pays à refaire*, chapitre 1.
10. Au sujet de la Belgique, voir Robert Senelle, « Constitutional Reform in Belgium : From Unitarism towards Federalism », dans Murray Forsyth (dir.), *Federalism and Nationalism*, Leicester, Leicester University Press, 1989, p. 51-95. Sur la Suisse, voir Gerda Mansour, *Multilingualism and Nation Building*, Clevedon, Multilingual Matters, 1993, p. 109-111. Pour un compte rendu théorique plus général de « l'impératif territorial » dans les sociétés multilingues, voir Jean Laponce, *Languages and their Territories*, University of Toronto Press, 1987.
11. J.A. Long, « Federalism and Ethnic Self-Determination : Native Indians in Canada », *Journal of Commonwealth and Comparative Politics*, vol. 29, n° 2, 1991, p. 192-211 ; David Elkins, *Where Should the Majority Rule? Reflections on Non-Territorial Provinces and Other Constitutional Proposals*, Edmonton, Centre for Constitutional Studies, Université de Alberta, 1992 ; James Youngblood Henderson, « Empowering Treaty Federalism », *University of Saskatchewan Law Review*, vol. 58, n° 2, 1994.

12. Daniel Elazar est sans doute l'un des plus éloquents défenseurs de cette conception du fédéralisme en tant qu'arrangement politique idéal des états multinationaux. Voir son *Federalism and the Way to Peace*, Kingston, Institute of Intergovernmental Affairs, Université Queen's, 1994; et *Exploring Federalism*, Tuscaloosa, University of Alabama, 1987. Pour d'autres aperçus de ce phénomène par lequel les minorités nationales se diffusent à l'intérieur des systèmes fédéraux, voir Robert Howse et Karen Knop, « Federalism, Secession and the Limits of Ethnic Accommodation : A Canadian Perspective », *New Europe Law Review*, vol. I, n° 2, 1993, p. 269-320 et Wayne Norman, « Towards a Normative Theory of Federalism », dans Judith Baker (dir.) *Group Rights*, Toronto, University of Toronto Press, 1994.

13. Pour une description de la « révolution fédéraliste », voir Elazar, *Exploring Federalism*, chapitre 1.

14. Philip Resnick, « Toward a Multination Federalism », dans Leslie Seidle (dir.), *Seeking a New Canadian Partnership : Asymmetrical and Confederal Options*, Montréal, Institut de recherche en politiques publiques, 1994, p. 71.

15. Alexander Hamilton, James Madison et John Jay, *Le Fédéraliste*, Paris, Economia, 1988. Non seulement Jay ignore-t-il la population noire, déjà considérable, mais il néglige aussi les groupes d'immigrants non anglophones (en particulier les Allemands) et les tribus amérindiennes (dont la plupart ont été dépouillées de leurs terres).

16. C'est l'argument principal avancé par Madison dans « Le Fédéraliste ». Voir Madison, « Le Fédéraliste », vol. 10. L'idée voulant que le fédéralisme constitue une sorte de rempart contre la tyrannie fut l'une des raisons invoquée par les alliés pour l'imposer à l'Allemagne après la Deuxième Guerre mondiale. Ce système politique devait permettre de contrecarrer toute résurgence de mouvements nationalistes ou autoritaires.

17. Certains sont d'avis que la Suisse fut « la première fédération moderne érigée sur des différences ethniques et linguistiques indigènes considérées comme permanentes et qu'il convenait d'accommoder ». (Daniel Elazar, « The Role of Federalism in Political Integration », dans Daniel Elazar (dir.), *Federalism and Political Integration*, Ramat Gan, Turtledove Publishing, 1987, p, 20.) Toutefois, comme le note Forsyth, l'ancienne confédération suisse, qui exista pendant près de cinq cents ans, se composait exclusivement de cantons d'origine et de langue germaniques. Les cantons francophones et italophones s'y ajoutèrent en 1815, mais ce n'est pas d'abord pour accommoder ces différences linguistiques que le pays adopta une structure fédérale. Selon Murray Forsyth, le Canada fut le premier pays à adopter, en 1867, une structure fédérale explicitement conçue pour accommoder les minorités nationales.

18. Voir le chapitre 12 pour un exposé de la problématique et les références s'y rapportant.

19. Pour un panorama des droits dont disposent les minorités nationales aux États-Unis, voir Sharon O'Brien, « Cultural Rights in the United States : A Conflict of Values », *Law and Inequality Journal*, vol. V, 1987, p. 267-358 ; Judith Resnik, « Dependent Sovereigns : Indian Tribes, States, and the Federal Courts », *University of Chicago Law Review*, vol. 56, 1989, p. 671-759 ; Alexander Aleinikoff, « Puerto Rico and the Constitution : Conundrums and Prospects », *Constitutional Commentary*, vol. 11, 1994, p. 15-43.

20. Certaines de ces quatorze « Communautés autonomes » ne correspondent pas uniquement à des divisions régionales, mais forment des sociétés distinctes sur le plan culturel, même si elles ne se présentent pas comme des « nations » distinctes. C'est le cas, notamment, des îles Baléares, de Valence et des Asturies, dont les habitants parlent des langues ou des dialectes particuliers. Plusieurs autres communautés ne constituent toutefois pas des unités distinctes sur le plan ethnoculturel ou linguistique. Pour un aperçu des Communautés autonomes espagnoles et de leurs différents degrés de spécificité ethnoculturelle, voir Audrey Brassloff, « Spain : The State of the Autonomies », dans Forsyth, *Federalism and Nationalism*, p. 24-50.

21. Graham Smith, « Russia, Ethnoregionalism and the Politics of Federation », dans *Ethnic and Racial Studies*, vol. 19, n° 2, 1996, p. 392 et 395. Il est intéressant de noter que la Russie a songé à adopter un type de fédéralime à la manière américaine (symétrique et territorial), mais les minorities nationales furent « outrées par [ce projet] qui ne leur accorderait pas de statut special et ne reconnaîtrait pas leur difference culturelle » (p. 395) ; la Russie adopta donc rapidement un type de fédéralisme explicitement multinational et asymétrique. Depuis, l'une des trente-deux unites fondées sur la nationalité qui formaient la fédération — la Tchétchénie — a, depuis, proclamé son indépendance.

22. Sur l'opposition du Canada anglophone à ce statut particulier, voir Alan Cairns, « Constitutional Change and the Three Equalities », dans Ronald Watts et Douglas Brown (dir.), *Options for a New Canada*, Toronto, University of Toronto Press, 1991, p. 77-110 ; David Milne, « Equality or Asymmetry : Why Choose ? », dans *ibid.*, p. 285-307 ; Andrew Stark, « English-Canadian Opposition to Quebec Nationalism », dans R. Kent Weaver (dir.), *The Collapse of Canada ?*, Washington, Brookings Institute, 1992, p. 123-158 ; Stéphane Dion, « Le fédéralisme fortement asymétrique », dans Leslie Seidle (dir.), *Seeking a New Canadian Partnership*, p. 133-152. Dion cite un sondage montrant que quatre-vingt-trois pour cent des Canadiens s'opposent à l'octroi de ce statut spécial. Voir également les articles de Resnick et de Milne présentés dans le même ouvrage. Le fédéralisme canadien comporte depuis longtemps une certaine asymétrie dans le partage des pouvoirs mais, comme le notent les auteurs, la majorité des Canadiens anglophones se refusent à reconnaître formellement le phénomène ou à l'enchâsser dans la Constitution — et se refusent aussi, à plus forte raison, à l'accroître.

23. Voir notamment Charles Taylor, « Shared and Divergent Values », dans Watts et Brown (dir.), *Options for a New Canada*, p. 53-76 et Webber, *Reimagining Canada*, p. 232-251.

24. Les Canadiens anglophones demandent parfois aux Québécois : « Pourquoi ne pourrions-nous pas tous être d'abord Canadiens, et membres d'une province ensuite ? » Cela revient toutefois à demander aux Québécois de sacrifier leur identité nationale — alors que les Canadiens anglophones verraient plutôt la leur renforcée par une telle « profession de foi ». En quoi cette demande est-elle « égale » ?

25. Webber, *Reimagining Canada*, p. 142-143 ; voir aussi Guy Laforest, *De La Prudence*, Montréal, Boréal, 1993, p. 191-192.

26. Webber, *Reimagining Canada*, p. 142.

27. Resnick, « Towards a Multination Federalism », p. 77.

28. Depuis la rédaction de ce texte, on a modifié les frontières des Territoires du Nord-Ouest de manière à créer une unité fondée sur la nationalité et gouvernée par les Inuits : le Nunavut.

29. Pour d'autres exemples, voir Petr Pithard, « Czechoslovakia : The Loss of the Old Partnership », dans Seidle (dir.), *Seeking a New Canadian Partnership*, p. 164, Brassloff, « Spain », p. 35 et Smith, « Russia », p. 392 et 395.

CHAPITRE 11 • DISSIMULER LES DIFFÉRENCES

1. Webber, *Reimagining Canada : Language, Culture, Community and the Canadian Constitution*, Montréal, McGill-Queen's University Press, 1994, p, 4-5, 156-169.

2. Gouvernement du Canada, *L'Identité canadienne : des valeurs communes*, Ottawa, Ministère des Approvisionnements et services, 1991.

3. Gouvernement du Canada, *Bâtir ensemble l'avenir du Canada : propositions*, Ottawa, Ministère des Approvisionnements et services, 1991, p. 9.

4. Sur les réformes de Trudeau envisagées sous l'angle de l'édification nationale (et le succès foudroyant des initiatives au Canada anglais), voir Rainer Knopff et F. L. Morton, « Nation-Building and the Canadian Charter of Rights and Freedoms », dans Alan Cairns et Cynthia William (dir.), *Constitutionalism, Citizenship and Society in Canada*, Toronto, University of Toronto Press, 1985 ; Alan Cairns, *Disruptions : Constitutional Struggles from the Charter to Meech Lake*, Toronto, McClelland and Stewart, 1991, p. 43-45 ; McRoberts, *Un pays à refaire*, Montréal, Boréal, 1999, chapitres 6-7.

5. Janet Ajzenstat, « Decline of Procedural Liberalism : The Slippery Slope to Secession », dans J. Carens (dir.), *Is Quebec Nationalism Just?*, Montréal, McGill-Queen's University Press, p. 120-136. Pour une analyse de la manière dont le rapatriement de la Constitution de 1982 a eu pour effet de révéler nos conceptions différentes de la nationalité, voir David M. Thomas, *Whistling Past the Graveyard : Constitutional Abeyances, Quebec and the Future of Canada*, Toronto, Oxford Uuniversity Press, 1997. Thomas explique que la Constitution de 1867 ignorait délibérément la question du statut du Québec. Pendant plus de cent ans, on s'en tint à cette attitude consistant à ne pas adopter de position claire sur la question : il s'agissait, comme le formule Thomas, d'un « indécision décidée ». Les pressions se sont toutefois accentuées afin d'en arriver à l'énoncé d'une position plus claire, en partie à cause du rapatriement de 1982.

6. La « clause Canada » devait fournir une liste des « caractéristiques essentielles » du Canada : démocratie, multiculturalisme, égalité des sexes, droits des peuples autochtones, bilinguisme officiel, etc. Alors que la clause de « société distincte » visait à offrir une reconnaissance constitutionnelle au Québec, la « clause Canada » devait offrir une reconnaissance explicite à une vaste gamme de groupes — femmes, groupes ethniques, minorités linguistiques officielles, peuples autochtones —, les assurant ainsi qu'ils étaient eux aussi officiellement reconnus par la nouvelle entente constitutionnelle. Malheureusement, de nombreuses personnes furent d'avis que, comme elle occupait une place moins importante dans la Constitution, la clause Canada ne fournissait pas une reconnaissance « égale » à ces autres groupes.

7. Norman, « The Ideology of Shared Values », dans Carens (dir.), *Is Quebec Nationalism Just?*, p. 138. L'analyse que j'élabore dans les pages qui suivent s'inspire de celle de Norman.

8. Le forum des citoyens sur l'avenir du Canada, *Rapport à la population et au gouvernement du Canada*, Ottawa, Centre d'éditions du gouvernement du Canada, 1991.

9. Gouvernement du Canada, *L'Identité canadienne : des valeurs communes*. Voir aussi le rapport du Comité Beaudoin-Dobbie : *Un Canada renouvelé : Rapport du Comité mixte spécial du Sénat et de la Chambre des communes sur le renouvellement du Canada*, ministère des Approvisionnements et Services. Ottawa, 1992.

10. John Rawls, « Le constructivisme kantien dans la théorie morale », dans *Justice et démocratie*, Paris, Seuil, 1993, p. 107.

11. Voir Brian Schwartz, *First Principles, Second Thoughts : Aboriginal Peoples, Constitutional Reform and Canadian Statecraft*, Montréal, Institut de recherche en politiques publiques, 1986, ouvrage qui analyse les degrés variables d'appui qu'accordaient les principaux groupes autochtones aux principes libéraux-démocratiques lors des rencontres constitutionnelles sur les droits autochtones au milieu des années 1980.

12. Stéphane Dion, « Le Nationalisme dans la convergence culturelle », dans R. Hudon et R. Pelletier (dir.), *L'Engagement intellectuel : Mélanges en l'honneur de Léon Dion*, Sainte-Foy, Presses de l'Université Laval, 1991, p. 301. Voir aussi Dion, « Explaining Quebec Nationalism », dans R. Kent Weaver (dir.), *The Collapse of Canada?*, Washington, Brookings Institute, 1992, p. 99 ; voir enfin Taylor, « Shared and Divergent Values », dans R. Watts et D. Brown (dir.), *Options for a New Canada*, Toronto, University of Toronto Press, p. 54.

13. Michael Ignatieff, *Blood and Belonging*, New York, Farrar, Straus and Giroux, 1993, p. 21.

14. W. Peterson, « On the Subnations of Europe », dans N. Glazer and D. Moynihan (dir.), *Ethnicity : Theory and Experience*, Cambridge, Harvard University Press, 1975, p. 208.

15. Alistair Hennessy, « The Renaissance of Federal Ideas in Contemporary Spain », dans Murray Forsyth (dir), *Federalism and Nationalism*, Leicester, Leicester University Press, 1989, p. 11-23.

16. Pour une analyse plus approfondie de cette accusation de « narcissisme », voir Will Kymlicka, « From Enlightenment Cosmopolitanism to Liberal Nationalism », dans Steven Lukes et Martin Hollis (dir.), *The Enlightenment : Then and Now*, Londres, Verso, à paraître.

CHAPITRE 12 • REPENSER LE CANADA ANGLAIS

1. Certains commentateurs souhaitent voir se développer un sentiment nationaliste canadien-anglais (voir notamment Philip Resnick, *Thinking English Canada*, Toronto, Stoddart, 1994), tandis que d'autres s'y opposent (par exemple, Jeremy Webber dans *Reimagining Canada*, Montréal, McGill-Queen's University Press, 1994, p. 278). Tous s'entendent cependant à dire qu'un tel sentiment d'appartenance nationale n'existe pas encore.

2. Comme le note Kenneth McRoberts, « aucune autre province n'appuya la position du Québec voulant que la culture relève exclusivement d'une juridiction provinciale. La communauté artistique hors Québec se mobilisa pour défendre les programmes des institutions culturelles nationales et le rôle du gouvernement fédéral en matière d'appui à la culture ». (« In Search of Canada "Beyond Quebec" », dans Kenneth McRoberts [dir.], *Beyond Quebec : Taking Stock of Canada*, Montréal, McGill-Queen's University Press, 1995, p. 17.)

3. Si les Canadiens anglais étaient consciemment mus par un nationalisme linguistique, ils pourraient se montrer réfractaires à l'adoption du bilinguisme officiel à l'extérieur du Québec. Il s'agit là de la seule concession claire effectuée par les anglophones à l'idéal selon lequel le nationalisme pancanadien ne constitue pas qu'une forme de nationalisme anglophone déguisé. Plusieurs anglophones demeurent toutefois peu enthousiastes à l'idée d'adopter le bilinguisme à l'extérieur du Québec. De plus, comme je l'ai noté au chapitre 10, le bilinguisme officiel ne menace pas les intérêts des Canadiens anglophones de la même façon qu'il menace ceux des francophones du Québec. Le prix à payer est donc peu élevé si l'on considère la manière dont le nationalisme pancanadien favorise l'intérêt partagé les intérêts communs des Canadiens anglophones.

4. Voir Webber, *Reimagining Canada*, p. 210. Voir aussi Ian Angus, *A Border Within : National Identity, Cultural Plurality and Wilderness*, Montréal, McGill-Queen's University Press, 1997, p. 24-26. Soulignons la réaction des Canadiens anglophones et des minorités nationales aux étiquettes de « majorité » et de « minorité ». Comme nous l'avons vu au chapitre 10, les minorités nationales tiennent à s'assurer que les enjeux fondamentaux reliés à leur statut de sociétés séparées et autonomes ne sont pas formulés en termes de « majorité contre minorité » puisque la démocratie suppose que la majorité détient le pouvoir. On pourrait en conclure qu'un groupe majoritaire — comme les Canadiens anglais — s'empresserait de se présenter explicitement comme constituant une majorité. Cependant, comme le note Webber, les anglophones ont le loisir de se percevoir eux-mêmes simplement comme des individus membres du pays vu comme un tout, sans se distinguer en tant que membres d'un sous-ensemble particulier (majoritaire) de ce pays.

5. Sylvia Bashevkin, *True Patriot Love : The Politics of Canadian Nationalism*, Toronto, Oxford University Press, 1991, p. 26-27. Pour une présentation de l'histoire du nationalisme pancanadien, voir les chapitres 1 et 2. L'auteur soutient que le pancanadianisme repose traditionnellement « sur une vision de la suprématie et de l'autorité fédérales qui ne correspond pas à la réalité décentralisée de la confédération » et sur une adéquation entre « l'intérêt national » et « l'action fédérale » (p. 26-27). Voir aussi Roger Gibbins à qui le nationalisme pancanadien, dans l'Ouest apparaît comme « un avatar mieux accordé à un Canada sans le Québec » (Gibbins, « Western Canada : "The West Wants In" », dans Kenneth McRoberts [dir.], B*eyond Quebec : Taking Stock of Canada*, p. 46).

6. Daniel Latouche, *Le Canada et le Québec : un essai rétrospectif et prospectif*, Ottawa, Commission royale sur l'union économique et les perspectives de développement du Canada, 1986.

7. De plus, même les propositions décentralisatrices les plus radicales reposent le plus souvent sur une définition et une protection fédérales des droits linguistiques. Elles sont donc pour cette raison inacceptables aux yeux des Québécois.

8. Gouvernement de l'Ontario, *Une charte sociale canadienne : la consolidation de nos valeurs communes, document de travail,* Toronto, ministère des Affaires intergouvernementales, 1991, p. 1.

9. Voir le Forum des citoyens sur l'avenir du Canada, *Rapport à la population et au gouvernement du Canada;* Resnick, « Toward a Multination Federation », dans L. Seidle (dir.), *Seeking a New Canadian Partnership : Asymmetrical and Confederal Options,* Montréal, Institut de recherche en politiques publiques, 1994, p. 73. Voir aussi Suzanne Peters, *À la recherche des valeurs canadiennes : un rapport de synthèse,* Ottawa, Réseaux canadiens de recherche en politiques publiques, 1995.

10. J'étudie l'expérience de la Commission royale et la manière dont elle a révélé les conflits entre les identités nationales au Canada dans « Le paradoxe du nationalisme libéral », *Literary Review of Canada,* vol. 4, n° 10, 1995, p. 13-15.

11. Voir David Elton, « Public Opinion and Federal-Provincial Relations : A Case Study in Alberta », dans J. Peter Meekison (dir.), *Canadian Federalism : Myth or Reality,* troisième édition, Toronto, Methuen, 1977, p. 52-53. Voir aussi des données plus récentes dans Ekos Research Associates, Rethinking Government, Ottawa, avril 1995. Il va sans dire que cette indifférence aux principes du fédéralisme irrite les nationalistes québécois, qui désespèrent de jamais en arriver à réformer la fédération de manière à ce que leur identité nationale et leur autonomie gouvernementale soient reconnues et protégées.

12. Il importe de distinguer la décentralisation des *domaines de compétence* — c'est-à-dire les modifications au partage des pouvoirs dans la fédération — de l'*administration* décentralisée des politiques. Il existe souvent de bonnes raisons d'octroyer à des bureaux locaux ou régionaux davantage de pouvoirs en matière d'administration des politiques, de « rapprocher le pouvoir des gens ». Mais cela n'a rien à voir avec le partage des compétences. Le gouvernement fédéral est aussi apte à décentraliser l'administration de ses politiques que l'est le gouvernement provincial. Il ne s'agit donc pas de déterminer si les programmes sociaux doivent être administrés de façon décentralisée, mais plutôt de décider si ces programmes — peu importe la manière dont ils sont administrés — doivent répondre à certaines normes nationales définies par le gouvernement fédéral.

13. Comme le note Bashevkin, même les Canadiens anglophones sympathiques au nationalisme québécois s'opposent à une telle idée. Bien qu'ils reconnaissent que le Québec a le droit de poursuivre des projets nationaux collectifs, ils ont néanmoins « fait montre de peu d'empressement à renoncer à leur propre véhicule structurel d'accomplissement national — à savoir l'état fédéral ». (*True Patriot Love,* p. 164.) Et pourquoi le feraient-ils ?

14. Voir par exemple les propos plutôt virulents de Reg Whitaker sur la question dans « With or Without Quebec », dans J. L. Granatstein et Kenneth McNaught (dir.), *"English Canada" Speaks Out,* Toronto, Doubleday, 1991, p. 20.

15. Resnick, *Thinking English Canada,* p. 85.

16. Voir Resnick, *Thinking English Canada*, et différents essais dans *"English Canada" Speaks Out*, en particulier ceux de Reg Whitaker et de Richard Gwyn.
17. Développer un sentiment national permettrait aussi aux Canadiens anglais de se donner une voix unifiée pour, le cas échéant, négocier un jour avec un Québec souverain. Cela semble souvent le principal souci de Resnick.
18. Sur ce débat, voir McRoberts, « In Search of Canada"Beyond Quebec" », p. 7-13; Resnick, *Thinking English Canada*, p. 21-34; Angus, Border Within, p. 24-26. Alors que McRoberts rejette le terme « Canada anglais », Resnick et Angus sont en faveur de son emploi.
19. Cairns, « The Fragmentation of Canadian Citizenship », dans William Kaplan (dir.), *Belonging: The Meaning and Future of Canadian Citizenship*, Montréal, McGill-Queen's University Press, 1993, p. 194.

CHAPITRE 13 • LES LIENS DE L'UNITÉ SOCIALE

1. Jeremy Webber, *Reimagining Canada*, Montréal, McGill-Queen's University Press, 1994, p. 159. Il existe d'autres exemples de ce type de perception teintée de partialité. Par exemple, on prétend souvent que les Canadiens de l'Ouest rejettent les demandes du Québec visant à obtenir un statut spécial parce que l'idée d'une dualité linguistique française-anglaise a peu de résonance concrète dans l'Ouest canadien, composé de provinces où la population francophone est souvent moins importante que celle de divers groupes d'immigrants. Or, c'est précisément parce que les francophones sont si peu nombreux dans l'Ouest qu'il apparaît important aux Québécois de s'assurer que leur province dispose d'un statut spécial de protecteur de la langue et de la culture françaises. L'absence relative des francophones dans l'Ouest n'est donc pas un argument contre l'octroi d'un statut spécial pour le Québec; elle constitue plutôt l'une des raisons qui justifie un tel statut.
2. Il ne s'agit pas uniquement d'une revendication *prima facie*, puisque le territoire correspondant à la sous-unité fédérale peut inclure le foyer d'autres groupes nationaux. Au Québec, cela représente un enjeu de taille, la portion la plus au nord de la province constituant le berceau de différents peuples autochtones. Ces groupes soutiennent que leur droit à l'autodétermination est aussi bien fondé que celui des Québécois. Si ces derniers optent pour la sécession, ces groupes autochtones pourraient ainsi décider de demeurer au sein du Canada: du coup, un Québec souverain ne serait constitué que la partie sud de la province. Sur cette question, voir Mary Ellen Turpel, « Does the Road to Quebec Sovereignty Run Through Aboriginal Territory? », dans D. Drache and R. Perin (dir.), *Negotiating with a Sovereign Quebec*, Toronto, Lorimer, 1992.
3. John Rawls, cité par Allen Buchanan dans *Secession: The Morality of Political Divorce*, Boulder, Westview Press, 1991, p. 5.
4. Voir *L'actualité*, vol. 18, n° 11, juillet 1992; Kenneth McRoberts, *Un pays à refaire*. Pour d'autres sondages sur le même sujet, voir Richard Johnston et André Blais, « Meech Lake and Mass Politics: The "Distinct Society" Clause », *Canadian Public Policy/ Analyse de politiques*, n° 14 (supplément), 1988, p. 33-38.

5. Norman, « The Ideology of Shared Values », dans J. Carens (dir.), *Is Quebec Nationalism Just?*, Montréal, McGill-Queen's University Press, 1995.

6. Pour un aperçu du contraste entre une politique fondée sur le bien commun et une politique axée sur les droits, voir Michael Sandel, « The Procedural Republic and the Unencumbered Self », *Political Theory*, vol. 12, n° 1, 1984, p. 81-96. Il s'agit évidemment ici d'un aperçu assez sommaire du courant « communautariste ». Pour une présentation et une critique plus étayées, voir Will Kymlicka, *Les théories de la justice*, Montréal-Paris, Boréal-La Découverte, 1999, chapitre 6.

7. Andrew Oldenquist, cité dans American Association of School Administrators, *Citizenship : Goal of Education*, Arlington, AASA Publications, 1987, p. 26.

8. Cela soulève certaines questions importantes quant à la nature de l'éducation à la citoyenneté, et à la légitimité de l'utilisation sélective et manipulatrice de l'histoire à l'école, sujets que j'aborde dans « Education for Citizenship », dans Terence McLaughlin et Mark Halstead (dir.), *Education in Morality*, London, Routledge, 1999, p. 79-102.

9. Comme l'explique Webber, « les sociétés qui semblent disposer du "caractère national" le plus marqué se définissent souvent davantage par leurs dissensions que par leurs consensus. Ce qui importe n'est donc pas tant les sujets sur lesquels les citoyens s'entendent, mais bien la manière dont ils gèrent leurs divergences d'opinion. C'est la structure singulière de ses débats fondamentaux — les enjeux qui occupent sa vie publique, les façons dont ces enjeux sont présentés, les types de solutions examinées — qui confère à une société son caractère particulier. » (Webber, *Reimagining Canada*, p. 186). Webber illustre ce phénomène par les débats ayant pour objet les questions raciales aux États-Unis.

10. Luttwak, *Le Rêve américain en danger*, Paris, Odile Jacob, 1995. Voir aussi Arthur Schlesinger, *L'Amérique balkanisée*, Paris, Economica, 1999.

11. John Harles, *Politics in the Lifeboat : Immigrants and the American Democratic Order*, Boulder, Westview Press, 1993, p. 83-84, 122, 129.

12. Webber, *Reimagining Canada*, p. 29-33, 186-192, 309-319. Pour une analyse des fondements de l'unité canadienne, voir James Tully, *Strange Multiplicity : Constitutionalism in an Age of Diversity*, Cambridge, Cambridge University Press, 1995, p. 196-198.

13. Webber, *Reimagining Canada*, p. 192-193.

14. Charles Taylor, « Shared and Divergent Values », dans R. Watts et D. Brown, *Options for a New Canada*, Toronto, University of Toronto Press, 1991, p. 76.

15. Petr Pithard, « Czechoslovakia », dans Leslie Seidle (dir.), *Seeking a New Canadian Partnership*, Montréal, Institut de recherche en politiques publiques, 1994, p. 198. Il n'est pas juste de dire que les Tchèques n'« ont pas choisi » de vivre dans un pays homogène sur le plan ethnique. Les Tchèques n'ont certes pas souhaité la sécession de la Slovaquie, mais ont indiscutablement appuyé l'expulsion des Allemands après la Deuxième Guerre mondiale.

16. Voir Robert Howse et Karen Knop, « Federalism, Secession and the Limits of Ethnic Accommodation », *New Europe Law Review*, vol. 1, n° 2, 1993, p. 285-288.

17. Voir Roger Gibbins, « Les paramètres institutionnels d'un partenariat Québec-Canada » dans Guy Laforest et Roger Gibbins (dir.), *Sortir de l'impasse : les voies de la réconciliation*, Montréal, Institut de recherche en politiques publiques, 1998.

18. Sur les avantages (ou le manque d'avantages) que confère le statut confédéral par rapport à celui d'État indépendant en ce qui a trait à l'adhésion à l'ALENA, voir l'article de Kenneth Norrie et Michael Percy dans *Sortir de l'impasse : les voies de la réconciliation.*

19. La participation des Québécois à la gouverne du Canada se distinguera de celle des autres Canadiens. Des pouvoirs asymétriques pour le Québec découleront probablement une représentation et une participation asymétriques aux institutions d'Ottawa (comme je l'expose dans « Group Representation in Canadian Politics », dans Leslie Seidle (dir.), *Equity and Community : The Charter, Interest Advocacy, and Representation,* Montréal, Institut de recherche en politiques publiques, 1993, p. 61-89). Cette participation n'en sera pas moins réelle et tangible, et source viable d'un attachement soutenu au Canada.

20. On néglige souvent l'importance de cette dimension qui, d'un strict point de vue statistique, semble insignifiante. Dans les faits, un nombre relativement peu important de Québécois choisissent de travailler à l'extérieur du Québec ou d'œuvrer dans les institutions fédérales qui influent sur le reste du Canada. Les Québécois francophones sont évidemment aussi moins susceptibles que les autres Canadiens de déménager dans une autre province. Même si les Québécois ne l'exercent que rarement, il demeure que ce choix existe — et permet, dans une certaine mesure, d'expliquer leur attachement au Canada. En d'autres mots, les Québécois d'aujourd'hui peuvent envisager que leurs filles et leurs fils deviennent un jour des ministres du cabinet fédéral. Les probabilités qu'une telle chose se réalise sont certes extrêmement faibles, mais si cette possibilité d'influer sur l'avenir du Canada s'évanouit, la plupart des raisons qui motivent l'appartenance des Québécois au Canada disparaîtront aussi.

21. La sécession comporte aussi certains coûts économiques, que le Canada anglophone serait susceptible d'alourdir en menaçant de bloquer l'entrée du Québec dans l'ALENA. Cependant, si les menaces sont la seule manière de protéger la cohésion d'un pays, peut-être l'intégrité de ce pays ne vaut-elle plus la peine d'être préservée. Quoi qu'il en soit, il est peu probable que les Canadiens anglophones mettent cette menace à exécution, puisque qu'elle leur imposerait à eux aussi un lourd prix à payer.

Index

Table des matières

MISE EN PAGES ET TYPOGRAPHIE :
LES ÉDITIONS DU BORÉAL

ACHEVÉ D'IMPRIMER EN FÉVRIER 2003
SUR LES PRESSES DE L'IMPRIMERIE AGMV MARQUIS
À CAP-SAINT-IGNACE (QUÉBEC).